다문화사회의 이해

메디컬에듀케이션
Medical Education

다문화사회의 이해

2021년 8월 16일 인쇄
2021년 8월 23일 발행

저　　자 김미정 · 김경숙 · 김연희 · 성정혜 · 안현미 · 이금주 · 이영옥 · 이원유 · 이유정 · 정명희 · 한지은 저
발 행 처 메디컬에듀케이션(Medical Education)
발 행 인 이문수
등　　록 제 2019-000122 호
주　　소 서울시 송파구 송이로28길 5(문정동 8-21) 광산빌딩 202호
이 메 일 medu@medupub.com
홈페이지 www.medupub.com
전　　화 Tel. 02-6482-3461 Fax. 02-6499-3463

I S B N 979-11-90531-98-6
정　　가 25,000원

저자

대표저자

김미정 두원공과대학교 간호학과

김경숙 KC대학교 간호학과

(가나다 순)

김연희 대원대학교 간호학과

성정혜 수성대학교 간호학과

안현미 한국성서대학교 간호학과

이금주 강릉영동대학교 간호학과

이영옥 영진전문대학교 보건의료행정과

이원유 여주대학교 간호학과

이유정 대구보건대학교 간호학과

정명희 영진전문대학교 간호학과

한지은 대한간호협회

저자 머리말 PREFACE

급격하게 변화하는 21세기 시대에 살고 있는 우리는 세계 각국 인적 교류의 확대로 다양한 문화적 특징이 고려되는 다문화사회로의 확대 및 변화가 보편화 및 가속화 되어지고 있다. 다문화사회란 그 나라의 국민으로서 누릴 수 있는 정치 · 경제 · 사회 · 문화적으로 권리를 취득하고 인종과 민족이 차별받지 않는 사회를 의미한다.

전 세계가 코로나19 팬데믹 현상으로 다문화사회의 변화속에 다문화사회 구성원끼리의 공존과 공감이 현실적으로 이루어져야 한다는 것을 느끼게 되었다. 이제는 다인종의 시대를 넘어 진정한 다문화사회를 만드는 모두의 노력이 필요한 시점이며, 각 지역마다 글로컬 다문화사회의 변화를 함께 거주하는 구성원의 힘으로 변화시켜야 하며, 공존하는 구성원의 공감이 다문화사회의 키워드인 것이다.

우리나라는 1980년대 말을 기점으로 이민송출국에서 이민유입국으로 바뀌게 되었다. 국제사회의 상호의존성이 증가함에 따라 우라나라에도 외국인노동자를 비롯하여 결혼이민자, 북한이탈주민, 유학생 등 다민족, 다인종의 구성원이 증가함에 따라 우리 사회는 다문화사회로 진입하고 있다. 이러한 흐름은 앞으로도 계속되어 2050년에는 전체 인구의 10% 정도가 외국인으로 구성될 전망이다. 특히 국제결혼으로 증가한 다문화 가정은 한국사회에서 새롭게 관심을 가져야 할 중요한 부문이 되었다. 이에 다문화사회의 이해는 다문화사회에 대한 인식 개선이 최우선이기에 대학생의 미래 사회에 대한 올바른 인식을 위한 기초 지식습득을 기대하며 집필하였다. 또한 시대적으로 변화되는 상황에 맞추어 간호사들은 타 문화권에서 온 대상자들을 만나는 일이 빈번해지고 있고, 이들에게 적절한 간호를 제공하기 위해 간호사는 다문화 역량에 대한 요구도가 지속적으로 증가하고 있는 실정을 고려하였다.

이 책의 주요특징

- 집필진으로 실무경력과 교육에서 전문성을 갖춘 교수진을 영입하여 다양한 현장실무와 최신의 데이터와 각 부처별로 구분하여 다문화관련 정책을 반영할 수 있도록 최대한 노력하였다. 이에 따라 다문화사회와 관련된 이론적 배경에 더하여 실무와 지식이 통합된 내용으로 저술하였다.
- 다문화사회의 관련 개념과 영역을 총 3개의 part로 분류하고 그 내용을 8개 Chapter로 구성하였다. 이 책의 주요 독자층이 학부생과 대학원생, 다문화 현장전문가인 점을 감안하여, 본 분류의 구성은 다문화사회의 이해 및 다문화사회의 통합과 문화적 역량과 다문화사회의 건강에 대한 내용으로 다루었다.
- 각 장의 학습을 통하여 각 장에서 성취해야 할 '학습목표'를 제시하였다.
- 각 장마다 요약정리 및 생각해보기를 제시하여 교재의 활용도를 높이고자 하였다.
- 교재 내용을 보다 이해하기 쉽고 현장실무에서의 활용이 용이하도록 그림과 표를 간략히 제시하였다.

전체 Part와 각 Chapter의 구성

제 1부는 다문화사회의 이해로, 문화와 다문화의 개념을 바탕으로 다문화 이론과 다문화 정책모델, 한국과 외국의 다문화사회의 이해에 대한 내용을 제시하였다.

제 2부는 다문화사회의 통합과 문화적 역량을 주요 영역으로, 다문화 관련 법과 각 부처별 정책, 이민자 나라별 문화의 이해, 문화적 역량과 의사소통을 제시하였다.

제 3부는 다문화사회와 건강을 주요 영역으로, 다문화사회 구성원과 건강관리, 의료관광과 글로벌 헬스케어를 제시하였다.

『다문화사회의 이해』의 처음부터 마무리까지 최선을 다하였지만, 출간하면서 남는 아쉬움은 모든 저자들의 한결같은 마음입니다. 본서의 부족함은 앞으로 애독하는 학생, 교수님 그리고 다문화 현장실무자분들의 지속적인 충고와 성원에 힘입어 개선될 것으로 기대합니다. 이를 위해 모든 저자들은 부단한 노력을 기울일 것을 약속합니다.

감사의글

이 책의 집필에 처음부터 흔쾌히 응해주시고 우리나라의 다문화사회 교육의 현실과 중요성에 대해 공감하며 많은 열정과 수고를 아끼지 않은 저자분들께 깊은 감사를 드립니다. 또한, 본서의 출간을 위해 아낌없는 지원과 마지막까지 애써주신 메디컬에듀케이션 이문수 대표님과 관계자 여러분께 깊은 감사를 드립니다.

2021년 8월

대표저자 김미정

김경숙

목차 CONTENTS

1부 다문화사회의 이해

2부 다문화사회의 통합과 문화적 역량

목차 CONTENTS

1부

다문화사회의 이해

1장 문화와 다문화

2장 다문화 이론

3장 다문화사회의 이해

1

문화와 다문화

학습 목표

1. 문화의 개념을 설명할 수 있다.
2. 다문화의 개념을 설명할 수 있다.
3. 문화 다양성 사회의 유형을 설명할 수 있다.

용어 정의

- **문화:** 인간이 얻은 모든 능력과 관습을 포함하는 총 복합체로, 문화는 한 사회의 구성원들이 주어진 환경에 적응하면서 만들어 온 그 사회의 공통된 생활양식이며, 종교, 각종 예절, 오락, 예술, 생활 방식 등을 모두 포함하는 것
- **다문화사회:** 시민 혹은 국민으로서 누릴 수 있는 사회, 경제, 정치, 문화적 권리를 취득하고 향유하는 데 있어 개인의 인종과 민족이 차별의 근거가 되지 않는 사회

1 문화의 개념

문화(culture)는 한 사회의 개인이나 인간 집단이 자연을 변화시켜온 물질적 · 정신적 과정의 산물을 뜻한다. 일반적으로 인간의 생활양식을 뜻하며, 한 민족의 생활양식에 대한 총체적인 표현이며, 공통된 생활양식으로 인하여 타 민족과는 구분되어 변화되고 발전하는 것이다. 인류학자와 사회학자에 의해 다양한 방법으로 정의되고 있는 복합적인 개념이다.

서양에서 문화라는 말은 경작이나 재배 등을 뜻하는 라틴어(cultus)에서 유래했다. 이후에 교양, 관습, 전통, 예술, 문화 등의 다양한 활동의 뜻을 포함하게 되었다. 따라서 문화는 정신적인 것에서부터 물질적인 것까지 그 범위가 매우 넓어서 가치관, 윤리, 사회구조와 제도, 인간의 행동을 포함하는 개념이다. 이렇듯 문화의 범위가 광범위하기 때문에 여러 학자들마다 문화에 대한 정의가 다양하다. 즉 문화란 학문에 따라 달리 정의할 수 있는 개념이다.

일반적으로 문화라고 하면 문화인, 문화생활과 같이 세련된 이미지를 연상하지만, 문화는 '한 사회의 주요한 행동 양식이나 상징체계'를 뜻한다. 즉 문화란 자연 상태의 사물에 인간의 작용을 가하여 그것을 변화시키거나 새롭게 창조해 낸 것을 의미한다.

문화에 대한 최초의 고전적 학술적 정의를 시도한 영국의 인류학자 에드워드 버넷 테일러(Edward Bumett Tylor, 1871)는 문화란 "지식, 신앙, 예술, 도덕, 법, 관습 그리고 사회구성원으로서 인간에 의해 얻어지는 또 다른 능력과 습관들을 포함하는 복잡한 통합"이라고 하였다.

미국의 인류학자 클리포드 기어츠(Clifford Geertz)가 저술하여 1973년 발표한 책 『문화의 해석(The Interpretation of Cultures)』에서 문화란 "삶에 대한 인간들의 지식과 태도를 소통하고 지속시키고 발전시키는 상징적 형식으로 표현되어 전달된 개념의 체계"라고 기술하였다.

사회학자 피터 버거(Peter L. Berger)는 '문화는 인간이 만들어낸 산물의 총체'로서, 인간이 삶 속에서 만들어낸 주관적인 의미가 어떤 상징을 매개로 상호작용을 통하여 형성되고 전달되면서 고착화된 것이라고 하였다. 여러 학자들의 정의를 통하여 문화에 대한 일반적인 이해는 문화란 일차적인 자연을 인간에 의해서 이차적으로 변화시켜, 인간의 삶의 방식으로 만들어가는 것과 그 결과들이라고 말할 수 있다.

문화는 인간 삶의 총체로서 유형적인 것(물질문화)과 무형적인 것(비물질문화)을 포함한다. 물질문화는 과거와 현재의 문화 유적을 포함한 예술 문화 혹은 일상적인 삶의 도구를 뜻하고, 비물질문화는 종교, 사상, 세계관, 가치관, 인간관, 시간관 등을 뜻한다.

문화의 일반적인 특성은 사회구성원 간에 공유되고, 생득적이라기보다는 인간이 사회 속에서 성장하면서 학습을 통하여 습득한다. 또한, 한 세대에서 다음 세대로 전승되어 누적되어 나타난다. 그리고 문화는 모든 영역에 걸쳐 전체적으로 영향을 미치며, 정체되어 있지 않고 계속해서 변화하고 있다.

결과적으로 문화란 한 사회의 구성원들이 주어진 환경에 적응하면서 만들어 온 그 사회의 공통된 생활양식으로, 종교, 예절, 오락, 예술, 생활 방식 등을 모두 포함하는 것을 뜻한다.

2 다문화의 개념

다문화는 '많을 다(多)' 자에 '문화(文化)'라는 말이 붙어 '여러 나라의 생활양식'이라는 뜻이다. 즉 여러 유형의 이질적 문화가 하나의 제도권 안에서 상호 교류를 통하여 형성되는 것을 의미하며, 이는 인종, 민족, 언어, 종교, 성 등을 포함한다.

다문화사회는 한 국가나 한 사회 속에 다른 인종 · 민족 · 계급 등 여러 집단이 지닌 문화가 함께 존재하는 사회를 의미한다. 즉 가치, 규범, 생활양식, 언어, 기대 등 모든 영역에서 문화적 다양성이 존재하고 있다.

다문화주의(multiculturalism)란, 협의의 의미로는 어느 한 국가가 소수민의 유입에 관한 이주문제를 해결하려는 차원이기도 하지만, 광의의 의미로는 서로 다른 문화집단을 평등한 문화적 · 정치적 지위를 가진 집단으로 포용하는 차원으로 볼 수 있다. 그런 의미에서 다문화주의를 문화적 다수자가 소수자를 동등한 가치를 가진 집단으로 인정하는 '승인의 정치(politics of recognition)'로 정의하기도 한다. 즉 한 사회가 인종 또는 민족의 차원에서 다양하게 구성되었을 때, 그 사회는 다문화사회가 되는 것이다. 또한 다문화주의는 집단을 구별하는 문화만을 의미하는 것이 아니라, 집단 내에서 소집단이나 소수자의 문화 및 권리 존중의 의미로 사용되기도 한다. 즉 소수 다문화 이주자들에 대한 문화적 · 정치적 · 사회적 차이를 인정하고 이들에게 정당성을 부여하는 것이다. 국가는 여러 인종과 민족의 전통적인 문화, 언어, 생활 습관을 보호하고 유지하기 위해 공적인 원조를 시행하며, 인종차별금지나 차별시정조치를 도입하여 집단 간 불만의 축적을 예방한다.

이처럼 다문화주의는 여러 문화가 함께 존재하는 것으로써, 다수 집단의 정체성과 이에 포함되지 않는 소수집단의 정체성 간의 공존을 의미한다. 즉 다문화주의는 주류사회의 존재를 인정하지 않고, 다양한 문화가 평등하게 인정되어야 함을 강조한다. 공생공존, 인간적 권리공유, 국민통합 및 정치통합의 목적을 지닌다.

단일문화주의(monoculturalism)란, 다문화주의와 대비되는 개념으로, 하나의 국가나 민족이 하나의 문화를 가진다는 것을 의미하며, 민족의 동질성을 강조하는 개념이다. 순혈주의, 단일민족주의, 자민족 중심주의 등으로 나타난다. 이는 문화적 우월성을 주장하면서 이민자나 소수자의 문화를 주류문화에 통합시킬 수 있다는 입장을 취하며 문화적 다양성을 부정한다. 단일문화주의의 대표적 형태인 동화주의는 동화 대상이 주류문화와 가치에 동일하게 변화해 갈 것으로 기대하는 흡수통일 방식이다. 이민자와 소수 집단의 구성원은 동화 과정을 통해서 그들의 특성, 종교, 문화의 융해과정을 거치며 고유성을 상실하고, 회피할 수 없는 일방적인 습득과정을 통해 주류집단이 보유한 정체성과 유사성을 학습해 나간다. 즉 동화주의는 강한 문화가 약한 문화를 흡수한다는 이론이다.

문화다원주의(cultural pluralism)란, 여러 집단이 고유문화를 유지하면서 전체 사회에 참여하는 것을 말한다. 즉 문화의 다양성을 인정하면서도 그 중심에는 주류사회의 문화가 존재함을 전제로 한다. 문화적 존재로서의 개인은 이민 등으로 거주 환경이 급격히 변할지라도 자신이 속한 집단의 문화 고유성이 인정되어야 존엄성을 보존할 수 있다. 사회 내 소수집단의 문화, 신념, 종교뿐만 아니라 언어, 음식, 의복, 주거형태, 장례 의식 등 일상적인 측면에서도 개인의 자유를 인정하고 공존하자는 입장이다.

즉 문화다원주의와 다문화주의의 차이점은, 문화다원주의는 주류사회의 문화를 인정하면서 문화적인 다원성을 수용하는 것이고, 다문화주의는 주류사회와 소수집단 및 이민자 모두 동등한 자격으로 평등하게 인정하는 것이다.

상호문화주의(interculturalism)란, 상호이해에 바탕을 둔 문화 간의 상호작용에 관심을 가지는 입장이다. 다양한 문화 속에서 살아가는 것 이상, 즉 문화에 대한 이해를 바탕으로 이질적인 문화에 직면한 사회구성원 간의 상호작용을 중시한다. 이때 개별문화는 동등한 자격을 유지하면서 상호관계를 맺고 문화생산 등에 관여한다. 즉 선진국의 문화와 개발도상국의 문화 및 후진국 문화 간의 상하관계가 존재하지 않는다는 특징을 가진다. 문화 간의 상호작용은 한 사회 내의 새로운 제도나 도덕적 규범 및 문화를 생산하는 기반이 된다. 문화 간 상호작용에서 중요한 것은 상호간섭으로 발생하는 문화적 정체성의 해체와 재생산으로, 상호문화주의는 문화가 다른 문화와의 상호작용으로 인하여 항상 변화하는 것임을 강조한다.

최근 급속히 진행되고 있는 세계화 속에서 여러 국가의 문화를 이해하고 자유롭게 접할 수 있는 문화의 다양성을 관리하기 위해서는 상호 존중과 문화적 차이에 대한 관용과 배려를 중시해야 한다.

요약정리

1. 문화란 인간의 생활양식을 뜻하며, 한 민족의 생활양식에 대한 총체적인 표현이며, 공통된 생활양식으로 인하여 타 민족과는 구분되어 변화되고 발전하는 것이다. 즉 문화란 '한 사회의 주요한 행동 양식이나 상징체계'를 뜻하며, 자연 상태의 사물에 인간의 작용을 가하여 그것을 변화시키거나 새롭게 창조해 낸 것을 의미한다.

2. 다문화는 여러 나라의 생활양식이라는 뜻으로, 여러 유형의 이질적 문화가 하나의 제도권 안에서 상호 교류를 통하여 형성되는 것을 의미한다. 다문화주의는 여러 문화가 함께 존재하는 것으로써, 다수집단의 정체성과 이에 포함되지 않는 소수집단의 정체성 간의 공존을 의미한다. 단일문화주의는 다문화주의와 대비되는 개념으로, 하나의 국가나 민족이 하나의 문화를 가진다는 것을 의미하며, 민족의 동질성을 강조하는 개념이다. 문화다원주의는 여러 집단이 고유문화를 유지하면서 전체 사회에 참여하는 것을 말한다. 즉 문화의 다양성을 인정하면서도 그 중심에는 주류사회의 문화가 존재함을 전제로 한다. 상호문화주의는 상호이해에 바탕을 둔 문화 간의 상호작용에 관심을 가지는 입장이다. 다양한 문화 속에서 살아가는 것 이상, 즉 문화에 대한 이해를 바탕으로 이질적인 문화에 직면한 사회 구성원 간의 상호작용을 중시한다.

생각해 보기

우리는 다문화가족(외국인근로자, 결혼이민자, 북한이탈주민)의 문화에 대해 어떤 편견이나 잘못된 고정관념을 가지고 있는지 생각해 보자.

2

다문화 이론

학습 목표

1. 다문화 관련 이론을 설명할 수 있다.
2. 다문화 정책 유형을 설명할 수 있다.

용어 정의

- **용광로 이론:** 동화이론의 한 부류로서 소수집단인 이민자들이 다수집단이라는 커다란 주류사회 속으로 녹아서 용해된다고 보는 이론
- **모자이크 이론:** 소수집단이 주류사회의 단위문화를 배경으로 모자이크처럼 점점이 박혀 있는 것을 의미하는 이론
- **샐러드 볼 이론:** 문화다원주의 이론으로서, 이민자들이 각자 고유 언어와 문화 그리고 정체성을 유지하면서 기존의 사회와 공존해 나간다고 보는 이론

1 다문화사회 이론

1) 용광로 이론

다문화 이론에서 대표적인 용광로 이론(theory of melting pot)은 18~19세기부터 정립되기 시작하였다. 용광로를 의미하는 'melting pot'이라는 용어는 미국이 다양한 인종과 문화를 흡수하는 사회라는 개념으로 사용되어 왔다. 이는 미국이라는 사회를 하나의 거대한 용광로로 보고 수많은 이민자들을 철광석에 비유하여 그들이 미국사회에 정착하는 과정에서 주류문화에 용해되어 미국인이라는 새로운 인종으로 바뀐다는 것이다. 즉 동화교육을 의미한다[그림 2-1].

용광로적인 동화는 완전 총체적인 동화를 의미하는데, 이는 A+B+C=D의 공식으로 이해된다. 이 공식에서 D는 용광로 속에서 녹아서 미국인이라는 새로운 정체성으로 태어난 것을 뜻한다.

그림 2-1 용광로 이론

출처: https://en.wikipedia.org/wiki/Melting_pot

개인의 문화적 가치는 포기하고 주류사회의 모든 것을 그대로 받아들이는 유형이다. 이는 소수자가 주류사회의 지배적 가치와 규범에 접근하는 것으로, 널리 알려진 문화적 용광로(melting pot)를 지향하는 개념이다. 다양한 이주민들의 문화가 한 문화에 녹아들어 새롭고 매력적인 문화를 창출한다는 개념인데, 이를 채택하고 있는 미국의 경우 오히려 소수문화의 정체성이 더욱더 뚜렷해지고 있는 추세이다. 동화주의에서처럼 주류사회에 일방적으로 들어오도록 강요하는 경우는 구성원뿐만 아니라 새롭게 들어오는 소수자에게도 불필요한 갈등과 긴장을 조성하여 문화적 충돌을 불러올 수 있다.

요컨대, 용광로 이론은 소수집단이 주류사회에 녹아드는 동화주의적 관점으로서, 이민자의 거주국 문화에 대한 적응성과 정체성의 전이가 용이하도록 지원하지만, 소수집단 문화의 전통을 지키기 위한 법적 · 제도적 · 재정적 지원은 하지 않는다. 즉 이민자는 주류사회의 용광로에서 출신 국가의 고유성을 잃고, 단일한 성격의 국민으로 용해되어야 함을 강조하는 것이 특징이다.

이 이론은 사회과학자들에 의해서 1960년대부터 심한 공격을 받았다. 왜냐하면 용광로를 거치는 다양한 인종과 민족은 그 사회의 주류문화에 동화되어 거기서 태어난 사람과 같이 전환되기를 기대하고, 한 국민으로서의 통일성과 일체감을 강조한 것이지만, 다양한 피부색과 문화적 차이가 존재하는 미국 사회에서 적용하기는 현실적으로 어려움이 많기 때문이다.

2) 모자이크 이론

캐나다의 존 머레이 깁슨(John Murray Gibson)이 1938년에 그의 저서 『캐나다식 모자이크(Canadian Mosaic)』에서 처음으로 모자이크 이론(theory of mosaic)이라는 용어를 사용하였다. 캐나다는 이민자의 나라로 역사와 문화적 배경이 다양한 세계 각지에서 온 수많은 이민집단으로 구성되어 있다. 이러한 다수의 이질적인 집단을 조화시켜 원만한 사회통합을 이루는 것이 가장 우선적인 국가적 관심사가 되어 왔다.

흔히 미국 문화를 '인종의 도가니', 캐나다 문화를 '인종의 모자이크'라고 일컫는다. 미국은 다양한 인종을 이민으로 받아들여 미국 정신이라는 일종의 도가니에서 용해시킨다는 의미이고, 캐나다는 각 소수민족 문화를 살려 화려한 모자이크 패턴을 만드는 다문화주의를 추구한다는 의미이다. 즉 모자이크 이론은 소수집단이 주류사회의 단위문화를 배경으로 모자이크처럼 점점이 박혀 있는 것을 의미한다[그림 2-2].

모자이크 이론은 미국의 용광로 이론을 이민자들의 뿌리를 없애려고 시행한 정책이라고 비판하면서 제시되었다. 그러나 1960년대 기존 정책인 용광로 이론에 대한 비난과 반성을 기반으로 1970년대 캐나

그림 2-2 **모자이크 이론**

출처: https://jhssdestinyloxam.wordpress.com/

다에서 생성된 이 모자이크 이론도 비난을 받는다. 왜냐하면, 다양한 조각과 여러 색상의 조각들인 이민자들이 모여서 하나의 아름다운 모자이크가 완성되지만, 그것 역시 그 바탕이 되는 밑그림은 서구문화를 근본으로 한다는 데 문제가 있기 때문이다.

3) 샐러드 볼 이론

샐러드 볼 이론(theory of salad bowl)은 문화다원주의 이론의 동의어로 사용되며, 미국에서 최근에 지향하는 정책이다. 즉 미국에 온 모든 민족이 자기의 독특한 맛을 내어 이루는 다양한 조화가 미국이 지향하는 정책이라는 것이다. 이것은 하위문화의 다양성을 인정하고 존중하는 터전 위에 문화 통합, 국가통합의 가능성을 인정하는 이론이다. 용광로 이론이 단일민족 국가의 이론이라면, 샐러드 볼 이론은 다민족 국가의 이념이 내포된 것이다.

샐러드 볼 이론을 개발한 칼렌(Kallen)은 미국의 모든 이민자들이 그들의 전통과 고유의 문화를 유산으로 지키면서 살 수 있도록 상호 간 상부상조하는 조화로운 사회를 이루어야 한다고 주장하였다. 이 이론은 A+B+C=A′+B′+C′의 공식으로 이해된다. 이는 이민자들의 고유한 전통을 살리면서, 새로운 사회에서 다른 인종 집단과 평화롭게 공존한다는 의미이다.

동화주의적인 'melting pot'과는 달리 이민자들이 모국의 문화와 언어를 유지하면서도 새로운 종주국인 미국인의 일원으로 살아갈 수 있도록 하자는 것이다. 이 이론은 20세기 후반 세계화 시대로 진입하면서 제기된 다문화교육 이론으로 국가나 민족의 경계를 허물어 이민자들의 정체성을 지니게 하려는 것이다.

그러나 샐러드는 원재료 그대로 먹지 않고, 미국 드레싱을 넣어 먹으면 미국식 샐러드가 되고, 이탈리아 드레싱을 넣어 먹으면 이탈리아 샐러드가 되는 것이다. 따라서 이 샐러드는 자국민이나 이민자 각각의 정체성을 살리기보다는 통합하려는 경향이 더 강하다. 따라서 각각의 정체성을 인정하고 서로를 배려하며 사는 사회를 대변하기에는 한계점이 있다고 보인다.

요컨대, 샐러드 볼 이론은 샐러드 볼 안에 채소와 과일이 하나의 드레싱에 의해 골고루 혼합되어 있는 것처럼, 소수집단의 문화와 언어 등 정체성과 다양성을 인정하는 통합적 관점이다. 즉 소수집단과 다수집단이 상호공존하며 고유의 개별성을 그대로 유지하면서도 서로 조화되어 통합성을 이루는 것을 의미한다[그림 2-3].

그림 2-3 샐러드 볼 이론 다양한 다른 요소들이 샐러드를 만들기 위해 결합될 수 있다.

출처: https://en.wikipedia.org/wiki/Salad_bowl_(cultural_idea)

2 다문화 정책 모델

1) 동화주의 모델

동화주의 모델(assimilationist model)은 주류문화를 통한 사회통합을 목표로 소수집단이 출신국의 언어와 문화 및 사회적 특성을 완전히 포기하고, 주류사회의 구성원으로 흡수되는 것을 원하는 모형이다. 즉 소수집단의 문화적 동화를 조건으로 국민으로의 합류를 허용하는 것으로, 이민자를 일방적으로 유입국 사회에 통합시키는 정책이다. 동화주의 모델 정책의 목표는 개인의 변화 과정을 통해서 소수 인종집단이 가지고 있는 문화적 · 인종적 특성을 버리고, 주류 집단의 것을 받아들임으로써 이주한 국가에 완전히 동화되는 것이다. 따라서 이들은 새로운 국가에서의 권한을 취득함과 동시에 자국민으로서의 의무를 가지며 그 나라의 언어를 사용해야 한다. 즉 소수집단의 일원으로서 개인이 가지고 있던 언어 · 문화 · 사회적 특성을 버리고 그 나라의 문화를 받아들여야만 국민으로 인정되는 것이다.

동화주의 모델에서 우세 집단의 특징은 우월하고 바람직한 것으로 간주되는 반면, 소수집단의 특징은 비정상적이고 열등하며 바람직하지 못한 것으로 여겨진다. 이러한 과정을 문화변용이라고 하는데, 행동적 · 문화적 · 구조적 측면에서 나타난다.

동화주의 모델을 채택하는 국가의 경우 이민을 비교적 쉽게 받아들이고 각종 권한을 부여하는 것에는 개방적이지만, 이민자는 출신 국가의 문화적 정체성을 버리고 해당 국가의 문화에 적응해 가면서 결국에는 이주한 국가의 일원이 되어야 한다. 또한 동화주의 모델을 채택하는 국가의 정책은 문화적 적응과 정체성의 전이가 용이하도록 지원하고 그 속도를 높이는 데 초점을 둔다. 그리고 이 모델을 선택한 국가에서는 표면적으로 소수 인종에게 고유의 문화를 포기할 것을 강요하지는 않으나 사회 분위기나 제도를 은밀하게 요구한다. 또한 소수 인종의 고유 문화와 언어를 유지하기 위한 법적 · 제도적 지원을 하지 않는다. 1960년대까지 미국사회가 표방하였던 용광로 모델이 대표적인 사례이다.

2) 다문화주의 모델

다문화주의 모델(multicultural model)은 주류문화뿐만 아니라 다양한 문화가 공존하는 가운데 문화 간의 상호존중이 목표이다. 다문화주의 모델 정책의 목표는 소수집단이 자신의 문화를 지켜나가는 것을 인정하고 장려하며, 소수집단의 문화적 동화가 아닌 공존이다. 주류사회에서 소수집단의 특수한 권리를 인정하고 이들의 예외성을 권리로 받아들인다.

이 모델에서는 소수집단이 자신의 특수성이나 정체성을 버리지 않더라도 주류사회에 완전한 일원이 될 수 있다는 전제하에 각 인종, 민족의 전통적 문화, 언어, 생활습관을 국가가 적극적으로 보호, 유지하기 위해 공적 원조를 하는 것과 더불어 인종 차별 금지, 적극적 차별 시정 조치를 도입하여 각 집단 내 불만이 쌓이는 것을 예방하고자 노력한다.

다문화주의는 탈근대화주의에 대한 관심과 함께 부상한 개념으로 1970년대를 전후해 본격적으로 사용하기 시작하였다. 정부가 시행하는 새로운 정책이나 국민 통합 이데올로기, 또는 사회운동의 목표를 지칭하는 것으로 존재해 왔다.

다문화주의는 몇 개의 인접한 소수집단의 단위 문화가 주류사회의 단위 문화를 배경으로 점점이 박혀 있는 모자이크가 아니라, 다양한 구성요소가 상호공존하며 각자의 색깔과 냄새 그리고 고유의 개별성을 그대로 유지하면서도 서로 조화되어 또 다른 통합성을 이루어내는 이른바 샐러드 볼(salad bowl)을 의미한다.

3) 차별적 배제 모델

차별적 배제 모델(differential exclusionary model)은 소수집단과의 접촉을 배제하거나 최소화하여 사회 갈등을 회피하고자 하는 모형이다. 즉 특정한 이주민에 대해서는 자국 국민에 준하는 공식적 권리를 인정하는 반면에 그 외의 이주민에게는 일시적 체류 자격만 부여한 채 이들을 사회 통합 대상에서 배제하고 각종 권리도 인정하지 않는 정책이다.

예컨대, 3D 직종의 노동시장 같은 특정 영역에서만 이민자를 받아들인다. 동시에 복지 혜택과 국적 · 시민권 또는 선거권의 부여 같은 사회 · 정치적 영역에서는 강력한 배제 정책을 취한다. 결과적으로 유입국에서는 국가가 원하지 않는 이민자 정착을 원칙적으로 차단하려는 전략이다. 즉 국가 내의 인종적 소수집단은 인정하지 않으며, 국가의 단일성에 대한 위협 요인으로만 소수집단을 인식한다.

1960년대 독일에서 이주노동자를 받아들일 때 사용한 초청노동자(gastarbeiter), 손님노동자(guest worker) 제도는 차별적 배제 모델의 전형적인 예이다. 한국 사회의 생산기능직 외국인력제도인 고용허가제 역시 이러한 원리에 기반을 둔 것이라고 볼 수 있다.

요약정리

1. 다문화사회 이론 3가지는 다음과 같다. 첫째, 용광로 이론은 소수집단이 주류사회에 녹아드는 동화주의적 관점으로서, 이민자의 거주국 문화에 대한 적응성과 정체성의 전이가 용이하도록 지원하지만, 소수집단 문화의 전통을 지키기 위한 법적 · 제도적 · 재정적 지원은 하지 않는다. 즉 이민자는 주류사회의 용광로에서 출신 국가의 고유성을 잃고, 단일한 성격의 국민으로 용해되어야 함을 강조하는 것이 특징이다. 둘째, 모자이크 이론은 소수집단이 주류사회의 단위문화를 배경으로 모자이크처럼 점점이 박혀 있는 것을 의미한다. 셋째, 소수집단의 문화와 언어 등 정체성과 다양성을 인정하는 통합적 관점이다. 즉 소수집단과 다수집단이 상호공존하며 고유의 개별성을 그대로 유지하면서도 서로 조화되어 통합성을 이루는 것을 의미한다.
2. 다문화 정책 모델 3가지는 다음과 같다. 첫째, 동화주의 모델은 소수집단의 문화적 동화를 조건으로 국민으로의 합류를 허용하는 것으로, 이민자를 일방적으로 유입국 사회에 통합시키는 정책이다. 둘째, 다문화주의 모델은 소수집단이 자신의 문화를 지켜나가는 것을 인정하고 장려하며, 소수집단의 문화적 동화가 아닌 공존을 목표로 하는 정책이다. 셋째, 차별적 배제 모델은 소수집단과의 접촉을 배제하거나 최소화하여 사회 갈등을 회피하고자 하는 모형이다.

생각해 보기

다문화 정책은 국가별로 사회경제 및 문화적 배경이 다르기 때문에 서로 다른 방식으로 나타나며, 정부에 의해 이루어지는 정책의 영향력도 상당히 크다고 보인다. 다양한 다문화 정책 모델을 비교 분석해 보자.

3

다문화사회의 이해

학습 목표

1. 다문화가족의 정의 및 현황을 이해할 수 있다.
2. 외국의 다양한 이민정책을 설명할 수 있다.

용어 정의

- **다문화가족:** 「재한외국인 처우 기본법」에서의 결혼이민자와 「국적법」에 따라 대한민국 국적을 취득한 자로 이루어진 가족, 「국적법」에 따라 대한민국 국적을 취득한 자로 이루어진 가족
- **결혼이민자등:** 다문화가족구성원으로서 결혼이민자나 귀화허가를 받은 자
- **아동 · 청소년:** 24세 이하인 자

1 한국다문화사회의 이해

1) 개요

우리나라는 반만년의 역사를 거치며 단일민족으로 유지되어 왔으나, 점차 한국 사회를 구성하고 있는 구성원의 출신국과 인종 등이 다양한 형태인 다문화사회로 변화되어가고 있다. 우리나라의 인구 현황 자료에 따르면, 2019년 국내거주 외국인은 2,216,612명이었고, 이들 중 한국국적을 취득한 사람은 185,728명에 불과하였다[표 3-1]. 또한 국내거주 외국인의 비율은 2006년에는 1.1%였으나, 2019년에는 4.3%를 차지하고 있어 2006년에 비해 약 4배가량 증가하였다[그림 3-1]. OECD에서는 총 인구 중 외국인과 이민2세, 그리고 귀화자 등의 '이주배경인구'가 5%를 초과할 경우 '다문화 · 다인종 국가'로 분류하고 있는데, 우리나라도 머지않아 '다문화 · 다인종 국가'로 전환될 가능성이 있다. 2018년 전국 다문화가족실태조사 연구결과에 따르면, 다문화가구 중 결혼이민자 가구는 85.7%, 기타귀화자 가구는 14.3%였고, 평균 가구원 수는 2.92명, 평균 자녀 수는 0.95명이었다.

이처럼 국내 거주 외국인의 증가로 인해 2003년에는 「외국인근로자의 고용 등에 관한 법률」을 제정하였고, 2007년에는 「재한외국인 처우 기본법」을 제정하여 외국인근로자 고용과 처우 등을 명시함으로써 재한외국인이 우리나라 사회에 적응하여 사회통합이 이루어지도록 하고 있다. 또한 외국인과의 결혼 역시 증가하여 건전한 국제 결혼문화 형성을 위하여 「결혼중개업의 관리에 관한 법률」을 2007년에

표 3-1 국내 외국인주민 현황

(단위: 명)

연도	계	한국국적을 가지지 않은 자						한국국적 취득자	외국인 주민자녀
		소계	외국인 근로자	결혼 이민자	유학생	외국국적 동포	기타 외국인		
2016	1,764,664	1,413,758	541,673	159,501	95,963	235,926	380,695	159,447	191,459
2017	1,861,084	1,479,247	495,792	160,653	117,127	276,750	428,925	169,535	212,302
2018	2,054,621	1,651,561	528,063	166,882	142,757	296,023	517,836	176,915	226,145
2019	2,216,612	1,778,918	515,051	173,882	160,610	303,245	626,130	185,728	251,966

출처: 통계청(2020).

제정하였고, 다문화가족의 증가로 인해 그들이 안정적인 가족생활을 유지할 수 있도록 2008년에는 「다문화가족지원법」이 제정되었다.

「다문화가족지원법」에 따르면, '다문화가족'이란 「재한외국인 처우 기본법」에서의 결혼이민자와 「국적법」에 따라서 대한민국의 국적을 취득한 사람들로 이루어진 가족, 그리고 「국적법」에 따라서 대한민국의 국적을 취득한 사람들로 이루어진 가족을 말한다. 또한 '결혼이민자등'이란 다문화가족구성원으로서 결혼이민자나 귀화허가를 받은 자를 의미하고, 24세 이하인 경우를 '아동 · 청소년'이라고 한다. 외국인근로자는 대한민국의 국적을 가지지 아니한 자로, 국내에 소재한 사업장에서 임금을 목적으로 근로를 제공하였거나 근로하고 있는 자를 의미하고, 외국인근로자의 자녀는 외국인근로자의 만 18세 미만 자녀이고, 외국인근로자의 배우자(외국인)는 임신 중인 외국인근로자의 배우자를 의미한다. 또한 국적 취득 전 결혼이민자는 한국인 배우자와 혼인한 상태(사실혼 제외)에 있는 자로 한국 국적을 취득하지 못한 외국 국적자를 의미하고, 국적 취득 전 결혼이민자의 자녀는 결혼이민자의 만 18세 미만 자녀를 의미한다.

「재한외국인 처우 기본법」에서는 우리나라 국민과 재한외국인이 서로의 문화와 전통을 존중하면서 더불어 살아갈 수 있는 사회환경을 조성하기 위하여 매년 5월 20일을 세계인의 날로 정하였고, 정부 부처인 여성가족부, 법무부, 보건복지부, 고용노동부, 교육부, 행정안전부 등이 다문화 관련 다양한 정책들을 마련하여 추진함으로써 국내 거주 외국인과 다문화가족의 사회적응과 가족발달과정 등을 적극 지원하고 있다. 특히 결혼이민자 등이 한국생활에 안정적으로 정착하여 생활할 수 있도록 다문화가족정책

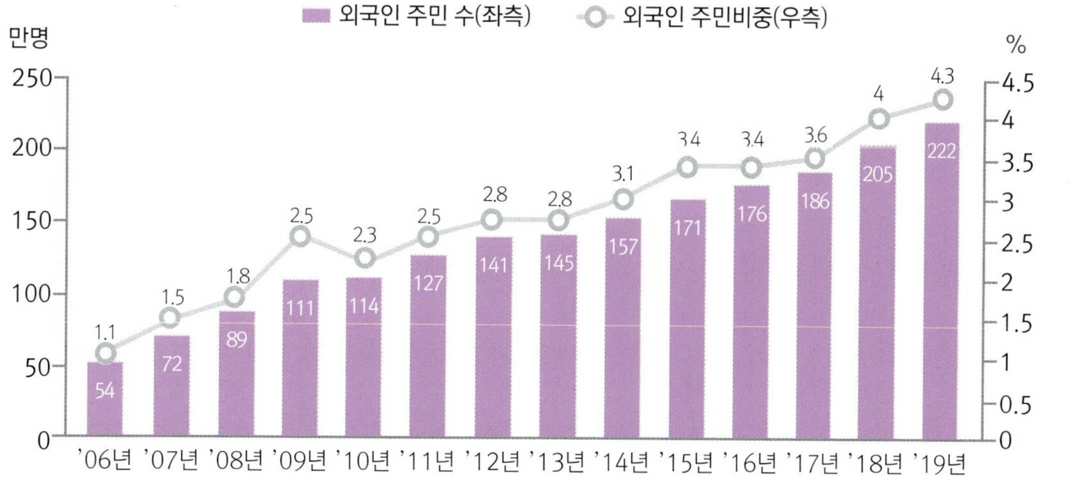

그림 3-1 국내 외국인주민 증가 추이

출처: 행정안전부 보도자료(2020).

기본계획을 2010년부터 총 3차례에 걸쳐 수립되었고, 2018년 2월에는 '제3차 다문화가족정책 기본계획'(2018~2022년)에 따라 각종 다문화가족 지원사업이 추진되고 있다[표 3-2], [그림 3-2]. 다문화사회로의 변화에 따라 국민들의 다문화에 대한 인식도 점차 변화되고 있고, 한국여성정책연구원에서 실시한 2018년 국민 다문화 수용성 조사결과에 따르면, 우리 국민의 다문화 수용성은 지속적으로 상승하고는 있는 것으로 확인되었다. 그러나 실제 이주민들과의 직접적인 교류를 하는 등의 실질적인 통합 측면에서는 그 수용성이 오히려 저하되는 경향을 보였다. 또한 이주민에 대한 고정관념과 차별 측면에서는 2012년에 비해 수용성이 약간 상승되기는 하였으나 2015년에 비해서는 다소 감소되는 경향을 보였고, 거부·회피정서 측면에서는 수용성은 매년 상승하고 있다. 따라서 대다수 국민들 사이에서는 이주민에 대한 강한 고정관념과 편견, 차별을 드러내는 것에는 동의하지 않는 수준에서의 다문화 수용성은 어느 정도 갖추어져 있는 것으로 나타났다.

표 3-2 다문화가족정책 기본계획 추진현황

구분	제1차 기본계획 (2010~2012년)	제2차 기본계획 (2013~2017년)	제3차 기본계획 (2018~2022년)
비전	• 열린 다문화사회로 성숙한 세계국가 구현	• 활기찬 다문화가족, 함께하는 사회	• 참여와 공존의 열린 다문화사회
목표	• 다문화가족의 삶의 질 향상 및 안정적인 정착 지원 • 다문화가족 자녀에 대한 지원 강화 및 글로벌인재육성	• 사회 발전 동력으로서의 다문화가족 역량 강화 • 다양성이 존중되는 다문화사회 구현	• 모두가 존경받는 차별 없는 다문화사회 구현 • 다문화가족의 사회·경제적 참여 확대 • 다문화가족 자녀의 건강한 성장 도모
주요 정책과제	(5대 영역 61개 세부과제) • 국제결혼중개 관리 및 입국 전 검증 시스템 강화 • 결혼이민자 정착 지원 및 자립 역량강화 • 다문화에 대한 사회적 이해 제고 • 다문화가족 자녀의 건강한 성장 환경 조성	(6대 영역 86개 세부과제) • 안정적인 가족생활 기반 구축 • 결혼이민자의 사회경제적 진출 확대 • 다양한 문화가 있는 다문화가족 구현 • 다문화가족에 대한 수용성 제고 • 다문화가족 자녀의 성장과 발달 지원	(5대 영역 70개 세부과제) • 다문화가족 장기정착 지원 • 결혼이민자의 다양한 사회참여 확대 • 다문화가족 자녀의 안정적 성장 지원과 역량 강화 • 상호존중에 기반한 다문화 수용성 제고

출처: 보건복지부(2018).

비전: 참여와 공존의 열린 다문화사회

목표
- ▶ 모두가 존중받는 차별 없는 다문화사회 구현
- ▶ 다문화가족의 사회 경제적 참여 확대
- ▶ 다문화가족 자녀의 건강한 성장 도모

정책 과제

정책과제	
다문화가족 장기정착 지원	① 결혼이주여성 인권보호 강화(가정폭력예방 및 대응체계 구축) ② 국제결혼 피해예방 지원 ③ 안정된 가족생활 지원 ④ 서비스 연계 활성화
결혼이민자 다양한 사회참여 확대	① 자립역량 강화 ② 취 · 창업 지원 서비스 내실화 ③ 사회참여 기회 확대
다문화가족 자녀의 안정적 성장지원과 역량 강화	① 안정적 성장을 위한 환경조성 ② 학업 및 글로벌 역량 강화 ③ 진로준비 및 사회진출 지원 ④ 중도입국자녀 맞춤형 지원
상호존중에 기반한 다문화 수용성 제고	① 정책환경에 대한 주기적 모니터링 실시 ② 다문화 이해교육 활성화 ③ 다문화수용성 제고를 위한 미디어 환경 조성 ④ 지역 환경 조성 및 참여 교류 프로그램 활성화
협력적 다문화가족 정책 운영을 위한 추진체계 강화	① 정책추진체계간 협력 강화 ② 다문화가족 지원체계 내실화

그림 3-2 제3차 다문화가족정책 기본계획(2018~2022)

출처: 여성가족부(2021). 2021년도 지방자치단체 시행계획.

2) 다문화 현황

(1) 국내거주 외국인주민 현황

행정안전부가 2020년에 발표한 '2019 지방자치단체 외국인주민 현황'에 의하면, 우리나라에 거주하면서 한국국적을 취득하지 않은 자와 한국국적을 취득한 자 및 외국인주민의 자녀인 '외국인주민'은 모두 2,216,612명으로 2018년 2,054,621명에 비해 161,991명(7.9%)이 증가되었다. 한국국적을 가지지 아니한 자인 외국인근로자와 외국국적동포, 결혼이민자등은 1,778,918명(80.3%)이고, 한국국적을 취득한 자는 185,728명(8.4%), 외국인주민의 자녀(출생)는 251,966명(11.4%)으로 나타났다. 특히 한국국적을 가지지 않은 자는 2018년 1,651,561명에 비해 127,357명(7.7%)이 증가하였고, 2018년 대비 외국인근로자만 13,012명(2.5%)이 감소하였고, 그 외 유학생은 17,853명(12.5%), 외국국적동포 7,222명(2.4%), 결혼이민자 7,000명(4.2%), 기타 외국인은 108,294명(20.9%)이 증가하였다[표 3-3]. 한국국적을 취득하지 않은 자 중 외국인근로자는 29.0%이고, 외국국적의 동포는 17.0%, 결혼이민자는 9.8%, 유학생 9.0%, 기타 외국인은 35.2%였고[그림 3-3], 주요 국적별로는 중국 출신이 42.6%(757,037명)를 차지하고 있으며, 그 다음으로는 베트남이 11.1%, 태국은 10.2%, 미국 4.4% 등의 순이었다[표 3-4].

2019년 국내거주 외국인주민은 우리나라 총 인구(51,779,203명)의 4.3%로, 17개 시 · 도 인구 중에서 충청남도(2,188,649명)와 대구(2,429,940명)와 유사한 규모를 차지하고 있다[표 3-5], [그림 3-4]. 거주 지역별로 외국인주민 수가 많은 시 · 도는 경기 720,090명(32.5%), 서울 465,885명(21.0%), 경남 134,675명(6.1%) 순이었으며, 수도권(서울 · 경기 · 인천)에는 59.4%의 외국인주민이 거주하고 있었다. 외국인주민 수가 많은 시 · 군 · 구는 경기 안산 92,787명(13.0%), 경기 수원 67,073명(5.5%), 경기 화성 65,040명(7.8%), 경기 시흥 59,634명(11.7%)이었다. 외국인주민이 1만 명 이상 거주하거나 인구 대비 5% 이상의 외국인주민이 거주하는 시 · 군 · 구는 95개 지역이었다.

한국국적을 취득한 자는 185,728명으로 2018년 176,915명에 비해 8,813명(5.0%)이 증가되었는데[표 3-3], 국적 취득 후 5년 이상 경과한 자는 72.7%로, 10년 이상인 자 38.0%, 5~10년 미만인 자는 34.7%였다[그림 3-5]. 외국인주민 자녀(출생)는 251,966명으로 2018년 226,145명에 비해 25,821명(11.4%)이 증가되었고[표 3-3], 연령별로는 미취학아동(만 6세 이하) 45.2%(113,920명), 초등학생(만 7~12세) 39.3%(99,144명), 중고생(만 13~18세) 15.4%(38,902명)였다[그림 3-6].

표 3-3 외국인주민 유형별 현황

(단위: 명)

구분		외국인주민 합계			한국국적을 가지지 않은 자						한국국적 취득자	외국인주민 자녀 (출생)
		계	남	여	계	외국인 근로자	결혼 이민자	유학생	외국국적 동포	기타 외국인		
'19년		2,216,612	1,184,176	1,032,436	1,778,918	515,051	173,882	160,610	303,245	626,130	185,728	251,966
		구성비	(53.4%)	(46.6%)	(80.3%)						(8.4%)	(11.4%)
'18년		2,054,621	1,098,135	956,486	1,651,561	528,063	166,882	142,757	296,023	517,836	176,915	226,145
		구성비	(53.4%)	(46.6%)	(80.4%)						(8.6%)	(11.0%)
증감		161,991	86,041	75,950	127,357	⊿13,012	7,000	17,853	7,222	108,294	8,813	25,821
		(7.9%)	(7.8%)	(7.9%)	(7.7%)	(⊿2.5%)	(4.2%)	(12.5%)	(2.4%)	(20.9%)	(5.0%)	(11.4%)

* 기타외국인은 외국인근로자, 결혼이민자, 유학생, 외국국적동포에 해당되지 않은 체류자격을 포함

출처: 행정안전부 보도자료(2020).

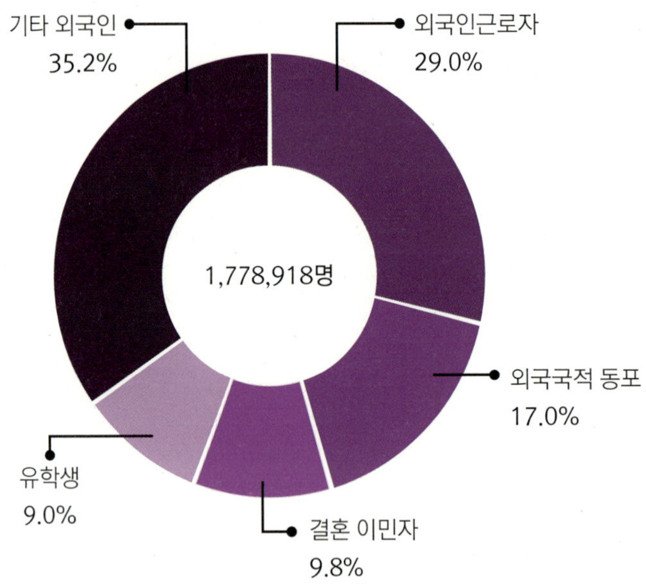

그림 3-3 **한국국적을 가지지 아니한 자의 유형별 현황**

출처: 행정안전부 보도자료(2020).

표 3-4 한국국적을 가지지 아니한 자의 주요 국적별 현황

(단위: 명, %)

중국(한국계)	중국	베트남	태국	미국	우즈베키스탄	필리핀	캄보디아
536,638	220,399	197,340	182,160	78,539	62,076	50,217	45,475
30.2	12.4	11.1	10.2	4.4	3.5	2.8	2.6

출처: 행정안전부 보도자료(2020).

표 3-5 2019 지방자치단체 국내거주 외국인주민 현황

(단위: 명)

구분	총인구 ('19.11.1.)	인구 대비 (%)	외국인 주민 (합계)	한국국적을 가지지 않은 자						한국국적 취득자	외국인 주민 자녀 (출생)
				소계	외국인근로자	결혼 이민자	유학생	외국국적동포	기타 외국인		
계	51,779,203	4.3%	2,216,612	1,778,918	515,051	173,882	160,610	303,245	626,130	185,728	251,966
서울	9,639,541	4.8%	465,885	390,177	75,322	33,281	54,647	91,166	135,761	42,208	33,500
부산	3,372,692	2.3%	77,968	60,502	13,855	7,257	12,475	3,815	23,100	5,998	11,468
대구	2,429,940	2.2%	53,023	40,092	9,358	5,382	5,960	3,212	16,180	4,330	8,601
인천	2,952,237	4.4%	130,292	100,174	25,209	11,545	6,068	18,942	38,410	14,666	15,452
광주	1,489,730	2.9%	43,053	33,286	7,312	3,635	6,156	2,944	13,239	3,297	6,470
대전	1,498,839	2.3%	34,148	25,147	2,879	3,457	7,009	1,798	10,004	3,059	5,942
울산	1,143,692	3.3%	37,284	28,604	8,338	3,503	1,704	4,830	10,229	3,145	5,535
세종	338,136	2.9%	9,814	7,829	2,117	824	1,437	832	2,619	666	1,319
경기	13,300,900	5.4%	720,090	594,795	199,634	52,697	21,200	124,647	196,617	60,403	64,892
강원	1,520,127	2.5%	38,504	27,008	6,550	3,873	4,406	1,854	10,325	3,786	7,710
충북	1,629,343	4.6%	74,880	59,783	20,077	5,601	4,408	9,342	20,355	5,382	9,715
충남	2,188,649	5.8%	127,057	104,018	34,757	9,089	7,662	17,827	34,683	8,234	14,805
전북	1,807,423	3.4%	62,151	43,960	11,096	6,000	8,234	2,177	16,453	5,595	12,596
전남	1,787,543	3.8%	68,719	47,778	18,839	6,684	2,197	2,274	17,784	6,038	14,903
경북	2,668,154	3.9%	104,596	81,840	26,483	8,007	11,117	6,085	30,148	7,118	15,638
경남	3,347,209	4.0%	134,675	105,908	43,162	10,305	3,640	9,413	39,388	9,691	19,076
제주	665,048	5.2%	34,473	28,017	10,063	2,742	2,290	2,087	10,835	2,112	4,344

출처: 행정안전부 보도자료(2020).

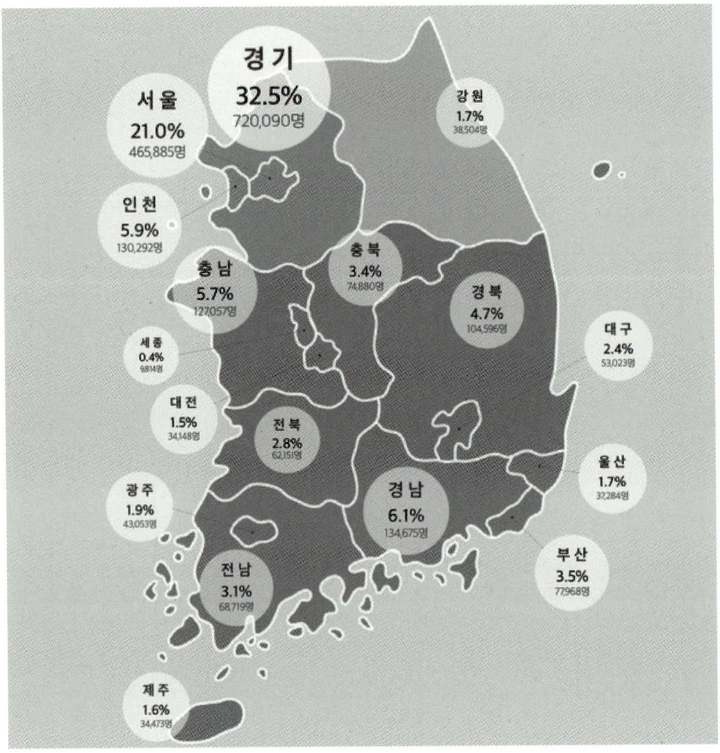

그림 3-4 2019 지방자치단체 국내거주 외국인주민 현황

출처: 행정안전부 보도자료(2020).

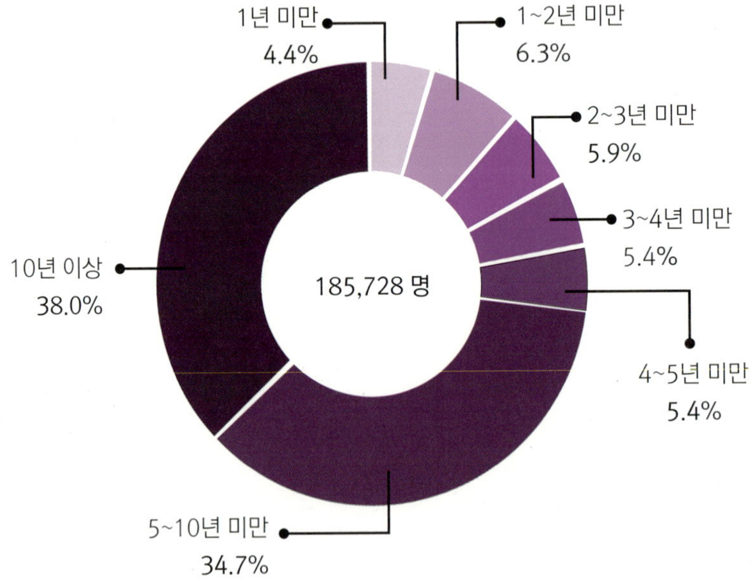

그림 3-5 한국국적 취득자 경과기간별 현황

출처: 행정안전부 보도자료(2020).

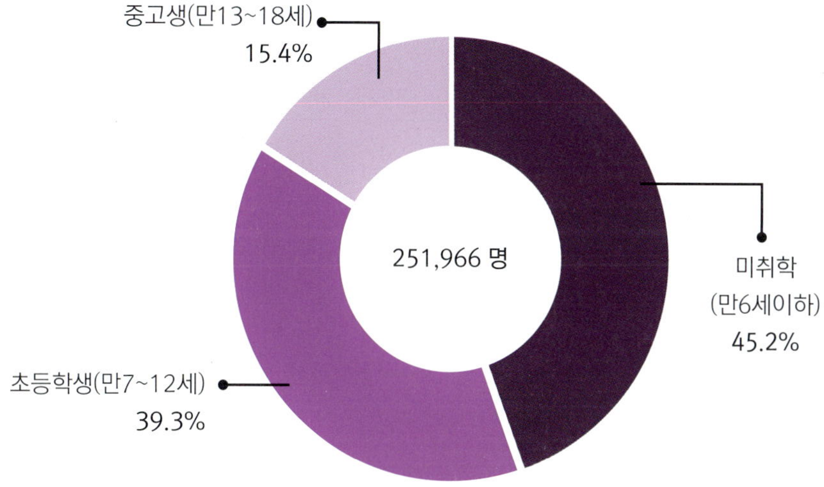

그림 3-6 외국인주민 자녀(출생) 연령별 현황

출처: 행정안전부 보도자료(2020).

(2) 결혼이민자 및 국적취득자 현황

우리나라 국민의 전체 혼인건수는 매년 감소되고 있으며, 이 중 2019년 외국인과의 혼인 건수는 혼인 1천 건당 23.6건으로 전체 혼인건수의 9.9%를 차지하고 있고, 한국남자와 외국여자와의 혼인이 7.4%로 그 반대의 경우인 2.5%보다 더 높은 비율을 보였다[표 3-6]. 한국남자와 혼인한 외국여자의 국적은 베트남이 가장 많았고, 중국, 태국, 일본, 필리핀 순이었다. 또한 한국여자와 혼인한 외국남자의 국적은 미국이 가장 많았고, 그 다음으로는 중국, 베트남, 캐나다, 일본 순이었다[표 3-7].

국내 결혼이민자와 국적취득자는 매년 지속적으로 증가 추세를 보이고 있다. 결혼이민자의 경우 2008년 87,964명이었으나 2018년에는 166,882명으로 약 2배 정도 증가하였고, 국적취득자도 2008년 54,051명에 비해 2018년 176,915명으로 약 3배 이상 증가하였다[표 3-8]. 결혼이민자와 국적취득자의 국적별 현황은 한국계 중국이 119,989명으로 가장 많았고, 그 다음으로는 베트남 72,137명, 중국 68,304명, 필리핀 19,199명 순이었다[표 3-9]. 지역별로 결혼이민자와 국적취득자의 수를 비교하였을 때 결혼이민자와 국적취득자가 가장 많은 지역은 경기, 서울, 인천, 경남, 충남 순이었다[표 3-10].

표 3-6 외국인과의 혼인 현황

(단위: 천 건, %)

	2009	2010	2011	2012	2013	2014	2015	2016	2017	2018	2019	구성비	전년대비 증감률
총 혼인건수	309.8	326.1	329.1	327.1	322.8	305.5	302.8	281.6	264.5	257.6	239.2	100.0	-7.2
외국인과의 혼인	33.3	34.2	29.8	28.3	26.0	23.3	21.3	20.6	20.8	22.7	23.6	9.9	4.2
한국남자 +외국여자	25.1	26.3	22.3	20.6	18.3	16.2	14.7	14.8	14.9	16.6	17.7	7.4	6.5
한국여자 +외국남자	8.2	8.0	7.5	7.7	7.7	7.2	6.6	5.8	6.0	6.1	6.0	2.5	-2.2

출처: 여성가족부(2020). 다문화가족 관련 통계 현황.

표 3-7 연도별, 국적별 외국인과의 혼인 현황

(단위: 건, %)

구분	2011	2012	2013	2014	2015	2016	2017	2018	2019	구성비	전년대비 증감률
한국男+외국女	22,265	20,637	18,307	16,152	14,677	14,822	14,869	16,608	17,687	100.0	6.5
베트남	7,636	6,586	5,770	4,743	4,651	5,377	5,364	6,338	6,712	37.9	5.9
중국	7,549	7,036	6,058	5,485	4,545	4,198	3,880	3,671	3,649	20.6	-0.6
태국	354	323	291	439	543	720	1,017	1,560	2,050	11.6	31.4
일본	1,124	1,309	1,218	1,345	1,030	838	843	987	903	5.1	-8.5
필리핀	2,072	2,216	1,692	1,130	1,006	864	842	852	816	4.6	-4.2
미국	507	526	637	636	577	570	541	567	597	3.4	5.3
캄보디아	961	525	735	564	524	466	480	455	432	2.4	-5.1
기타	2,062	2,116	1,906	1,810	1,801	1,789	1,902	2,178	2,528	14.3	16.1
한국女+외국男	7,497	7,688	7,656	7,164	6,597	5,769	5,966	6,090	5,956	100.0	-2.2
미국	1,632	1,593	1,755	1,748	1,612	1,377	1,392	1,439	1,468	24.6	2.0
중국	1,869	1,997	1,727	1,579	1,434	1,463	1,523	1,489	1,407	23.6	-5.5
베트남	93	180	279	283	432	565	586	587	639	10.7	8.9
캐나다	448	505	475	481	465	398	436	402	363	6.1	-9.7
일본	1,709	1,582	1,366	1,176	808	381	311	313	265	4.4	-15.3
영국	195	196	197	207	196	186	185	184	190	3.2	3.3
기타	1,551	1,635	1,857	1,690	1,650	1,399	1,533	1,676	1,624	27.3	-3.1

출처: 여성가족부(2020). 다문화가족 관련 통계 현황.

표 3-8 연도별 결혼이민자 및 국적취득자 현황

(단위: 명)

연도	계			결혼이민자			국적취득자		
	계	남	여	계	남	여	계	남	여
2018	343,797	69,515	274,282	166,882	32,858	134,024	176,915	36,657	140,258
2017	330,188	65,507	264,681	160,653	30,745	129,908	169,535	34,762	134,773
2016	318,948	61,544	257,404	159,501	28,728	130,773	159,447	32,816	126,631
2015	294,663	56,652	238,011	144,912	25,263	119,649	149,751	31,389	118,362
2014	295,842	48,787	247,055	149,764	21,953	127,811	146,078	26,834	119,244
2013	281,295	45,348	235,947	147,591	20,887	126,704	133,704	24,461	109,243
2012	267,727	42,459	225,268	144,214	19,630	124,584	123,513	22,829	100,684
2011	252,764	39,825	212,939	141,654	18,561	123,093	111,110	21,264	89,846
2010	221,548	34,144	187,404	125,087	15,876	109,211	96,461	18,268	78,193
2009	199,398	30,988	168,410	125,673	15,190	110,483	73,725	15,798	57,927
2008	168,224	26,339	141,885	102,713	13,711	89,002	65,511	12,628	52,883
2007	142,015	21,905	120,110	87,964	12,497	75,467	54,051	9,408	44,643

출처: 여성가족부(2020). 다문화가족 관련 통계 현황.

표 3-9 국적별 결혼이민자 및 국적취득자 현황

(단위: 명)

국적	2007	2008	2009	2010	2011	2012	2013	2014	2015	2016	2017	2018
합계	142,015	168,224	199,398	221,548	252,764	267,727	281,295	295,842	294,663	318,948	330,188	343,797
중국 (한국계)	59,902	70,901	77,853	87,565	88,922	97,796	100,524	103,194	103,171	110,619	114,101	119,989
중국	33,577	39,434	53,864	60,183	69,671	65,832	67,944	71,661	59,813	64,524	67,257	68,304
베트남	16,305	21,306	31,080	34,913	42,159	47,754	52,323	56,332	62,072	66,554	69,774	72,137
필리핀	7,146	8,033	10,150	10,868	12,428	13,829	15,256	16,473	17,576	18,247	18,695	19,199
일본	6,742	6,653	5,742	5,594	11,070	11,705	12,338	12,875	11,391	11,278	12,117	12,302
캄보디아	-	-	-	3,354	4,422	5,316	5,684	6,184	6,902	7,221	7,621	7,958
몽골	1,605	2,121	2,591	2,665	2,959	3,068	3,186	3,257	3,308	3,394	3,523	3,663
태국	1,566	1,896	2,291	2,350	2,914	2,918	2,975	3,088	3,069	3,328	3,803	4,526
미국	1,436	1,750	1,911	1,890	2,598	2,747	3,081	3,350	5,368	7,377	7,711	8,402
러시아	997	1,854	1,162	1,279	1,827	1,943	2,025	1,976	1,937	1,895	2,253	1,892
대만	5,696	4,336	1,211	1,856	1,836	2,390	2,661	2,953	4,298	4,552	5,308	4,066
기타	7,043	9,940	11,543	9,031	11,958	12,429	13,298	14,499	15,758	19,959	18,025	21,359

출처: 여성가족부(2020). 다문화가족 관련 통계 현황.

표 3-10 지역별 결혼이민자 및 국적취득자 현황

(단위: 명)

연도	계(자녀 제외)			결혼이민자			국적취득자			다문화가족 자녀 수		
	계	남	여	계	남	여	계	남	여	계	남	여
계	343,797	69,515	274,282	166,882	32,858	134,024	176,915	36,657	140,258	237,506	121,278	116,228
서울	74,717	22,791	51,926	32,677	9,937	22,740	42,040	12,854	29,186	32,930	16,564	16,366
부산	12,620	1,802	10,818	6,949	1,108	5,841	5,671	694	4,977	10,772	5,492	5,280
대구	9,176	1,237	7,939	5,154	799	4,355	4,022	438	3,584	7,985	3,969	4,016
인천	24,435	5,912	18,523	10,875	2,498	8,377	13,560	3,414	10,146	14,643	7,502	7,141
광주	6,455	711	5,744	3,413	456	2,957	3,042	255	2,787	5,978	3,166	2,812
대전	6,232	853	5,379	3,355	496	2,859	2,877	357	2,520	5,522	2,819	2,703
울산	6,411	934	5,477	3,373	512	2,861	3,038	422	2,616	5,197	2,669	2,528
세종	1,351	210	1,141	758	131	627	593	79	514	1,154	597	557
경기	107,141	25,444	81,697	50,059	11,404	38,655	57,082	14,040	43,042	61,476	31,442	30,034
강원	7,212	617	6,595	3,645	335	3,310	3,567	282	3,285	7,121	3,668	3,453
충북	10,391	1,325	9,066	5,279	700	4,579	5,112	625	4,487	8,963	4,550	4,413
충남	16,396	2,086	14,310	8,564	1,027	7,537	7,832	1,059	6,773	13,868	7,029	6,839
전북	11,165	792	10,373	5,938	472	5,466	5,227	320	4,907	11,864	6,120	5,744
전남	12,040	636	11,404	6,489	343	6,146	5,551	293	5,258	13,815	7,119	6,696
경북	14,444	1,318	13,126	7,810	836	6,974	6,634	482	6,152	14,491	7,378	7,113
경남	19,106	2,118	16,988	9,927	1,411	8,516	9,179	707	8,472	17,723	9,109	8,614
제주	4,505	729	3,776	2,617	393	2,224	1,888	336	1,552	4,004	2,085	1,919

출처: 여성가족부(2020). 다문화가족 관련 통계 현황.

(3) 다문화가족 자녀 현황

우리나라에 거주하는 다문화가족 자녀 수는 2008년 58,007명에서 2018년에는 237,506명으로 약 4배 정도 증가하였고, 국적별로는 베트남 국적의 자녀 수가 77,218명으로 가장 많았고, 그 다음으로는 중국 44,016명, 한국계 중국이 39,642명, 필리핀 22,873명, 캄보디아 10,037명, 일본 6,930명 순이었다[표 3-11]. 국내에서 다문화가족 자녀 수가 가장 많은 지역은 경기 61,476명이었고, 서울 32,930명, 경남 17,723명, 인천 14,643명 순이었다[표 3-12].

다문화가족의 자녀 연령은 만 6세 이하가 114,125명으로 가장 많고, 만 7~12세는 92,368명, 만 13~15세는 19,164명, 만 16~18세는 11,849명이고, 초등학생이 75.7%, 중학생이 15.8%, 고등학생이 8.2%를 차지하고 있었다. 국내에서 출생한 다문화학생 수는 2019년 108,069명으로 전년도보다 증가하였고, 중도입국한 다문화학생 수도 8,697명, 외국인자녀도 20,459명으로 2018년보다 모두 증가하였다[표 3-13], [표 3-14]. 2015년 다문화학생 수는 우리나라 전체 학생 수의 1.35%를 차지하였으나, 2019년에는 전체 학생 수의 2.49%를 차지할 정도로 매년 증가추세를 보이고 있다[표 3-15].

표 3-11 국적별 다문화가족 자녀 수 현황

(단위: 명)

국적별	2007	2008	2009	2010	2011	2012	2013	2014	2015	2016	2017	2018
합계	44,258	58,007	107,689	121,935	151,154	168,583	191,328	204,204	197,550	201,333	222,455	237,506
중국(한국계)	14,201	16,681	18,669	31,404	33,186	39,278	42,294	43,890	35,439	36,610	38,090	39,642
중국	7,716	10,889	35,932	29,800	34,852	33,231	37,084	38,824	40,351	37,963	43,197	44,016
베트남	5,062	8,194	22,491	27,517	34,256	41,238	49,458	54,737	57,464	56,468	71,864	77,218
필리핀	6,013	6,378	10,687	11,926	13,937	15,820	18,020	19,568	19,918	20,146	22,270	22,873
일본	6,016	6,508	6,838	5,734	14,510	16,237	17,806	18,185	7,773	9,485	6,886	6,930
캄보디아	-	-	-	2,554	3,565	4,690	5,961	6,777	7,016	6,909	9,448	10,037
몽골	405	816	1,681	1,807	2,250	2,468	2,802	2,952	2,771	2,719	3,132	3,212
태국	799	870	1,563	1,711	2,082	2,427	2,663	2,767	2,254	2,543	2,609	2,875
미국	852	2,406	683	821	1,207	1,422	1,697	1,855	6,140	5,874	4,899	5,581
러시아	263	303	736	766	1,090	1,139	1,289	1,319	1,017	1,058	1,155	1,034
대만	878	1,515	770	1,129	1,191	1,615	1,758	1,892	2,877	2,522	2,995	3,081
기타	2,053	3,447	7,639	6,766	9,028	9,018	10,496	11,348	14,530	19,036	15,910	21,007

출처: 여성가족부(2020). 다문화가족 관련 통계 현황.

표 3-12 지역별 다문화가족 자녀 수 현황

(단위: 명)

시도	2007	2008	2009	2010	2011	2012	2013	2014	2015	2016	2017	2018
합계	44,258	58,007	107,689	121,935	151,154	168,583	191,328	204,204	197,550	201,333	222,455	237,506
서울	5,305	7,500	16,772	19,014	24,084	26,008	29,285	30,226	30,447	30,761	31,052	32,930
부산	2,269	3,057	5,091	5,698	6,837	7,375	8,311	9,022	9,157	8,852	10,181	10,772
대구	2,019	2,254	3,656	3,904	4,475	5,125	5,829	6,305	6,423	6,388	7,501	7,985
인천	2,313	3,054	6,662	7,805	8,868	9,552	11,082	11,964	11,845	12,440	13,609	14,643
광주	1,231	1,608	2,420	2,752	3,403	3,926	4,519	4,997	5,090	4,881	5,597	5,978
대전	824	985	2,441	2,881	3,439	3,847	4,365	4,666	4,561	4,594	5,255	5,522
울산	884	1,068	2,489	2,798	3,233	3,582	4,092	4,437	4,376	4,400	4,962	5,197
세종	-	-	-	-	-	-	563	660	729	829	973	1,154
경기	6,617	11,131	25,648	29,953	37,519	42,365	48,138	51,960	50,313	52,446	56,584	61,476
강원	2,366	2,590	4,017	3,900	5,161	5,780	6,498	6,917	6,042	6,046	6,824	7,121
충북	2,288	2,584	3,748	4,710	5,675	6,445	7,272	7,718	7,089	7,424	8,381	8,963
충남	3,432	3,421	6,399	6,953	9,119	10,023	11,010	11,863	10,908	11,574	13,021	13,868
전북	3,275	4,283	5,474	5,849	7,755	8,766	9,989	10,316	9,744	9,751	11,256	11,864
전남	4,153	4,902	7,279	7,453	9,764	10,763	12,149	12,832	11,524	11,590	13,167	13,815
경북	3,289	4,235	6,353	7,715	9,246	10,251	11,574	12,578	11,775	11,755	13,721	14,491
경남	3,599	4,601	8,060	9,260	10,996	12,762	14,294	15,143	14,476	14,388	16,720	17,723
제주	394	734	1,180	1,290	1,580	2,013	2,358	2,600	3,051	3,214	3,651	4,004

출처: 여성가족부(2020). 다문화가족 관련 통계 현황.

표 3-13 다문화가족 자녀 연령별 현황

(단위: 명)

연도	연령별 현황				
	계	만 6세 이하	만 7~12세	만 13~15세	만 16~18세
2018	237,506	114,125	92,368	19,164	11,849
2017	222,455	115,085	81,826	15,753	9,791
2016	201,333	113,506	56,768	17,453	13,606
2015	197,550	116,068	61,625	12,567	7,290
2014	204,204	121,310	49,929	19,499	13,466
2013	191,328	116,696	45,156	18,395	11,081
2012	168,583	104,694	40,235	15,038	8,616
2011	151,154	93,537	37,590	12,392	7,635
2010	121,935	75,776	30,587	8,688	6,884
2009	107,689	64,040	28,922	8,082	6,645
2008	58,007	33,140	18,691	3,672	2,504
2007	44,258	26,445	14,392	2,080	1,341

출처: 여성가족부(2020). 다문화가족 관련 통계 현황.

표 3-14 학교급별(초 · 중 · 고) 다문화학생 수 현황

(단위: 명)

구분	2016년				2017년				2018년					2019년				
	초	중	고	계	초	중	고	계	초	중	고	각종 학교	계	초	중	고	각종 학교	계
국내 출생	59,988	11,489	7,657	79,134	68,610	12,265	8,439	197,756	76,181	13,599	8,361	122	98,263	83,602	15,891	8,464	112	108,069
중도 입국	4,583	1,627	1,208	7,418	4,843	1,722	1,227	15,599	5,023	1,907	1,185	205	8,320	5,148	2,131	1,220	198	8,697
외국인 자녀	9,453	1,989	1,192	12,634	9,280	1,958	1,043	34,431	11,823	2,562	1,142	102	15,629	15,131	3,671	1,550	107	20,459
계	74,024	15,105	10,057	99,186	82,733	15,945	10,709	109,387	93,027	18,068	10,688	429	122,212	103,881	21,693	11,234	417	137,225
비율	74.6%	15.2%	10.1%	100.%	75.6%	14.6%	9.8%	100%	76.1%	14.8%	8.7%	0.4%	100%	75.7%	15.8%	8.2%	0.3%	100%

출처: 여성가족부(2020). 다문화가족 관련 통계 현황.

표 3-15 다문화학생 증가 추이

(단위: 명, %)

연도 / 인원수	2012	2013	2014	2015	2016	2017	2018	2019
다문화 학생 수(A)	46,954	55,780	67,806	82,536	99,186	109,387	122,212	137,225
전체 학생 수(B)	6,732,071	6,529,196	6,333,617	6,097,297	5,890,949	5,773,998	5,633,725	5,502,880
다문화학생 비율 (A/B*100)	0.70%	0.86%	1.07%	1.35%	1.68%	1.89%	2.17%	2.49%

출처: 여성가족부(2020). 다문화가족 관련 통계 현황.

2 외국 다문화사회의 이해

다양한 나라들의 다문화사회는 차별적 배제주의, 동화주의, 다문화주의 모델로 설명될 수 있다. 대표적 이민국가인 미국의 경우, 동화주의로 시작하여 다문주의를 적용하는 나라라고 할 수 있다. 캐나다의 경우는 다른 나라들에 비하여 먼저 다문화주의를 선포하고 여러 다문화주의정책을 잘 펼치고 있는 나라이다. 프랑스는 동화주의를 기반으로 한 이주민 통합정책을 적용한 나라이다. 이에 반해 독일의 경우는 오랜 시간 차별적 배제주의를 바탕으로 이민정책을 주도하였으며, 최근에 다문화사회임을 인식하고 변화하고 있다. 우리나라 다문화사회의 바른 이해와 바른 정책수립을 위해서는 다른 나라의 다문화 현황과 정책들을 이해할 필요가 있으며, 미국, 캐나다, 프랑스, 독일의 이민정책을 살펴보고자 한다.

1) 미국

미국은 대표적인 이민국가로 알려져 있다. 미국의 이주민정책은 1960년을 기점으로 동화주의를 기반으로 한 용광로 이론(melting pot)과 샐러드 볼(salad bowl)로 표현되는 다문화주의로 나누어 설명할 수 있다. 미국의 일부 학자들은 다문화주의가 미국사회의 내부적 갈등을 증가시키는 요인으로 작용할 수 있음을 염려하기도 한다. 미국의 이민정책은 학자에 따라서 여러 가지 방법으로 구분하나 중요한 이민관련 법의 제정시점을 기준으로 한 분류로 미국의 이민정책의 변화를 살펴보겠다. 시대에 따른 미국 이민정책의 특징은 [표 3-16]과 같다.

(1) 건국 ~ 1875년

미국독립 이후 미국으로의 귀화를 장려하던 시기이며, 헌법에 이민에 대한 명확한 구분이 되어 있지 않고 연방정부에 이민관련 법이 없어서 주정부 중심으로 이민정책을 운영하던 시기이다. 1776~1788년을 이민법 부재기라도 하며, 이민에 대한 자유방임적 입장을 취하던 시기이다. 1789~1874년은 무제한적 입국시기로 명명하기도 한다. 1790년에는 귀화법(Naturalization Act)을 제정하여 귀화요건으로 2년간의 거주 규정을 두었으며, 1798년에는 귀화법과 더불어 친선외국인법(Alien Friends Act)과 적대외국인법(Alien Enemies Act)을 합쳐서 외국인 및 선동관계법(Alien and Sedition Act)을 제정하여 국적취득 전 거주 규정을 14년으로 연장하는 등, 시민권을 얻기 어렵게 하였으며, 외국인 강제추방의 권한을 대통령이 가지게 하였다. 1808년에 노예무역이 금지되어 아프리카에서 이주민이 감소하였

표 3-16 미국이민정책의 시대에 따른 특징

시기 구분	특징
미국건국 ~ 1875년	• 미국 독립: 미 의회는 귀화를 지향 • 13개 주와 연방정부의 이민통제권의 소재 불명확: 연방정부의 이민관련 법 부재 • 이민에 대하여 자유방임적 태도 형성 • 1790년 귀화법 「Naturalization Act」: 시민권 취득 전 2년 거주 규정 • 1798년 외국인 및 선동관계법 「Alien and Sedition Act」: 대통령이 외국인 추방 가능 • 1820년 공식기록된 최초의 이민 • 1808년 노예무역금지법: 아프리카계 이민의 급감; 일부 노예가 아프리카로 돌아감 • 1830년경 미국 북부지역에서는 노예제도 거의 폐지 • 1862년 연방의회에서 최초의 이민제한입법 제정-범죄자, 매춘부 등 바람직하지 못한 인물의 입국저지(入國沮止)를 주목적으로 함 • 1863년 노예해방선언-일부 주에서는 극빈자의 이민제한 • 1868년 수정헌법 비준 제14조: 외국인을 포함한 모든 사람에대한 법적보호
1875~1902년 연방정부의 이민규제, 중국인배제의 시기	• 1868년 중국인들의 자유입국 허용 Burlingame-Seward Treaty • 1875년 최초의 이민제한법 통과-범죄자, 매춘부의 이민 금지 • 1882년 중국인배제법 「Chinese Exclusion Act of 1882」 • 1891년 이민법: 연방정부의 이민통제권 강화: 재무부 내에 이민관리국 신설 • 1892년 Geary법: 합법적 체류 중국인도 백인시민에 의한 거주증명이 없으면 추방가능
1903~1952년 이민제한과 이민상한	• 1903년 1월 13일 한국인 첫 이민단 100여 명 하와이에 농장노동자로 입국 • 1906년 이민귀화국(Bureau of Immigration and Nationality) • 1917년 이민법 「Immigration Act of 1917」, 문해시험(literacy test)이 이민의 요건이 됨 • 1921년 긴급이민상한법 「Immigration Act of 1921: Emergency Quota Act」: 1910년 인구수기준 출신지별 3% 쿼터할당 • 1924년 국적출신지법 「Immigration Act of 1924: National Origins Act」: 1890년 인구수 기준 출신지별 2% 쿼터할당 • 1933년 이민귀환처(the Immigration and Naturalization Service, INS) • 1940년 외국인 지문등록과 거주지등록법 • 1942년 Bracero program (1942.08-1964): 멕시코 노동자의 임시거주 허용 • 1943년 중국인배제법 「Chinese Exclusion Act of 1882」 폐지 • 1948년 난민법 「Displace Person Act」: 제2차 세계대전 후 난민수용

-계속

표 3-16 미국이민정책의 시대에 따른 특징

시기 구분	특징
1953~1986년 이민국적법의 체계화 및 차별규정 완화	• 1952년 이민국적법「the Immigration and Nationality Act of 1952: INA」 • 소련과의 냉전, 국제사회에서 영향력을 증대시키려는 미국의 정책이 이민정책에 영향을 미침 • 아시아 국가에 대한 차별 폐지 및 아시아의 공산국가로부터의 난민 수용 • 1965년 이민국적법「the Immigration and Nationality Act of 1965」: 지역별 상한제 폐지 • 1966년 쿠바난민법「Cuban Refugees Act of 1996」: 50만 쿠바난민에게 합법적 거주허용 • 1980년 난민법「Refugee Act of 1980」
1986~1996년 불법체류자 단속강화 및 합법화	• 1986년 이민개혁 및 통제법「Immigration Reform and Control Act of 1986」: 불법체류자 증가 방지 • 1987년 국제결혼사기보완법「Immigration Marriage Fraud Amendmnet Act, IMFA」: 위장결혼 통한 이민방지 • 1990년 이민법「the Immigration Act of 1990」: 이민 할당증가 매년 70만 명 허용 • 1995년 '다양성(diversity)' 이민이라 이름붙여진 새로운 이민자쿼터범주(new category of quota immigrants)가 설립 • 1996년 이민관련 3개의 주요한 법률 통과: 반테러와 효과적 사형법「the Antiterrorism and Effective Death Penalty Act, AEDPA」, 개인책임 및 노동기회조화법「the Personal Responsibility and Work Opportun-ity Reconciliation Act」, 불법이민개혁 및 이민책임법「the Illegal Immigration Reform and Immigration Responsibility Act, IIRAIRA」
2001년 이후	• 이민통제와 국가안보의 결합 • 2001년 애국법「USA Patriot Act」: 9.11 사건 이후 대테러 방지법 • 2002년 국토안보법「Homeland Security Act」: 이민국을 국토안보부 산하에 둠 • 2015년 미국자유법「USA Freedom Act」: 애국법의 일반시민 통신도청을 금지한 법

출처: 임형백(2012). 미국 이민정책 연구: 시기 구분과 특징. 한국정책연구 제12권 제2호 p. 276, 김성배(2017). 미국 이민법체계와 이민법제의 발전과정에서의 시사점. 토지공법연구 제79집, pp. 711-735.

으며, 1863년에 노예해방이 되었다. 1868년에는 헌법이 수정되어 비준되었으며, 수정 헌법의 제14조 규정에 의하여 외국인을 포함한 모든 사람들은 법적 보호를 받을 수 있는 근거가 마련되었다.

(2) 1875년 ~ 1902년: 연방정부의 이민규제, 중국인배제의 시기

1875년에 연방정부에서 이민을 규제하는 법이 통과되어 이민자의 배경, 국적 및 특성에 따른 제재가 시작되었다. 특히 중국인들의 이민을 배제하는 법안들이 제정되기 시작하였다. 1868년 중국과 연합정부와의 조약(Burlingame-Seward Treaty)으로 노예제도 폐지로 인한 부족한 노동력을 중국에서 얻고자, 중국인의 이민을 용이하게 하였다. 그러나 1875년도에 제정된 법은 중국 노동자를 대상으로 입국하는 중국 매춘부의 입국을 허용하지 않는 등 중국인의 이민을 어렵게 하였으며, 1882년에는 중국인 배제법(Chinese Exclusion Act)을 제정하여 중국인의 이민을 불허하였다. 1892년에는 기어리법(Geary Act)은 합법적으로 체류하고 있는 중국인에게 백인시민의 거주증명확인을 받도록 하는 항목을 추가하여 이를 받지 못하는 경우 추방이 가능하도록 하였다. 이러한 중국인배제법안은 1943년 매그너스법(Magnuson Act)이 제정될 때까지 유지되었다. 1891년에는 이민법 제정과 더불어 이민관리국(the Superintendent of Immigration)이 재무부 내에 신설되어 운영되었다.

(3) 1903년 ~ 1952년: 이민제한과 이민 상한

1903년과 1907년 사이에는 일부다처자, 정신병자, 결핵병자, 무정부주의자 등의 입국이 거절되었다. 1907년에는 이민의 영향을 조사하는 위원회를 설치하여(Dillingham 위원회) 미국사회에 위협이 되는 남부 및 동부 유럽출신의 이민에 대한 상한을 설정해야 한다는 의견을 제시하였다.

문맹자검사법(the Literacy Act)으로 불리기도 하는 1917년 이민법은 16세 이상이면 모국어로 30~40개의 단어를 읽을 수 있는지 검사하여 문맹자의 이민을 제한하는 법안이다. 1921년 긴급이민상한법(the Emergency Quota Act)을 제정하여 1910년 미국인구 수를 기준으로 출신지별로 나누어 기존 출신지 인구대비 3% 이내에서 이민을 허용하였으며, 1924년에는 이를 더 강화한 국적출신지법(the national Origins Act)을 제정하여 1890년 인구수를 기준으로 출신지별로 2%의 이민만을 허용하여 동반구와 남유럽 국가의 이민을 줄였으며, 아시아권의 시민권 취득은 사실상 불가능하게 하였다. 이 법안은 1965년까지 유지되었다.

1942년 농업부분의 노동력 감소를 해소하기 위해서 멕시코와 조약을 통하여 멕시코 노동자 프로그램(Bracero progrma)으로 멕시코 노동자가 합법적으로 미국에 체류하며 일할 수 있게 하였다. 그러나, 이는 여러 사회적 문제가 제기되어 1964년 종료되었다. 1948년에는 난민법(the Displace Person Act)을 제정하여 제2차 세계대전 이후 생겨난 난민들을 수용하였다.

1906년 연방정부는 재무부 밑에 있었던 이민관리국을 독립하여 이민귀화국(the Bureau of Immigration and Nationality)으로 신설하였다. 이민귀화국은 이민국과 귀화국으로 분리되어 노동부 산하가 되었으며, 1933년에 이민귀환지원처(the Immigration and Naturalization Service, INS)로 다시 합하여졌으며, 1940년에는 법무부 아래 기관이 되었으며, 외국인 지문등록과 거주지등록법이 통과되었다.

(4) 1952년 ~ 1986년: 이민국적법의 체계화 및 차별규정 완화

1952년 제정된 이민국적법(the Immigration and Nationality Act, INA)은 현재 미국의 이민법의 근간이 되는 법률로 우대시스템을 허용하여 가족결합, 고학력 및 고기술자에게 우선권을 주며, 출신지역별 할당제는 유지하며 아시아인을 위한 할당을 지정하였다. 이 법안은 미국내 공산주의자에 대한 염려가 반영되었다고 볼 수 있다. 1965년 제정된 이민국적법에서 출신 지역별 할당제는 폐지되었으며, 대신 동유럽과 서유럽으로 나누어 이에 대한 상한제로 변경하였다. 이 법안으로 인종과 문화적 배경의 다양성을 가진 현 미국 사회가 되는 계기가 되었다.

난민의 유입에 대해서 살펴보면, 1948년 첫 난민법 제정 이후, 헝가리, 쿠바 등에서 난민을 받아들였으며, 1966년 쿠바난민법(Cuban Refugees Act of 1996)을 통하여 50만여 명의 쿠바 난민을 합법적으로 받아들였다. 이는 1980년 난민법(the Refugee Act of 1980)으로 이어졌다.

(5) 1986년 ~ 1996년: 불법체류 단속강화 및 합법화

1986년 불법체류자의 증가를 막기 위하여 이민개혁 및 통제법(the Immigration Reform and Control Act of 1986, IRCA)이 제정되었다. 1982년 이전의 불법체류자는 합법적으로 체류할 수 있는 길을 열어주고, 불법체류자를 고용하는 사업주에 벌금을 부여하고, 직원 고용 시 합법적 근로가 가능한지를 확인하는 의무를 부여하였다. 1987년에는 위장결혼을 통한 영주권 신청을 통제하기 위해서 국제결혼사기보완법(Immigration Marriage Fraud Amendmnet Act, IMFA)이 제정되었다. 이 법은 2년 이상 혼인관계를 유지해야 영주권을 취득할 수 있게 규정하고 있다. 1990년에는 연간 70만 명의 이주를 허용하도록 이민할당을 늘렸다.

1996년에는 1993년 외국인에 의한 폭탄테러 이후 국가안보 측면에서 강화된 이민통제가 적용되었다. 반테러와 효과적 사형법(the Antiterrorism and Effective Death Penalty Act, AEDPA), 개인책임 및 노동기회조화법(the Personal Responsibility and Work Opportunity Reconciliation Act), 불법이민개혁 및 이민책임법(the Illegal Immigration Reform and Immigration Responsibility Act, IIRAIRA)을 통하여 국가안보에 위배될 경우 입국 거부 및 추방의 근거를 추가적으로 마련하고, 국경통제를 강화하고 효율화하였다.

(6) 2001년 이후: 9.11 사건 이후

이슬람 테러리스트가 뉴욕의 무역센터를 비행기 충돌로 무너지게 한 9.11 사건을 계기로 국민안전과 국가안보의 문제가 제기되었고, 이는 이민의 제한보다 이민자 감시를 강화하는 계기가 되었다.

2001년 일명 애국법(USA Patriot Act: Uniting and Strengthening America by Providing Appropriate Tools Required to Intercept and Obstruct Terrorism Act of 2001)인 대테러방지법이 제정되었고, 2002년에는 국경강화사증입국개혁법(the Enhanced Boarder Security and Visa Entry Reform Act of 2002)을 제정하여 국경순찰대의 수를 늘리고 점검시스템을 강화하였으며, 국토안보법(Homeland Security Act)을 제정하고 2003년부터 이민국을 국토안보부 산하기관으로 이전 운영하였다. 9.11 테러 이후 재정된 애국법은 일반시민의 통신 기록의 감청이 문제되어 폐지되었고, 이를 금하는 미국자유법(the USA Freedom Act)으로 대체되었다.

이처럼 미국은 국익을 우선하는 방향으로 이민정책을 위한 법을 제정해 온 것을 알 수 있다. 1965년 이민법 이전에는 차별적 이민정책이 적용되었고, 2000년대에는 보수적이며, 안보중심의 정책이 운영되었다. 일관성을 가지고 운영되기보다는 시대의 요구에 따른 정치적 · 경제적 이해관계에 따라 변화하여 온 것을 알 수 있다.

2) 캐나다

캐나다는 다문화주의를 표방하는 대표적인 나라로서 2017년 인구의 21.9%이 외국 출신으로 구성되어 있다(임정빈, 2019). 1960년대 이전에는 동화주의를 표방하였으나, 이를 극복하고 다문화주의를 통한 사회통합을 잘 이루어간 나라이다. 캐나다의 정체성을 유지하면서 이민자들의 다양성 또한 인정하는 통일성 및 단일성을 추구하는 다문화주의를 지향하고 있다. 캐나다의 이민정책들은 연방정부를 중심으로 기획되고 있으며, 다수의 시민단체들이 공공정책에 함께 참여하는 이민정책에 대한 공조체계가 잘 이루어져 있다. 1980년대 이후 신자유주의의 영향을 받아서 정부와 시민단체의 공조체계에서 정부와 시민단체 기업 간의 거버넌스로 변화하고 있다.

캐나다는 1971년 다문화주의를 국가정책으로 공식 채택하였으며, 프랑스어권과 영어권 주민의 갈등 완화를 위해서 이중 언어를 공식 언어로 채택하고 교육하는 정책을 시행하고 있다. 이주자들에게 보편적 서비스를 제공하고 있는데, 국적취득이 아니어도 다양한 분야에서 지원서비스를 받을 수 있으며, 연방정부가 적극적으로 프로그램기획부터 재정까지 개입을 하고 서비스 제공은 지역 시민단체(비정부, 비영리단체)에서 맡아서 수행하는 시스템을 갖추고 있어, 정부조직 비대로 인한 비효율성을 줄이면서 필요한 서비스를 제공하고 있다. 또한 외국의 우수 인재유지를 활발하게 운영하고 있어 저출산 고령화 시대에서 G7 국가 중 1위의 인구성장율을 보여주고 있다. 캐나다는 다른 다라들과는 달리 국가의 경제성장의 중심 전략으로 이민을 활용해 왔다.

캐나다 이민 정책을 살펴보면 1896년에 최초로 이민정책을 수립하였다. 캐나다가 처음에 프랑스의 식민지였다가 영국으로 넘어 오면서 초기에는 프랑스계의 세력을 누르기 위해 다수의 영국 계통의 농업 이민을 받아들였으며, 백인 위주의 인종차별적 정책을 유지해 왔다. 1896년부터 1911년 사이 100만 명 이상이 캐나다로 이주하였다. 제1차 세계대전 후 경제적 침체기에는 이민자들과 본 국민 사이에 일자리 경쟁이 심화되고, 이민자를 본국에 짐이 되는 존재로 여기는 견해도 있었다. 그러나 제2차 세계대전 후 군수물품 산업으로 인하여 경제 성장을 이루었으며, 이로 인한 노동력의 부족으로 좀 더 개방적인 이민정책으로 변화하였다. 1960년대에는 경제성장과 더불어 출산율 하락으로 적극적으로 우수한 외국인력 유치에 노력을 하면서 인종차별적인 이민정책에 변화를 가져왔다. 효과적으로 부족한 노동력을 유입인력으로 대체하기 위해서 1966년 연방정부안 동일 부서에서 이민과 노동 정책을 주관하도록 노동과 이민 정책을 통합하였다. 그리고 1967년 캐나다의 대표적인 이민제도인 이민점수제(Point System)를 도입하여 시행하였다. 이는 어느 인종이나 학력, 언어능력, 기술, 캐나나 정착에 도움이 되는 요소 등을 점수화하여 점수에 따라서 이민을 허가하는 방식이다. 점수제의 도입 이후 주류를 이루는 이민자 출신이 유럽에서 아시아로 변화하였으며, 유색인종의 비율이 높아졌다. 신규이민자 중 유색인종의 비율이 1970년에 52%에서 1990년대에는 73%로 증가하였다. 이 결과로 캐나다는 현재 어느 한 인종이 다수를 차지하지 않고 113개 이상의 다양한 종족으로 구성된 나라가 되었다. 이에 백인이 새로운 소수민족으로 여겨질 수도 있다는 백인들의 염려스러운 견해도 있다. 캐나다로 유입되는 이민자의 출신국 현황을 보면, 2001년에는 중국, 인도, 파키스탄, 필리핀 순이고 한국은 5위였으나, 2018년에는 필리핀, 인도, 시리아, 중국 순으로 바뀌었고 한국은 12위였다. 이민정책은 시대의 요구나 경제적 상황에 따라 변화하고 있다. 초기 점수제 도입 이후에는 누구나 이민을 신청할 수 있고 신청 순서에 따라서 심사를 받고 심사결과의 점수에 따라서 정부가 정하는 기준점을 넘으면 이민이 허용되는 수동적 방법으로 이루어졌다. 그러나 결과적으로 이민적체가 가중되고 필요한 인력을 제때에 공급하지 못하는 등의 문제가 제기되었다. 이민신청에서 심사까지 소요되는 시간이 몇 년에서 10년이 걸리는 경우도 있다. 이러한 문제를 해결하기 위해서 정부는 2015년부터 신속입국이민제도(Express Entry)를 시행하고 있다. 이는 새로운 이민제도는 아니고 고숙련의 준비된 인력을 선별하여 이민할 수 있도록 캐나다 정부의 초청에 의해서만 이민신청이 가능한 새로운 시스템으로 능동적 방법으로 정부가 다른 점수제의 기준을 적용하여 심사한다. 이는 세 가지 캐나다의 경제이민에 적용된다. 연방정부의 연방전문인력이민(Federal Skilled Worker Program), 전문고학력자 이외의 용접공, 배관공 등 특정분야 기술인력의 이민인 연방전문기술인력이민(Federal Skilled Trade Program), 캐나다에서 학업이나 취업 경험이 있는 인력 흡수를 위한 경험이민(Canada Experienced Class)이 이에 해당한다.

캐나다가 점수제를 통한 우수인력의 유입을 선호하는 이유는 이를 통한 이민자들은 취업도 잘되고 임금도 높아 정부의 공공서비스의 이용률이 적고, 세금을 납부하므로 정부에 이득이 되기 때문이다. 캐나다 시민들도 정부에서 믿을 만한 시스템을 통하여 우수인재를 유치하므로 이에 긍정적이다.

캐나다는 외국인 노동자로부터 자국민(시민권자와 영주권자)의 노동시장을 보호하기 위하여 고용영향평가제도(Labour Market Impact Assessment, LMIA)를 시행하고 있다. 고용주가 외국인 노동자를 고용하기 전에 고용사회개발부(Employment and Social Development Canada, ESCD)로부터 발급받는 서류로, 고용주가 외국인을 고용할 수밖에 없는 것과 외국인의 고용이 본 국민의 일자리를 침해하지 않는다는 것을 증명하여야 한다. 또한 외국 고용인이 적절한 대우를 받을 수 있도록 규정하고 절차를 까다롭게 하여 고용주가 자국민을 우선적으로 고용하도록 절차화하고 있다. 노동시장평가서는 이민이 아닌 기간제 외국인력 도입제도(Temporary Foreign Worker program)를 통한 비자 발급에도 적용하고 있다. 신속이민에서 고용주의 노동시장평가서의 중요성이 커지면서 영주권취득에 고용주의 영향력이 증가하였다.

캐나다의 대표적 이민제도인 점수제도는 캐나다의 여러 가지 이민정책 중 유능한 인재 유입을 위한 독립이민제도(Independent immigrant)에 해당한다. 이 제도는 이러한 기술 이민은 20년간 꾸준히 증가하였다. 기술이민 이외에 캐나다의 이민제도는 가족초청이민(Family class), 사업이민(Business Immigrants), 주정부지정이민 제도(Provincial Nominee Program, PNP), 피난민(난민)(Refuge)으로 나눌 수 있다[표 3-17]. 가족이민은 시민권자의 직계가족이나 배우자 초청을 통한 이민을 의미한다. 사업이민은 다시 투자이민, 기업이민, 자영업이민으로 나눌 수 있으며, 투자이민은 정부에서 정한 일정 금액 이상을 지정한 곳에 투자하고 영주권을 취득하는 이민제도였으나 캐나다의 고용증대에 실질적으로 도움이 되지 않고, 투자자의 납세도 잘 이루어지지 않아 2014년에 폐지되었다. 기업이민의 경우는 정부가 정하는 자격을 갖춘자가 조건부 영주권을 가지고 3년 이내에 사업체 인수 및 설립을 통하여 기준 이상의 이윤을 내고 현지 시민권자나 영주권자를 고용하는 경우 영구 영주권을 주는 이민 제도였으나 이것도 중단되었고, 2013년에 창업이민(Start UP visa)으로 변경되어 IT중심의 신기술을 중심으로 하며, 세계의 창의적 기술과 사업을 도입하겠다는 취지로 다른 조건으로 시행되고 있다. 자영업이민은 입국 후 자신의 가족부양이 가능한 경제적 능력을 증명하고 자영업을 하는 것을 조건으로 부여되는 이민이다. 저명한 운동선수, 예술가, 음악가 등도 자영업이민 신청을 할 수 있다. 주정부지정이민 제도(Provincial Nominee Program)는 연방정부와 주정부의 협약하에 주에 필요한 노동시장을 감안하여 주에서 필요로 하는 인력을 자체적으로 수용할 수 있는 제도이다. 이 제도도 신속입국이민제도를 통해 신청할 수 있다.

표 3-17 캐나다의 이민제도

<table>
<tr><th colspan="5">캐나다 이민의 범주</th></tr>
<tr><td colspan="5">가족이민(Family Class)</td></tr>
<tr><td rowspan="7">경제/독립 이민
(Economic or Independent Class)</td><td rowspan="4">숙련된 근로자 및 전문직 종사자
(Skilled Workers & Professionals)</td><td colspan="2">연방전문인력이민
(Federal Skilled Worker Program)</td><td rowspan="4">신속입국 이민제도
(Express Entry)
신청가능</td></tr>
<tr><td colspan="2">연방전문기술인력이민
(Federal Skilled Trade Program)</td></tr>
<tr><td colspan="2">경험이민(Canada Expericenced Class)</td></tr>
<tr><td colspan="2">주정부지정이민 제도 (Provincial Nominee Program)</td></tr>
<tr><td rowspan="3">사업이민
(Business)</td><td>기업가
(Entrepreneurs)</td><td colspan="2">2013년에 창업이민(Start UP visa)으로 변경되어 다른 기준으로 운영</td></tr>
<tr><td>투자자
(Investors)</td><td colspan="2">2014년에 폐지
다른 제도가 시범적 제도 운영 중</td></tr>
<tr><td colspan="3">자영업(Self-employed)</td></tr>
<tr><td rowspan="2">난민
(Regugees)</td><td colspan="4">난민신청자(Refugee Claimants)</td></tr>
<tr><td colspan="4">정부후원난민(Government-sponsored Refugee)</td></tr>
</table>

출처: 임정빈(2019). 캐나다 외국인 우수인재 유치정책 연구, 다문화와 평화, 13(3), pp. 64-85. 이유진(2009). 캐나다의 이민자 통합정책 레짐에 대한 연구-온타리오주를 중심으로. 다문화사회연구, 2(1), pp. 5-31.

이와 같이 캐나다도 처음에는 인종차별적 이민정책을 고수하였으나 국가적 차원에서 다문화주의를 선언하고, 이민유입을 국가적 과제로 여기고 정부가 추진하였다. 또한 변화하는 사회경제적 요구에 따라 신축성을 가지고 효과적으로 우수인력을 유입하여 정책면에서 다문화주의를 잘 구현하고 있는 나라이다.

3) 프랑스

19세기부터 이주민들 받아들인 프랑스의 이주민 정책의 특성은 동화주의에 기반을 두고 있다. 공화주의에 기반을 두고 평등과 자유를 주장하나, 현실적으로 집단의 정체성은 인정하지 않고, 교육을 통하여 사회적 문화적 차이를 좁힐 수 있다고 여기며, 이주민 통합을 위하여 교육을 중요시하고 있다. 프랑스는 부족한 노동력의 충당과 정치적 망명객과 난민의 수용으로 이주민이 증가하였으며, 또한 과거 프랑스 식민지 또는 보호령에 있던 국가(알제리)에서의 이주민의 비율이 프랑스 전체 이주민에 비해 높은 비율을 차지하였다.

1946년에 이민국(L'Office Nationale d'Immigration, ONI)이 처음 신설되었으며, 이 시기에 유입되는 외국인은 대부분 노동자였으며, 정착을 위한 사회통합의 문제가 고려되지 않은 시기이다. 1974년 경제적 침체로 인해서 가족재결합을 위한 이민만을 허용하는 이주민 유입통제 정책을 시행하였다. 초기 이민자들은 같은 종교와 문화를 가진 유럽국가 이주민이어서 사회적 문제가 적었으나, 제2차 세계대전 종식 문화와 종교가 다른 프랑스 구 식민지 이주민의 증가로 사회적 갈등의 요소가 되었다. 이슬람 여성들이 주로 착용하는 히잡 착용을 공공장소에서 금지하는 법안을 2004년부터 실시하였으며, 2005년 무슬림 이주자의 소요 사태 이후 2007년에 자국민중심으로의 변화를 보이며, 중앙에서 관리하는 이주민 정책을 시작하였으며, 이러한 업무를 주관하는 부서인 '이민, 통합, 국가정체성, 협력 발전부(Ministre de l'Immigration, de l'Intégration, de l'Identité nationale et du Codéveloppement)'를 신설하였다. 유럽 이외의 외국인의 시민권 취득을 위하여 언어교육을 강화하였으며, 2016년에는 언어교육 이외에 문화교육이 중요 내용으로 추가되었다. 최근 난민의 유입 증가와 이슬람 테러에 위험이 증가하면서 이주민에 대한 부정적 시각이 많아지고 있으므로 이주민에 대한 통합이 나라의 정책적 이슈가 되고 있다.

프랑스의 국적법은 1889년에 처음 제정되었고, 1929년, 1973년, 1993년에 개정되었으며, 모두 공화주의 이념이 핵심이 되었다. 1889년에 국적법 제정에서 속인주의 원칙을 유지하면서 속지주의를 강화하여 부모가 외국인이라도 프랑스 영토에서 태어난 경우에 국적을 부여하여 이민 2, 3세대를 국민으로 인정하였으나, 이민 1세대의 경우 체제 유지가 더 어려워졌다. 이는 공화주의 교육의 기회가 없었던 이민 1세대와 공화주의 교육을 받고 자란 2, 3세대를 구분하여 프랑스 공교육을 받은 자를 시민으로 인정하려는 정책이었다. 또한, 이는 국적 부여와 더불어 군인으로 징집이 가능하므로 당시 징병제의 문제도 해결하려는 의도가 있었다. 1927년 국적법 개정은 제1차 세계대전 이후 사회적 변화를 반영한 것이다. 제1차 세계대전을 거치면서 생산성이 있는 남성 청년의 소실로 인하여 이를 대체할 외국인노동자의 유입이 증가하였다. 1927년도 국적법 개정의 주요 내용은 국제결혼을 한 프랑스 여성에게 국적을 부여하는 것과 귀화규정을 완화하는 것이 가장 큰 골자이다. 이전에는 귀화를 위해서 10년의 거주 기간이 필요하였으나 이를 3년으로 줄였으며, 이는 이미 동화가 이루어진 후에 귀화를 허용하는 정책에서 귀화로 인한 국적취득으로 인한 소속감 상승으로 인하여 적극적으로 동화가 가능하다고 여겼으며, 이를 통하여 당시 인구수를 늘리고 이를 통한 국력을 강화하려는 의도가 있었다. 그러나 이후 경기침체로 고정된 일자리를 가지고 본 국민과 귀화 국민의 갈등이 고조되었다. 1973년 국적법 개정은 1889년 국적법에서 적용된 속지주의를 확대적용하였으며 프랑스 태생의 외국인 자녀가 5년간 성인이 되기 전에 프랑스에 거주한 경우 국적 취득이 가능하도록 속지주의를 확대하였다. 1993년 국적법 개정은 이슬람 이주민 간의 사회적 갈등이 반영된 것으로 구 식민지 이주민 자녀들의 국적취득을 어렵게 하는 의도를 포함하고 있다. 외국인 부모를 둔 프랑스 태생 아이는 스스로 13~18세 5년 거주 증명을 하여야 하며, 공화주의 이념을 적극적으로 따른다는 의지 선언이 추가되었다. 프랑스의 국적법의 변화는 사회적 변화에 따른 공화주의를 바탕으로 한 동화주의 이민정책의 변화를 보여준다. 2005년의 이주민의 폭동은 프랑스의 동화주의의 한계 및 여러 문제점을 드러내는 것으로, 이주민 2세들의 공평한 사회진출 등 이주민 통합정책에서 사회경제적 측면의 중요성을 알게 해 준다.

프랑스는 식민지 종식 후 구 식민지에서 이주한 문화와 종교가 다른 비 유럽계 이민자들과의 갈등을 피하면서 사회적으로 통합하기 위한 다양한 다문화사회 통합정책을 추진하였다. 프랑스의 사회통합 정책의 경우는 이론적으로 다른 문화를 배척하는 동화주의에만 기초한 것이 아니라 동화주의를 기반으로 하면서 다문화주의를 현실적으로 수용하는 방향으로 전개되었다고 볼 수 있다[표 3-18].

표 3-18 연도에 따른 프랑스의 이민관련 주요 변화

연도	주요 사항
1889년	국적법 제정: 속인주의와 더불어 속지주의 채택
1927년	국적법 개정: 국제결혼 여성의 국적인정, 귀화요건 완화
1964년	이민국 신설
1973년	국적법 개정: 프랑스태생 외국인자녀가 성인 이전에 5년 거주 시 국적취득 가능
1993년	국적법 개정: 무슬림 2세대의 국적 취득 강화
2006년	신이민법: 고급인력 중심의 이주민 수용
2007년	중앙집권적 기관 신설: 이민, 통합, 국가정체성, 협력 발전부

출처: 김진영(2015). 프랑스 국적법 개정을 통해 본 프랑스 공화주의 이념의 적용. 이주사학회. Vol. 12, pp. 47-74.

4) 독일

독일은 이민정책에서 차별적 배제주의 모델을 채택하고 이를 바탕으로 자국에 유입하는 외국인에 대한 정책을 운영하였다. 2005년 이민법 제정까지 독일은 상당수의 국가 구성원이 외국 이민자로 구성되었음에도 이민국가임을 부정하며 이주국민을 위한 통합정책을 국가적 차원에서 지원하지 않았다. 독일은 제2차 세계대전 이후 분단과 통일의 과정을 거쳤으며 이러한 시대적 상황에 따라 이민관련 정책들이 변화하였다.

(1) 제2차 세계대전 이후

독일의 이민은 19세기 말 독일인의 해외 이주로 인한 노동력 부족을 메우기 위한 이주가 시작되었으며, 폴란드인의 이주가 많았다. 이 시기부터 독일은 외부에서 유입되는 이주노동자에 대해 부정적 인식을 가지고 있었다. 당시 "독일의 폴란드화"라는 신조어가 생기기도 했다. 독일의 이주노동자의 유입은 기존 국민의 수는 유지되는 상황에서 외국인의 유입이 아닌 자국민의 해외이주의 자리를 다수의 외국인이 차지하는 것에 대해서 독일인이 받아들이는 정서가 달랐다.

제2차 세계대전 이후 경제 복구 시기의 이주노동자 유입은 1955년 이탈리아와의 협약을 시작으로 주변국가와의 협약을 통해서 이루어졌다. 이 시기는 "순환의 원칙"에 의해서 독일에 필요한 노동력을 제공하고 일정 시기가 지나면 본국으로 돌아가는 것을 원칙으로 하였다. 독일은 외국인노동자가 독일의 시민이 되어 독일에 정착하는 것을 막는 정책을 유지하였다. 이 시기의 독일로의 유입은 외국인노동자가 하나의 큰 주류를 이루었고, 다른 한 주류는 독일계 이주자였다. 제2차 세계대전으로 인한 독일인에 대한 부정적인 시선을 피해서, 사회주의 체제를 피해서 서독으로 유입되는 인구도 많았다.

(2) 외국인법 제정(1965년)

부족한 노동력의 해결을 위해 다수의 외국노동자가 유입되면서 서독의 외국인의 수는 증가하였고, 이에 정부는 증가하는 외국인들을 통제할 필요가 생기면서 제정된 법이다. 이 법의 주요 내용은 독일에 거주하기 위해서는 체류허가를 받아야 하는 것이다. 나라의 이익에 부정적 영향이 없는 경우 체류허가가 승인되었고, 16세 이하와 난민의 경우는 체류허가 승인대상에서 제외되었다. 이 법은 단순히 외국인의 통제와 관리만을 위한 법으로 체류목적에 따른 구분도 없었으며, 외국인이 공급하는 노동력에만 관심이 있었으며, 유입된 외국인노동자의 정착 및 사회적 권리 등에는 정부가 관심을 가지지 않았다.

(3) 외국인 유입억제(1973년)와 귀환보조법(1983년)

독일의 외국인의 수는 증가하여 1973년에는 400만 명에 달하였으며, 서독인구의 6.4%에 해당하였다. 그러나 석유파동으로 인한 경제위축으로 일자리가 줄어 들고 독일 본 국민들과 일자리 경쟁이 심화되자 1973년 외국으로부터 노동자 유입을 중단하였다. 더불어 1983년에는 일정한 조건을 만족하는 외국인 노동자가 조국으로 돌아갈 경우 1만 마르크를 지급하는 정책을 시행하여 외국인 노동자가 본국으로 돌아가는 것을 장려하였다. 이 법에 호응하여 본국으로 돌아가는 외국인노동자도 있었으나 터키출신 노동자는 본국의 정치 경제적 불안정한 상황으로 인하여 귀국하기를 꺼려하며 오히려 가족들을 독일로 오게 하는 경우가 많았다. 이러한 정책 자체가 독일 정부는 외국인을 사회의 경제적 부족을 채우는 수단으로밖에 여기지 않는다는 것을 단적으로 보여주는 것이다.

(4) 통일 직후 이민증가와 외국인법 개정(1990년)

독일 사회에서 외국인 유입이 많았던 시기는 제2차 세계대전 이후인 1960년대와 통일 이후인 1990년대이다. 이 시기에는 독일계 이민자와 난민, 망명이 이민유입의 주를 이루었다. 독일계 이민은 소비에트연방 붕괴 후 러시아, 동유럽에서 살던 독일계 자손들로 정부가 요청하는 요건을 갖추고 독일계 이민자로 인정을 받으면 바로 국적을 취득할 수 있었다. 또한 독일은 정치적 박해를 받는 사람들의 망명을 허용하는 기본법을 가지고 있어, 많은 사람들이 독일망명을 신청하였다. 그 숫자는 1988년에 10만 명, 1992년에는 43만 명이 넘었다. 망명신청자 중에는 순수 정치적 박해 이외의 이유들도 많아 최종 허가가 나는 숫자는 적었지만, 망명을 심사하는 행정절차의 시간이 길고, 법적절차가 완료될 때까지 강제추방하지 않고 합법적으로 독일에 거주할 수 있어, 국민들이 망명에 대한 부정적 인식이 증가하였다. 이는 외국인에 대한 차별적 폭력 증가로 이어졌으며, 독일의 기본법을 수정하고 망명의 제한사항을 추가한 망명법을 도입하는 계기가 되었다.

독일은 변화하는 사회상황에 맞추어 1990년 외국인법을 개정하였다. 체류목적에 따라서 체류허가를 다양화하였으며 합법적으로 독일에 체류하는 경우 법적으로 안전하게 거주할 수 있도록 하였으며, 유럽연합 이외의 이민은 제한하였다. 또한 독일계 이민, 정치적 박해로 인한 망명, 유럽연합 내의 이동에 대해서는 우선권을 주고 있으며, 가족결합 및 이민자 2세의 시민권 취득에 대한 새로운 내용이 추가되었다. 이 법안개정까지 이민 2, 3세가 독일 시민권을 취득할 수 있는 법적 근거가 없었다. 합법적으로 체류하고 있는 외국인 어머니에게서 태어난 자녀는 모와 동일한 체류자격을 얻고, 성인이 되어 영주권을 획득할 수 있는 길이 열렸으며, 15년간 합법적 체류를 한 외국인과 16~23세의 젊은 세대의 시민권 취득이 단순화되었다. 더불어 외국인 추방에 관련된 법규는 강화되었다.

(5) 국적개정(2000년)과 이민법(2005년)

독일은 이중국적을 허용하지 않았지만, 2000년 국적법 개정에서는 한시적으로 이중국적을 허용하는 방안을 제시하였다. 2000년 1월 1일 이후 출생하고 합법적으로 독일에 오래 체류한 외국인 자녀는 23세가 되어 하나의 국적을 선택할 때까지 이중국적이 가능하게 하였다. 또한 독일의 시민권 취득을 쉽게 하였는데 범죄 경력 없이 독일에서 경제생활을 하면서 기존의 15년에서 8년으로 귀화 조건의 거주 기간을 단축하였다. 독일의 기본법 준수 맹세 및 독일어 실력을 입증해야 한다. 이는 정부가 이민자의 후손을 국민으로 수용함을 의미하며, 2005년 이민법의 제정으로 독일이 이민국가임을 국가 차원에서 인정하였다. 이민법은 독일이 외국인 유입에 대한 전환점이 되는 법률로 법 명명에서부터 외국인법에서 이민법으로 바뀌었다. 이민법의 주요 변화는 여러 종류의 체류허가를 임시체류와 영주체류로 양분화하였으며 국적법도 변경하여 부모 중 한 명이 독일인인 경우 국적 취득이 가능하게 하였다. 이민법은 2007, 2008, 2011년에 개정되었다.

(6) 2015년 난민위기

2005년부터 2015년까지는 경제성장과 더불어 정치권 국가집권자의 이민에 대한 지지적 입장으로 독일시민들이 이민자들에게 호의적이었다. 2005년 이후 경제성장으로 노동시장이 확대되었으며, 이러한 사회변화는 유연한 이민정책을 요구하였다. 2005년부터 2012년 사이 연방정부의 사회통합분야의 역할이 강화되었으며, 망명에 관련된 업무를 하던 초기와는 달리 이민 및 사회통합 역할도 수행하였으며, 주정부, 지자체도 동참하고 시민단체들도 이주민 자녀들의 교육을 지원하였다. 그러나 2015년 후반기에 난민을 포함한 외국인의 유입이 증가하였으며, 난민의 유입으로 인한 사회 갈등이 이민자에 호의적이던 입장이 부정적으로 변하였다. 독일의 이슬람화를 우려하는 사람들이 늘어나고, 난민을 적대시하고 공격하는 것도 증가하였다.

독일은 이민국으로 인정되는 것을 거부하고 지속적으로 외국인에게 배타적인 정책을 고수하여왔다. 이는 2005년 이민법의 제정으로 이민국임을 인정하는 새로운 국면을 맞이하였다. 2015년 인구자료에 의하면 18세 미만의 자녀가 있는 가정의 25%가 이민가정이며, 이민가족의 평균연령이 기존의 독일국민의 평균연령보다 낮다. 이는 독일의 이민배경의 인구수는 계속적으로 증가함을 의미하는 것이다. 그러므로 독일은 사회통합문제를 이제 더 이상 외국인의 문제가 아니라 자국민의 문제로 바라보아야 한다. 독일은 유능한 인력들의 이민선호도에서 낮은 위치에 있다. 독일이 이민국가로 인정하고, 이로 인한 국내의 갈등을 완화하고, 고급인력 유치를 위해서는 이민정책의 새로운 변화가 필요하다[표 3-19].

표 3-19 연도에 따른 독일의 이민관련 주요 변화

연도	주요 사항
1995년	협약에 의해서 외국인노동자 유입
1965년	외국인법: 체류허가
1973년	외국인 노동자에 대한 영입정책은 공식적으로 폐기
1983년	귀환보조법: 본국으로 돌아가는 외국인노동자에게 1만 마르크 지급
1990년	외국인법 개정: 체류목적에 따라서 체류허가를 다양화, 이민자 2세의 귀화요건 추가
1993년	외국인법 개정: 기본법 개정 허용, '안전한 제3국', '공항절차 조치'
2000년	국적법 개정: 귀화조건 완화(8년 거주)
2005년	이민법: 독일이 이민국가임을 인정한 법

출처: 신용민(2018). 독일은 이민국가 인가 – 전후 외국인 수용과 정책 변화를 중심으로. 독일어문. Vol. 26, no. 3, 통권 82호. pp. 88-108.

요약정리

1. 국내거주 외국인의 안정적인 삶을 지원하고 사회통합을 도모하기 위하여 관련 법을 제정하고 다양한 정책을 시행하고 있다.
2. 다문화 관련 정책을 위하여 법무부, 고용노동부, 여성가족부, 보건복지부, 교육부, 행정안전부, 문화체육관광부 등 정부 부처들이 관여하고 있다.
3. 미국은 동화주의로 시작하여 다문화주의로 적용하는 나라로서 초반에는 차별적 이민정책이 시행되었고, 2000년도 이후에는 안보중심의 정책이 운영되고 있다.
4. 캐나다는 초반에는 인종차별적 정책을 유지하였으나 국가적으로 다문화주의를 채택하고 우수한 인력의 유입을 위해 효과적인 제도를 운영하고 있다.
5. 프랑스는 공화주의를 핵심으로 하고 있으며, 동화주의를 기반으로 한 이민정책을 운영하고 있다.
6. 독일은 차별적 배제주의를 기반으로 한 이민정책을 유지해 오다가 2005년 이민법 제정으로 이민국가임을 인정하였다.

생각해 보기

1. 다문화가족에서 발생하고 있는 최근의 사회적인 이슈를 생각해 보자.
2. 외국인근로자의 처우개선이 필요하다고 생각되는 사례를 생각해 보자.
3. 미국, 캐나다, 프랑스, 독일의 이민정책의 공통점과 차이점을 생각해 보자.
4. 이민정책에서 국익과 인도주의 균형을 어떻게 이루어야 하는지 생각해 보자.

2부

다문화사회의 통합과 문화적 역량

4

다문화 관련 법과 정책

학습 목표

1. 다문화 관련 법의 제정 목적을 설명할 수 있다.
2. 다문화 관련 법의 종류를 설명할 수 있다.
3. 다문화 관련 법의 내용을 설명할 수 있다.
4. 국내 정부부처별 다문화 정책을 설명할 수 있다.

용어 정의

- **난민**: 인종, 종교, 국적, 특정 사회집단의 구성원 신분 또는 정치적 의견을 이유로 박해를 받을 우려가 있다는 충분한 근거가 있는 공포로 인하여, 자신의 국적국 밖에 있는 자로서, 국적국의 보호를 받을 수 없거나, 또는 그러한 공포로 인하여 국적국의 보호를 받는 것을 원하지 아니하는 자
- **사회통합 프로그램**: 재한외국인이 우리 사회의 구성원으로 살아가는 데 필요한 한국어나 한국문화 습득 등의 기본소양을 함양할 수 있는 기회를 제공하기 위한 프로그램
- **조기적응 프로그램**: 국내에 입국하는 외국인이 우리 사회에 빨리 적응할 수 있도록 필요한 생활정보와 기초법에 대한 정보를 제공하는 프로그램
- **이주배경청소년**: 「청소년복지지원법」 제18조에 따라 다문화가족의 청소년과 국내로 이주하여 사회·문화 적응 및 언어 학습 등에 지원이 필요한 청소년
- **외국인근로자**: 대한민국의 국적을 가지지 아니한 자로, 국내에 소재한 사업장에서 임금을 목적으로 근로를 제공하였거나 근로하고 있는 자
- **국적 취득 전 결혼이민자**: 한국인 배우자와 혼인(사실혼 제외)한 상태에 있는 자로 현재 한국 국적을 취득하지 못한 외국 국적자

우리나라의 외국인에 관한 실질적인 법 제정은 2007년 법무부에 설치한 출입국 · 외국인 정책본부에서 제정한 「재한외국인처우기본법」이다. 우리나라가 산업기술의 발전과 자본, 노동력 이동에 의한 이주근로자들의 증가와 저출산 · 고령화로 인한 인구의 변동에 따른 결혼이주자의 유입 및 국제교류의 증가로 다문화사회로 변하고 있으며, 이러한 변화는 인구의 유입과 함께 다문화 유입을 포함하고 있어 다문화에 대한 이해와 함께 다문화가족의 인권보호, 안정적 생활을 위한 정착지원, 상호 존중에 기반한 다문화 수용성 제고 등을 고려하여 정책과 법률 입안 등을 추진해 나갈 필요가 있으며, 아울러 다문화사회에 대한 차별 없는 포용정책 또한 필요하다고 하겠다. 본 장에서는 다문화와 관련된 법과 정책을 살펴보고자 한다.

1 다문화 관련 법

1) 국적법

(1) 목적

- 『국적법』은 대한민국의 국민이 되는 요건을 정함을 목적으로 한다.
  (1948.12.20. 제정, 2019.12.31. 타법개정)

(2) 국적 취득

- 대한민국 국적은 출생에 의한 국적 취득, 인지에 의한 국적 취득, 귀화에 의한 국적 취득이 가능하다.
- 출생에 의한 국적 취득은 출생 당시에 부(父) 또는 모(母)가 대한민국의 국민인 경우, 출생하기 전 부가 사망한 당시에 부가 대한민국의 국민이었던 경우, 부모가 모두 분명하지 않거나 국적이 없는 경우 대한민국에서 출생한 자가 해당된다.
- 인지에 의한 국적 취득은 대한민국의 국민이 아닌 자(외국인)로서 대한민국의 국민인 부 또는 모에 의하여 인지(認知)된 자가 대한민국 「민법」 상 미성년인 경우, 출생 당시에 부 또는 모가 대한민국의 국민인 경우에 가능하다.
- 귀화에 의한 국적 취득은 법무부장관의 귀화허가(歸化許可)를 받은 외국인은 대한민국 국적을 취득할 수 있고, 귀화 요건을 갖춘 사람에게만 귀화를 허가하고 있다.

(3) 귀화 요건

- 대한민국으로의 귀화하는 방법은 일반귀화, 간이귀화, 특별귀화가 있고, 귀화 요건을 충족할 경우에 가능하다.
- 일반귀화 요건은 5년 이상 대한민국에 주소가 있고, 대한민국에서 영주할 수 있는 체류자격을 소지한 경우, 대한민국의 「민법」 상 성년, 법령을 준수하는 등 법무부령으로 정하는 품행 단정의 요건을 갖춘 경우, 자신의 자산(資産)이나 기능(技能)에 의하거나 생계를 같이하는 가족에 의존하여 생계를 유지할 능력이 있는 경우, 국어능력과 대한민국의 풍습에 대한 이해 등 대한민국 국민으로서의 기본 소양(素養)을 갖추고 있는 경우, 귀화를 허가하는 것이 국가안전보장 · 질서유지 또는 공공복리를 해치지 않는다고 법무부장관이 인정하는 경우가 해당된다.
- 간이귀화 요건은 부 또는 모가 대한민국의 국민이었던 경우, 대한민국에서 출생한 사람으로서 부 또는 모가 대한민국에서 출생한 경우, 대한민국 국민의 양자(養子)로서 입양 당시 대한민국의 「민법」 상 성년이었던 경우 등이 해당된다.
- 특별귀화 요건은 부 또는 모가 대한민국의 국민인 경우(성년이 된 후에 입양된 사람은 제외), 대한민국에 특별한 공로가 있는 경우, 과학 · 경제 · 문화 · 체육 등 특정 분야에서 매우 우수한 능력을 보유한 사람으로서 대한민국의 국익에 기여할 것으로 인정되는 사람으로 대한민국에 주소가 있는 경우가 해당된다.

2) 출입국 관리법

(1) 목적

- 『출입국 관리법』은 대한민국에 입국하거나 대한민국에서 출국하는 모든 국민 및 외국인의 출입국 관리를 통한 안전한 국경관리, 대한민국에 체류하는 외국인의 체류관리와 사회통합 등에 관한 사항을 규정함을 목적으로 한다(1963.3.5. 제정, 2021.7.13. 일부 개정).

(2) 정의

- "국민"이란 대한민국의 국민을 말하고, "외국인"이란 대한민국의 국적을 가지지 아니한 사람을 말한다.
- "난민"이란 「난민법」 제2조 제1호에 따른 난민을 말한다.
- "재외공관의 장"이란 외국에 주재하는 대한민국의 대사(大使), 공사(公使), 총영사(總領事), 영사(領事) 또는 영사업무를 수행하는 기관의 장을 말한다.

- "지방출입국 · 외국인관서"란 출입국 및 외국인의 체류 관리업무를 수행하기 위하여 법령에 따라 각 지역별로 설치된 관서와 외국인보호소를 말한다.
- "보호"란 출입국관리공무원이 제46조 제1항 각 호에 따른 강제퇴거 대상에 해당된다고 의심할 만한 상당한 이유가 있는 사람을 출국시키기 위하여 외국인보호실, 외국인보호소 또는 그 밖에 법무부장관이 지정하는 장소에 인치(引致)하고 수용하는 집행활동을 말한다.

(3) 내용

- 외국인이 입국할 때에는 유효한 여권과 법무부장관이 발급한 사증(査證)을 가지고 있어야 한다. 다만, 재입국허가를 받은 사람 또는 재입국허가가 면제된 사람으로서 허가 또는 면제받은 기간이 끝나기 전에 입국하는 경우, 대한민국과 사증면제협정을 체결한 국가의 국민으로서 그 협정에 따라 면제대상이 되는 경우, 국제친선, 관광 또는 대한민국의 이익 등을 위하여 입국하는 사람으로서 따로 입국허가를 받은 경우, 난민여행증명서를 발급받고 출국한 후 그 유효기간이 끝나기 전에 입국하는 경우에는 사증 없이 입국할 수 있다. 사증은 1회만 입국할 수 있는 단수사증(單數査證)과 2회 이상 입국할 수 있는 복수사증(複數査證)으로 구분한다.
- 입국하려는 외국인은 대한민국에 체류할 수 있는 기간이 제한되는 일반체류자격 또는 대한민국에 영주(永住)할 수 있는 영주자격을 가져야 한다.
- 일반체류자격에는 단기체류자격과 장기체류자격이 있다. 그 중 단기체류자격은 관광, 방문 등의 목적으로 대한민국에 90일 이하의 기간(사증면제협정이나 상호주의에 따라 90일을 초과하는 경우에는 그 기간) 동안 머물 수 있는 체류자격을 말한다. 또한 장기체류자격은 유학, 연수, 투자, 주재, 결혼 등의 목적으로 대한민국에 90일을 초과하여 법무부령으로 정하는 체류기간의 상한 범위에서 거주할 수 있는 체류자격을 말한다.
- 영주자격을 취득하려는 사람은 대통령령으로 정하는 영주의 자격에 부합한 사람으로서 대한민국의 법령을 준수하는 등 품행이 단정하고, 본인 또는 생계를 같이하는 가족의 소득과 재산 등으로 생계를 유지할 능력이 있고, 한국어능력과 한국 사회 · 문화에 대한 이해 등 대한민국에서 계속 살아가는 데 필요한 기본소양을 갖추고 있어야 한다.
- 외국인이 입국할 경우에는 입국하는 출입국항에서 여권과 입국신고서를 출입국관리공무원에게 제출하여 입국심사를 받아야 한다. 또한 출국할 때에는 유효한 여권을 가지고 출국하는 출입국항에서 출입국관리공무원의 출국심사를 받아야 한다.

- 외국인이 대한민국에서 취업하려면 취업활동을 할 수 있는 체류자격을 받아야 하고, 취업활동을 할 수 있는 체류자격을 가지고 있는 외국인을 고용한 자는 지방출입국 · 외국인관서의 장에게 신고하여야 한다.
- 외국인이 체류자격을 가지지 못하고 대한민국에 체류할 경우에는 대한민국에서 출생한 외국인은 출생한 날부터 90일 이내에 체류자격을 받아야 하고, 대한민국 체류 중 대한민국의 국적을 상실하거나 이탈하는 등 그 밖의 사유가 발생한 외국인은 그 사유가 발생한 날부터 60일 이내에 체류자격을 받아야 한다. 또한 외국인이 체류기간을 초과하여 계속 체류하려면 체류기간이 끝나기 전에 법무부장관의 체류기간 연장허가를 받아야 한다.
- 법무부장관은 가정폭력, 성폭력범죄, 아동학대범죄를 이유로 법원의 재판, 수사기관의 수사 또는 그 밖의 법률에 따른 권리구제 절차가 진행 중인 대한민국 국민의 배우자인 외국인이 체류기간 연장허가를 신청한 경우에는 그 권리구제 절차가 종료할 때까지 체류기간 연장을 허가할 수 있다.
- 외국인이 입국한 날부터 90일을 초과하여 대한민국에 체류하려면 입국한 날부터 90일 이내에 그의 체류지를 관할하는 지방출입국 · 외국인관서의 장에게 외국인등록을 하여야 한다. 외국인등록을 받은 지방출입국 · 외국인관서의 장은 그 외국인에게 외국인등록증을 발급하여야 한다. 외국인등록증을 발급받지 않은 외국인이 17세가 된 때에는 90일 이내에 체류지 관할 지방출입국 · 외국인관서의 장에게 외국인등록증 발급신청을 하여야 한다. 영주자격을 가진 외국인에게 발급하는 외국인등록증의 유효기간은 10년으로 한다.
- 거짓이나 그 밖의 부정한 방법으로 영주자격을 취득한 경우 법무부장관은 영주자격을 취소하여야 한다. 또한 「형법」, 「성폭력범죄의 처벌 등에 관한 특례법」 등 법무부령으로 정하는 법률에 규정된 죄를 범하여 2년 이상의 징역 또는 금고의 형이 확정된 경우, 또는 최근 5년 이내에 징역 또는 금고의 형을 선고받고 확정된 형기의 합산기간이 3년 이상인 경우, 대한민국에 일정금액 이상의 투자 상태 유지 등을 조건으로 영주자격을 취득한 사람 등이 해당 조건을 위반한 경우, 국가안보와 외교관계 및 국민경제 등에 있어서 대한민국의 국익에 반하는 행위를 한 외국인에 대해서는 영주자격을 취소할 수 있다.
- 대한민국 국적, 영주자격 등을 취득하려는 외국인의 사회적응을 지원하기 위하여 법무부장관은 교육, 정보 제공, 상담 등의 사회통합 프로그램을 시행할 수 있고, 사회통합 프로그램을 효과적으로 시행하기 위하여 필요한 전문인력 및 시설 등을 갖춘 기관, 법인 또는 단체를 사회통합 프로그램 운영기관으로 지정할 수 있다.

3) 다문화가족지원법

(1) 목적

- 『다문화가족지원법』은 다문화가족구성원이 안정적인 가족생활을 영위하고 사회구성원으로서의 역할과 책임을 다할 수 있도록 함으로써 이들의 삶의 질 향상과 사회통합에 이바지함을 목적으로 한다(2008.3.21. 제정, 2020.5.19. 일부 개정).

(2) 정의

- “다문화가족”이란 「재한외국인 처우 기본법」의 결혼이민자와 「국적법」에 따라 대한민국 국적을 취득한 자로 이루어진 가족, 「국적법」에 따라 대한민국 국적을 취득한 자와 대한민국 국적을 취득한 자로 이루어진 가족을 말한다.
- “결혼이민자등”이란 다문화가족의 구성원으로서 「재한외국인 처우 기본법」의 결혼이민자, 「국적법」에 따라 귀화허가를 받은 자를 말한다.
- “아동 · 청소년”이란 24세 이하인 사람을 말한다.

(3) 내용

- 여성가족부장관은 다문화가족 지원을 위하여 5년마다 다문화가족정책에 관한 기본계획(이하 “기본계획”이라 한다)을 수립하여야 한다. 기본계획에는 다문화가족 지원 정책의 기본 방향, 다문화가족 지원을 위한 분야별 발전시책과 평가에 관한 사항, 다문화가족 지원을 위한 제도 개선에 관한 사항, 다문화가족구성원의 경제 · 사회 · 문화 등 각 분야 활동 증진에 관한 사항, 다문화가족 지원을 위한 재원 확보 및 배분에 관한 사항, 그 밖에 다문화가족 지원을 위하여 필요한 사항을 포함하여야 한다.
- 다문화가족의 현황 및 실태를 파악하고 다문화가족 지원을 위한 정책수립에 활용하기 위하여 3년마다 다문화가족에 대한 실태조사를 실시하고 그 결과를 공표하여야 한다.
- 다문화가족의 삶의 질 향상과 사회통합에 관한 중요 사항을 심의 · 조정하기 위하여 국무총리 소속으로 다문화가족정책위원회를 둔다.
- 여성가족부장관은 다국어에 의한 상담 · 통역 서비스 등을 결혼이민자등에게 제공하기 위하여 다문화가족 종합정보 전화센터를 설치 · 운영할 수 있고, 「가정폭력방지 및 피해자보호 등에 관한 법률」에 따른 외국어 서비스를 제공하는 긴급전화센터와 통합하여 운영할 수 있다.
- 국가와 지방자치단체는 다문화가족에 대한 사회적 차별 및 편견을 예방하고 사회구성원이 문화적

다양성을 인정하고 존중할 수 있도록 다문화 이해교육을 실시하고 홍보 등 필요한 조치를 하여야 한다. 또한 생활정보 제공 및 교육 지원, 평등한 가족관계의 유지를 위한 조치, 가정폭력 피해자에 대한 보호 · 지원, 의료 및 건강관리를 위한 지원을 할 수 있다.

- 국가와 지방자치단체는 다문화가족구성원인 아동 · 청소년이 학교생활에 신속히 적응할 수 있도록 교육지원대책을 마련하여야 하고, 특별시 · 광역시 · 특별자치시 · 도 · 특별자치도의 교육감은 다문화가족구성원인 아동 · 청소년에 대하여 학과 외 또는 방과 후 교육 프로그램 등을 지원할 수 있다. 또한 다문화가족구성원인 18세 미만인 사람의 초등학교 취학 전 보육 및 교육 지원을 위하여 노력하고, 그 구성원의 언어발달을 위하여 한국어 및 결혼이민자등인 부 또는 모의 모국어 교육을 위한 교재지원 및 학습지원 등 언어능력 제고를 위하여 필요한 지원을 할 수 있다.
- 국가와 지방자치단체는 다문화가족지원센터(이하 "지원센터"라 한다)를 설치 · 운영할 수 있다. 지원센터는 다문화가족을 위한 교육 · 상담 등 지원사업의 실시, 결혼이민자등에 대한 한국어교육, 다문화가족 지원서비스 정보제공 및 홍보, 다문화가족 지원 관련 기관 · 단체와의 서비스 연계, 일자리에 관한 정보제공 및 일자리의 알선, 다문화가족을 위한 통역 · 번역 지원사업, 다문화가족 내 가정폭력 방지 및 피해자 연계 지원, 그 밖에 다문화가족 지원을 위하여 필요한 사업을 수행한다.

4) 재한외국인 처우 기본법

(1) 목적

- 『재한외국인 처우 기본법』은 재한외국인에 대한 처우 등에 관한 기본적인 사항을 정함으로써 재한외국인이 대한민국 사회에 적응하여 개인의 능력을 충분히 발휘할 수 있도록 하고, 대한민국 국민과 재한외국인이 서로를 이해하고 존중하는 사회 환경을 만들어 대한민국의 발전과 사회통합에 이바지함을 목적으로 한다(2007.5.17. 제정, 2017.1.31. 일부개정).

(2) 정의

- "재한외국인"이란 대한민국의 국적을 가지지 아니한 자로서 대한민국에 거주할 목적을 가지고 합법적으로 체류하고 있는 자를 말한다.
- "재한외국인에 대한 처우"란 국가 및 지방자치단체가 재한외국인을 그 법적 지위에 따라 적정하게 대우하는 것을 말한다.
- "결혼이민자"란 대한민국 국민과 혼인한 적이 있거나 혼인관계에 있는 재한외국인을 말한다.

(3) 내용

- 법무부장관은 관계 중앙행정기관의 장과 협의하여 5년마다 외국인정책에 관한 기본계획(이하 "기본계획"이라 한다)을 수립하여야 한다. 기본계획에는 외국인정책의 기본목표와 추진방향, 외국인 정책의 추진과제, 그 추진방법 및 추진시기, 필요한 재원의 규모와 조달방안, 그 밖에 외국인정책 수립 등을 위하여 필요하다고 인정되는 사항이 포함되어야 한다.
- 외국인정책에 관한 주요 사항을 심의 · 조정하기 위하여 국무총리 소속으로 외국인정책위원회를 둔다.
- 국가 및 지방자치단체는 재한외국인 또는 그 자녀에 대한 불합리한 차별 방지 및 인권옹호를 위한 교육 · 홍보, 그 밖에 필요한 조치를 하기 위하여 노력하여야 하고, 재한외국인이 대한민국에서 생활하는 데 필요한 기본적 소양과 지식에 관한 교육 · 정보제공 및 상담 등의 지원을 할 수 있다. 또한 결혼이민자에 대한 국어교육, 대한민국의 제도 · 문화에 대한 교육, 결혼이민자의 자녀에 대한 보육 및 교육 지원, 의료 지원 등을 통하여 결혼이민자 및 그 자녀가 대한민국 사회에 빨리 적응하도록 지원할 수 있다.
- 국가 및 지방자치단체는 대한민국에 영구적으로 거주할 수 있는 법적 지위를 가진 외국인(영주권자)에 대하여 대한민국의·안전보장 · 질서유지 · 공공복리, 그 밖에 대한민국의 이익을 해치지 않는 범위에서 대한민국으로의 입국 · 체류 또는 대한민국 안에서의 경제활동 등을 보장할 수 있다. 또한 국민과 재한외국인이 서로의 역사 · 문화 및 제도를 이해하고 존중할 수 있도록 교육, 홍보, 불합리한 제도의 시정이나 그 밖에 필요한 조치를 하기 위하여 노력하여야 한다.
- 국민과 재한외국인이 서로의 문화와 전통을 존중하면서 더불어 살아갈 수 있는 사회 환경을 조성하기 위하여 매년 5월 20일을 세계인의 날로 하고, 세계인의 날부터 1주간의 기간을 세계인주간으로 한다.

5) 결혼중개업의 관리에 관한 법률

(1) 목적

- 『결혼중개업의 관리에 관한 법률』은 결혼중개업을 건전하게 지도 · 관리하고 결혼중개업 이용자의 피해를 예방하여 그 이용자를 보호함으로써 건전한 결혼문화 형성에 이바지함을 목적으로 한다(2007.12.14. 제정, 2019.4.30. 타법개정).

(2) 정의

- “결혼중개”란 결혼을 위한 상담 및 알선 등의 행위를 말한다.
- “결혼중개업”이란 수수료 · 회비, 그 밖의 금품을 받고 결혼중개를 업으로 행하는 것을 말한다.
- “국제결혼중개업”이란 대한민국의 국적을 가진 사람과 외국인을 대상으로 하는 결혼중개업을 말한다.

(3) 내용

- 국제결혼중개업을 하고자 하는 자는 결혼중개업자 및 종사자의 전문지식, 윤리의식 및 자질을 향상시키기 위한 관련 교육을 받고 자본금 요건 및 보증보험금, 중개사무소 등의 기준을 갖추어 중개사무소를 두고자 하는 지역을 관할하는 특별자치시장 · 시장 · 군수 · 구청장에게 등록하여야 한다.
- 특별자치시장 · 시장 · 군수 · 구청장은 자본금 요건 등 등록사항, 계약을 체결한 이용자와 결혼중개의 상대방에 대한 신상정보 제공 등에 대하여 매년 1회 이상 지도점검을 실시하여야 한다.
- 국제결혼중개업자는 결혼중개를 목적으로 수수료 · 회비, 그 밖의 금품을 이용자에게 받고자 할 때에는 서면으로 계약을 체결하여야 한다. 이 경우 이용자가 계약서 내용을 이해할 수 있도록 충분하게 설명하여야 한다.
- 국제결혼중개업자는 계약을 체결한 이용자와 결혼중개의 상대방으로부터 혼인경력, 건강상태(후천성면역결핍증, 성병 감염 및 정신질환 여부 포함), 직업, 범죄경력(성폭력, 가정폭력, 아동학대, 성매매 알선 및 강요 관련 범죄경력과 최근 10년 이내의 금고 이상의 형), 그 밖에 상대국의 법령에서 정하고 있는 사항에 대한 신상정보를 받아 각각 해당 국가 공증인의 인증을 받은 상대방과 이용자에게 서면으로 제공하여야 힌다.
- 국제결혼중개업자는 이용자와 상대방 간의 원활한 의사소통을 지원하기 위하여 통역 · 번역서비스를 제공하여야 한다.
- 국제결혼중개업자는 속임수나 부정한 방법으로 국제결혼 대상자를 모집하거나 알선하는 행위나 부당한 수수료 · 회비, 그 밖의 금품을 징수하는 행위를 하지 않아야 한다.

6) 외국인근로자의 고용 등에 관한 법률

(1) 목적

- 『외국인근로자의 고용 등에 관한 법률』은 외국인근로자를 체계적으로 도입 · 관리함으로써 원활한 인력수급 및 국민경제의 균형 있는 발전을 도모함을 목적으로 한다(2003.8.16. 제정, 2021.4.13. 일부 개정).

(2) 정의

- "외국인근로자"란 대한민국의 국적을 가지지 아니한 사람으로서 국내에 소재하고 있는 사업 또는 사업장에서 임금을 목적으로 근로를 제공하고 있거나 제공하려는 사람을 말한다. 다만, 「출입국관리법」 제18조 제1항에 따라 취업활동을 할 수 있는 체류자격을 받은 외국인 중 취업분야 또는 체류기간 등을 고려하여 대통령령으로 정하는 사람은 제외한다.

(3) 내용

- 『외국인근로자의 고용 등에 관한 법률』은 외국인근로자 및 외국인근로자를 고용하고 있거나 고용하려는 사업 또는 사업장에 적용한다.
- 사용자가 외국인근로자를 고용하려면 고용노동부령으로 정하는 표준근로계약서를 사용하여 근로계약을 체결하여야 한다. 내국인 구인 신청을 한 사용자가 직업소개를 받고도 인력을 채용하지 못한 경우에는 고용노동부령으로 정하는 바에 따라 직업안정기관의 장에게 외국인근로자 고용허가를 신청하여야 한다.
- 외국인근로자는 입국한 후에 고용노동부령으로 정하는 기간 이내에 국내 취업활동에 필요한 사항을 주지(周知)시키기 위한 교육을 받아야 하고, 사용자는 외국인근로자가 외국인 취업교육을 받을 수 있도록 하여야 한다.
- 고용된 외국인근로자에게 「국민건강보험법」을 적용하는 경우 직장가입자로 본다.
- 사용자는 외국인근로자와의 근로계약을 해지하거나 그 밖에 고용과 관련된 중요 사항을 변경하는 경우에는 고용노동부령으로 정하는 바에 따라 직업안정기관의 장에게 신고하여야 한다.
- 외국인근로자는 입국한 날부터 3년의 범위에서 취업활동을 할 수 있다. 또한 국내에서 취업한 후 출국한 외국인근로자는 출국한 날부터 6개월이 지나지 아니하면 이 법에 따라 다시 취업할 수 없다.

7) 북한이탈주민의 보호 및 정착지원에 관한 법

(1) 목적

- 『북한이탈주민의 보호 및 정착지원에 관한 법』은 군사분계선 이북지역에서 벗어나 대한민국의 보호를 받으려는 군사분계선 이북지역의 주민이 정치, 경제, 사회, 문화 등 모든 생활 영역에서 신속히 적응 · 정착하는 데 필요한 보호 및 지원에 관한 사항을 규정함을 목적으로 하며, 대한민국의 보호를 받으려는 의사를 표시한 북한이탈주민에 대하여 적용한다(1997.1.13. 제정, 2021.4.21. 일부개정).

(2) 정의

- "북한이탈주민"이란 군사분계선 이북지역(이하 "북한")에 주소, 직계가족, 배우자, 직장 등을 두고 있는 사람으로서 북한을 벗어난 후 외국 국적을 취득하지 아니한 사람을 말한다.
- "보호대상자"란 이 법에 따라 보호 및 지원을 받는 북한이탈주민을 말한다.
- "정착지원시설"이란 보호대상자의 보호 및 정착지원을 위하여 설치 · 운영하는 시설을 말한다.
- "보호금품"이란 이 법에 따라 보호대상자에게 지급하거나 빌려주는 금전 또는 물품을 말한다.

(3) 내용

- 통일부장관은 북한이탈주민 보호 및 정착지원협의회의 심의를 거쳐 보호대상자의 보호 및 정착지원에 관한 기본계획을 3년마다 수립 · 시행하여야 한다. 기본계획에는 보호대상자의 보호 및 정착에 필요한 교육, 보호대상자의 직업훈련, 고용촉진 및 고용유지, 보호대상자에 대한 정착지원시설의 설치 · 운영 및 주거지원, 보호대상자에 대한 의료지원 및 생활보호 등, 보호대상자의 사회통합 및 인식개선, 그 밖에 보호대상자의 보호, 정착지원 및 고용촉진 등을 위하여 통일부장관이 필요하다고 인정하는 사항이 포함되어야 한다.
- 통일부장관은 보호대상자가 대한민국에 정착하는 데 필요한 기본교육을 실시하여야 하고, 기본교육에는 정치 · 경제 · 사회 · 문화 등 우리 사회 각 분야의 이해 증진을 위한 교육, 「양성평등기본법」 제30조에 따른 성폭력 · 가정폭력 · 성매매 범죄의 예방 및 성희롱 방지를 위한 성평등 관점에서의 통합교육, 정서안정 및 건강증진을 위한 교육, 진로지도 및 직업탐색을 위한 교육, 초기 정착지원제도 안내를 위한 교육을 포함하여야 한다.
- 통일부장관은 보호대상자의 나이, 수학능력(修學能力), 그 밖의 교육 여건 등을 고려하여 보호대상자가 교육을 받을 수 있도록 필요한 지원을 할 수 있다. 또한 예산의 범위에서 북한이탈주민을 대상으로 초 · 중등교육을 실시하는 학교의 운영에 필요한 경비를 지원할 수 있다.

- 통일부장관은 거주지에 전입한 북한이탈주민에 대한 정신건강 검사 등 전문적 상담서비스를 제공할 수 있는 북한이탈주민 전문상담사제도를 운영할 수 있다.
- 국가 및 지방자치단체는 보호대상자의 성공적인 정착을 위하여 보호대상자의 보호 · 교육 · 취업 · 주거 · 의료 및 생활보호 등의 지원을 지속적으로 추진하고 이에 필요한 재원을 안정적으로 확보하기 위하여 노력하여야 한다. 또한 보호대상자에 대한 지원시책을 마련하는 경우 아동 · 청소년 · 여성 · 노인 · 장애인 등에 대하여 특별히 배려 · 지원하도록 노력하여야 한다.
- 보호대상자를 정착지원시설에서 보호하는 기간은 1년 이내로 하고, 거주지에서 보호하는 기간은 5년으로 한다. 다만, 특별한 사유가 있는 경우에는 북한이탈주민 보호 및 정착지원협의회의 심의를 거쳐 그 기간을 단축하거나 연장할 수 있다.
- 북한이탈주민에 관한 정책을 협의 · 조정하고 보호대상자의 보호 및 정착지원에 관한 사항을 심의하기 위하여 통일부에 북한이탈주민 보호 및 정착지원협의회를 둔다. 또한 통일부장관은 보호대상자에 대한 보호 및 정착지원을 위하여 정착지원시설을 설치 · 운영한다. 정착지원시설을 설치 · 운영하는 기관의 장은 보호대상자가 거주지로 전출할 때까지 정착지원시설에서 보호하여야 한다.
- 통일부장관은 보호대상자와 그 가족에게 「의료급여법」에서 정하는 바에 따라 의료급여를 실시할 수 있다. 또한 「국민건강보험법」의 적용대상인 보호대상자의 경제적 능력 등을 고려하여 보험료의 일부를 지원할 수 있다.
- 보호 결정 당시 50세 이상 60세 미만인 보호대상자 중 60세가 되기 전에 가입기간이 5년 이상 10년 미만 되는 사람은 60세가 되는 날부터, 60세가 된 후에 가입기간이 5년 이상 되는 사람은 가입자 자격을 상실한 날부터 국민연금을 받을 수 있다.

8) 난민법

(1) 목적

- 『난민법』은 「난민의 지위에 관한 1951년 협약」 및 「난민의 지위에 관한 1967년 의정서」 등에 따라 난민의 지위와 처우 등에 관한 사항을 정함을 목적으로 한다(2012.2.10. 제정, 2016.12.20. 일부개정).

(2) 정의

- "난민"이란 인종, 종교, 국적, 특정 사회집단의 구성원인 신분 또는 정치적 견해를 이유로 박해를 받을 수 있다고 인정할 충분한 근거가 있는 공포로 인하여 국적국의 보호를 받을 수 없거나 보호받

기를 원하지 아니하는 외국인 또는 그러한 공포로 인하여 대한민국에 입국하기 전에 거주한 국가로 돌아갈 수 없거나 돌아가기를 원하지 아니하는 무국적자인 외국인을 말한다.

- "난민으로 인정된 사람"(난민인정자)이란 이 법에 따라 난민으로 인정을 받은 외국인을 말한다.
- "인도적 체류 허가를 받은 사람"(인도적체류자)이란 고문 등의 비인도적인 처우나 처벌 또는 그 밖의 상황으로 인하여 생명이나 신체의 자유 등을 현저히 침해당할 수 있다고 인정할 만한 합리적인 근거가 있는 사람으로서 법무부장관으로부터 체류허가를 받은 외국인을 말한다.
- "난민인정을 신청한 사람"(난민신청자)이란 대한민국에 난민인정을 신청한 외국인으로서 난민인정 신청에 대한 심사가 진행 중인 사람, 난민불인정결정이나 난민불인정결정에 대한 이의신청의 기각결정을 받고 이의신청의 제기기간이나 행정심판 또는 행정소송의 제기기간이 지나지 아니한 사람, 난민불인정결정에 대한 행정심판 또는 행정소송이 진행 중인 사람을 말한다.
- "재정착희망난민"이란 대한민국 밖에 있는 난민 중 대한민국에서 정착을 희망하는 외국인을 말한다.
- "외국인"이란 대한민국의 국적을 가지지 아니한 사람을 말한다.

(3) 내용

- 대한민국 안에 있는 외국인으로서 난민인정을 받으려는 사람은 법무부장관에게 난민인정 신청을 할 수 있다. 이 경우 외국인은 난민인정신청서를 지방출입국・외국인관서의 장에게 제출하여야 한다.
- 법무부장관은 난민인정자에 대하여 한국어 교육 등 사회적응교육을 실시할 수 있고, 직업훈련을 받을 수 있도록 지원할 수 있다. 난민인정자, 난민신청자 및 그 가족 중 미성년자인 외국인은 국민과 같은 수준의 초등교육 및 중등교육을 받을 수 있다.
- 난민으로 인정되어 국내에 체류하는 외국인은 대한민국 국민과 같은 수준의 사회보장과 국민기초생활보장에 따른 보호를 받는다.
- 법무부장관은 난민신청자에게 생계비 등을 지원할 수 있고, 난민인정 신청일부터 6개월이 지난 경우에는 취업을 허가할 수 있다.
- 법무부장관은 난민신청자가 거주할 주거시설을 설치하여 운영할 수 있고, 의료지원을 할 수 있다.

2 다문화 관련 정책

우리나라에서는 「외국인근로자의 고용 등에 관한 법률」, 「재한외국인 처우 기본법」, 「다문화가족지원법」 등을 제정하여 시행함으로써 국내거주 외국인의 안정적인 삶을 지원하고 이들의 사회통합을 도모하고 있으며 정부 부처별로 다양한 정책들을 마련하여 시행하고 있다. 다음은 주요 부처에서 시행하고 있는 외국인 관련 정책들이다.

1) 법무부

(1) 외국인 대상 업무

- 출입국 심사, 남북왕래자 출입 심사 및 출입국 규제
- 외국인의 사증 · 체류관리 정책, 체류허가, 사증면제협정, 사증발급 심사
- 외국인 동향조사, 출입국사범 심사 및 외국인 보호 및 강제퇴거
- 출입국 · 외국인정책 행정의 정보화, 출입국 외국인정책에 대한 통계 관리 및 분석
- 법령 제 · 개정, 외국인정책위원회의 운영, 외국인정책 기본계획과 연도별 시행계획 수립 및 평가
- 귀화 · 국적상실 및 관련 정책과 제도 개선
- 재한외국인의 사회적응에 관한 지원정책
- 난민정책, 난민인정심사, 재정착난민의 수용 및 정착지원

(2) 사회통합 정책

① 사회통합 프로그램

가. 목적: 재한외국인이 우리 사회의 구성원으로 살아가는 데 필요한 한국어나 한국문화 습득 등의 기본소양을 함양할 수 있는 기회를 제공하기 위한 프로그램이다.

나. 대상자: 국적, 영주 등 체류자격을 취득하고자 하는 재한외국인, 국적 취득 후 3년 이내에 해당되는 사람이 대상이며, 사회통합 프로그램 이수자는 귀화 필기 및 면접시험을 면제받을 수 있다.

다. 과정: 한국어와 한국문화 프로그램이 0~4단계로 구성되어 있고, 사전평가를 거쳐 단계가 배정된다. 한국 사회 이해 프로그램은 영주자격 취득 시 50시간으로 구성되어 있고, 국적 취득 시에는 70시간을 이수하게 된다[표 4-1].

표 4-1 사회통합 프로그램 주요 내용

<table>
<tr><th rowspan="2">단계</th><th>과정</th><th rowspan="2">총 교육시간</th><th rowspan="2">참고</th></tr>
<tr><th>평가</th></tr>
<tr><td rowspan="2">0단계</td><td>한국어와 한국문화 – 기초</td><td rowspan="2">15시간</td><td rowspan="14">5단계 심화과정은 기본과정 수료(수료인정 출석시간 수강) 후 참여
※ 영주용 종합평가 합격자는 기본과정을 거치지 않고 심화과정에 참여</td></tr>
<tr><td>없음</td></tr>
<tr><td rowspan="2">1단계</td><td>한국어와 한국문화 – 초급 1</td><td rowspan="2">100시간</td></tr>
<tr><td>1단계 평가</td></tr>
<tr><td rowspan="2">2단계</td><td>한국어와 한국문화 – 초급 2</td><td rowspan="2">100시간</td></tr>
<tr><td>2단계 평가</td></tr>
<tr><td rowspan="2">3단계</td><td>한국어와 한국문화 – 중급 1</td><td rowspan="2">100시간</td></tr>
<tr><td>3단계 평가</td></tr>
<tr><td rowspan="2">4단계</td><td>한국어와 한국문화 – 중급 2</td><td rowspan="2">100시간</td></tr>
<tr><td>중간 평가</td></tr>
<tr><td rowspan="4">5단계</td><td>한국 사회 이해 – 기본</td><td rowspan="2">50시간</td></tr>
<tr><td>영주용 종합평가</td></tr>
<tr><td>한국 사회 이해 – 심화</td><td rowspan="2">20시간</td></tr>
<tr><td>귀화용 종합평가</td></tr>
</table>

출처: 다문화가족지원포털(2021).

라. 신청방법: 사회통합 프로그램에 참여하기 위해서는 사회통합정보망(www.socinet.go.kr)에 먼저 회원가입을 한 후 '단계배정' 메뉴에서 단계배정 방법을 선택하여 단계 선택 및 신청을 한다. 이후 3만 원의 사전평가 응시 수수료를 납부하고 사전평가를 실시한 후 프로그램에 참여할 수 있다.

② 조기적응 프로그램

가. 목적: 최초 국내에 입국하는 외국인이 우리 사회에 빨리 적응할 수 있도록 필요한 생활정보와 기초법을 습득할 수 있는 기회를 제공하기 위함이다.

나. 대상자: 최초 입국하는 외국인이 대상자이며, 의무 참여 대상자는 방문취업 동포와 호텔 · 유흥업에 종사하는 외국인이고, 자율 참여 대상자는 결혼이민자와 중도입국자녀, 외국인유학생, 그리고 밀집지역에 거주하는 외국인이 해당된다. 조기적응 프로그램을 이수하면 결혼이민자 체류기간으로 2년이 부여된다.

다. 과정: 조기적응 프로그램의 공통과목은 기초법과 제도, 생활정보 및 출입국 관련 제도 등 2시간으로 구성되어 있다. 또한 특수과목은 방문취업 동포는 국적취득 절차에 대한 내용, 결혼이민자는 가족간 상호이해, 그리고 호텔 · 유흥업에 종사하는 외국인은 인권보호 등 1시간으로 구성되어 있다.

라. 유형별 주요 교육내용: 조기적응 프로그램 유형별 참여대상 등의 주요 내용은 다음과 같다[표 4-2].

③ 국제결혼안내 프로그램

가. 목적: 국제결혼으로 인해 외국인 배우자를 국내로 초청하려는 사람이 먼저 국제결혼에 대한 올바른 인식을 가지고 결혼생활을 건전하게 유지할 수 있도록 지원하기 위함이다.

나. 대상자: 우리 국민 중에서 국제결혼을 희망하는 사람이나 이미 국제결혼을 한 상태에서 국내로 외국인 배우자를 초청하려는 사람이다.

다. 과정

- 국제결혼과 관련된 현지 국가의 제도와 문화, 예절정보 등을 소개
- 결혼이민(F-6) 사증의 발급절차와 심사기준 등의 정책을 설명
- 결혼이민자 대상의 상담 및 피해사례, 결혼이민자와 한국인 남편의 경험담을 소개
- 부부간 인권존중과 갈등해소 노력, 가정폭력 방지 등에 관한 인권교육 등

표 4-2 조기적응 프로그램 유형별 주요 내용

참여대상	특수과목	공통과목	교육시간
외국인 유학생	• 성공적인 유학생활을 위한 조언 • 진로개척 및 직업선택	• 필수 생활정보 • 기초 법 · 질서와 문화 • 출입국 및 체류 관련 제도	3시간 (밀집지역 등: 2시간)
밀집지역 외국인	• 외국인의 권리와 의무 • 준법의식		
외국인 연예인	• 인권침해 발생 시 대처방법 및 구제절차		
결혼이민자	• 부부, 가족 간 상호 이해 • 선배 결혼이민자의 조언		
중도입국자녀	• 학교 교육제도 소개 • 청소년 문화 · 복지시설 안내		
외국국적동포 (중국, CIS)	• 준법의식, 생활법률 • 체류 · 영주 허가 제도, 국적 취득		

출처: 다문화가족지원포털(2021).

(3) 그 외 외국인관련 정책

- 농어촌의 인력난을 해결하기 위하여 2015년부터 농어촌의 수확기, 파종기, 성어기 등 집중적으로 인력수요가 많은 시기에 외국인근로자를 90일 이하의 단기간 동안 합법적으로 고용할 수 있는 외국인 계절근로자 제도를 시행하고 있다. 외국인 계절근로자는 가구당 최대 5명까지 신청 가능하다.
- 스타트업 업체는 최대 2년간 매출실적이 없어도 외국 전문인력의 고용을 허용해 왔으나, 창업 초기 소규모 스타트업 업체를 지원하기 위하여 매출실적 심사 유예기간이 5년으로 연장되었다.
- 재한화교와 외국국적을 가진 동포의 외국인등록증의 성명과 일상생활에서 사용되는 성명의 차이로 인하여 불편함이 발생하여 재한화교와 외국국적을 가진 동포의 외국인등록증에 일상생활에서 사용되는 한자의 한글식 성명을 병기하고 있다.
- 혼인생활을 유지하는 결혼이민자가 재입국허가 기간이 초과하여 사증을 재발급받거나 체류자격을 변경할 경우에는 소득요건과 외국인배우자의 결혼배경 진술서, 한국어 구사요건 등에 대한 제출서류의 일부를 면제하고 있다.
- 초등학교 입학 시나 이동통신요금 가족결합 등에서 동거가족이라는 입증이 필요할 경우 어려움이 많았으나, 사증 발급이나 체류자격 변경 심사과정에서 가족관계가 확인된 외국인은 등록사실증명서에 해당 동거가족 사항을 기재하고 있다.
- 외국인의 국내 체류지가 변경될 경우 등록증 후면에 직접 인쇄함에 따라 체류지 기재란이 초과될 경우 재발급 비용이 발생하였으나, 뒷면에 라벨지를 탈부착하는 방식으로 변경하여 사용되고 있다.
- 복수 재입국허가를 받기 위해서는 직접 출입국 기관을 방문해야만 가능했으나, 온라인(하이코리아)을 통해 복수 재입국허가를 쉽고 빠르게 받고 있다.
- 외국인의 여권정보 변경신고 시 갱신된 여권을 스캔 첨부해야 하는 번거로움이 있었으나, 온라인을 통해 변경된 여권번호 등을 직접 입력하면 신고절차가 완료된다.
- 국내 입국 시 얼굴과 지문정보를 제공한 17세 이상 외국인 관광객이 주요 공항(인천, 김해, 제주, 대구공항, 부산항)으로 출국 시에는 사전등록 없이 자동출입국 심사대를 이용할 수 있다.
- 우수인재 특별귀화는 과학이나 경영, 예술, 체육 등의 특정 분야에서 우수한 능력을 보유하고 있는 외국인의 대한민국 국적을 취득하는 절차를 대폭 간소화하고, 원국적도 함께 유지하도록 하는 제도이다.

2) 고용노동부

(1) 고용허가제도

① 사업목적

중소기업이 내국인근로자를 구하지 못했을 경우 정부로부터 고용허가서를 발급받는 과정을 통해서 비전문 외국인력을 합법적으로 고용할 수 있도록 한다.

② 사업내용

가. 일반 외국인노동자 도입: 고용허가제(E-9)

- 고용허가제에서의 허용 기업은 노동자 300인 미만 또는 자본금 80억 원 이하의 중소 제조업과 농·축산업, 20톤 미만의 어업, 건설업, 건설폐기물 처리업 등 서비스업이 해당된다.
- 외국인노동자가 업종 간에 이동하는 것은 불가능하지만, 사업장 간 이동하는 것은 법에서 정한 사유에 한해서만 최초 3년간 3회 가능하고, 재고용 시에는 1년 10개월간 2회 가능하다. 단, 휴업이나 폐업 등 사업주의 귀책사유가 있을 경우에는 횟수에 포함되지 않는다.
- 외국인노동자의 고용절차는 [그림 4-1]과 같다.

나. 동포 고용: 방문취업제(H-2)

- 방문취업제에서의 허용 기업은 음식, 숙박 등 서비스업 31개 업종, 노동자 300인 미만 또는 자본금 80억 원 이하의 중소 제조업, 농·축산업, 20톤 미만의 어업, 건설업이 해당된다.
- 동포는 입국 후에 취업하며 업종 간, 그리고 사업장 간 이동은 자유롭다.
- 방문취업제에서의 고용절차는 [그림 4-2]와 같다.

(2) 외국인노동자 체류 지원

① 사업목적

고용허가제에 의해 입국한 외국인노동자(E-9)와 방문취업제로 입국한 동포(H-2)에게 고충상담과 한국어 및 생활법률 교육을 실시하는 등 체류지원 서비스를 제공한다.

② 사업내용

가. 외국인노동자지원센터

- 문화적 차이와 언어 소통의 한계로 인해 여러 어려움을 겪고 있는 외국인 노동자의 고충을 상담하고 한국어, 생활법률, 정보화 교육 등을 지원한다.

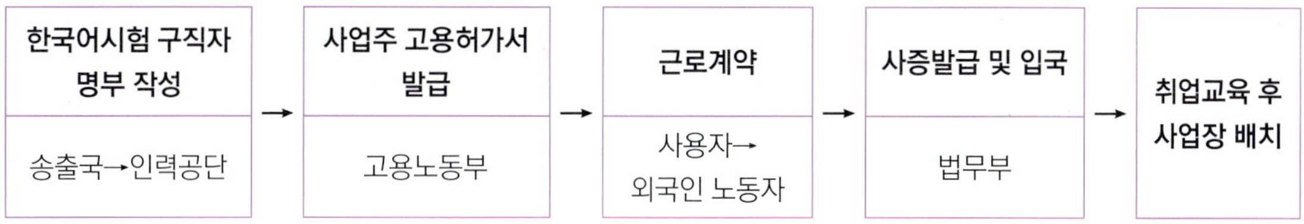

그림 4-1 **외국인노동자 고용절차**

출처: 고용노동부(2021).

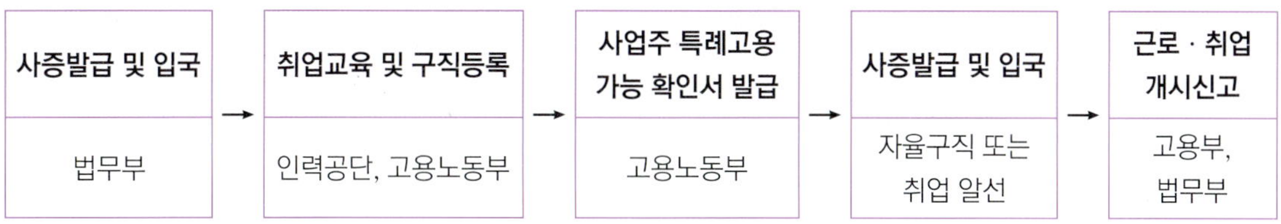

그림 4-2 **방문취업제 고용절차**

출처: 고용노동부(2021).

나. 외국인력상담센터

- 외국인근로자를 대상으로 전화상담을 통해 신속하게 고충을 해결할 수 있도록 외국인력상담센터를 설치하여 운영하고 있다.

다. 사업장내 애로사항 해소 지원

- 외국인근로자와 사용자 간 갈등이 있을 경우, 일상생활에서의 고충, 언어가 달라 발생하는 소통 문제 등 사업장 내에서 발생할 수 있는 애로사항을 해소할 수 있도록 방문통역을 지원한다.

라. 종합체류지원 서비스 지원

- 관계기관 협의체를 구성하여 농축산업과 어업 등 소수업종의 영세사업장을 대상으로 지역순회 상담서비스를 제공하고 국가별 커뮤니티 현장지원 서비스를 지원한다.

마. 사업주 교육

- 고용허가제, 노동관계법 등 외국인근로자에 대한 고용관리 교육을 실시한다.

바. 재직자 직업능력개발훈련

- 재직 중인 외국인근로자의 사업장 적응력을 강화시키고 기업의 생산성 향상을 지원하기 위하여 직업능력개발훈련을 실시한다.

사. 권익보호협의회 운영

- 전 지방관서에 노동자 단체와 사용자 단체 및 외국인노동자 단체 등으로 구성된 외국인근로자

권익보호협의회를 설치 · 운영하여 외국인근로자와 사용자 간 갈등을 해소시키고 지원방안 등을 협의한다.

(3) 외국인노동자지원센터 운영

① 사업목적

문화적 차이와 언어소통의 한계로 인하여 여러 가지 어려움을 겪고 있는 외국인 노동자를 대상으로 고충상담과 함께 한국어, 생활법률, 정보화 교육 등을 지원하고, 외국인노동자가 국내생활에 잘 적응할 수 있도록 지원하며, 원활한 취업활동 촉진 및 중소기업 사업주가 인력활용을 원활하게 할 수 있도록 지원한다.

② 사업내용

가. **지원대상:** 외국인 노동자 및 사업주

나. **지원내용**

- **상담:** 외국인 노동자와 사업주의 고충을 상담하고 갈등을 중재하는 등의 애로사항 해결을 지원
- **교육:** 외국인 노동자의 의사소통 능력과 국내취업에 필요한 제반 법규 등에 대한 교육을 실시
- **문화행사 개최:** 각종 문화행사 개최를 통하여 한국문화 등 다문화에 대한 이해를 증진시키고 상호 간 교류할 수 있는 장을 마련
- **정보제공:** 고용허가제 등과 관련된 정보를 제공

③ 사업추진체계

외국인노동자 지원센터는 9개 거점센터와 36개 소지역센터로 운영되고 있다[그림 4-3].

고용노동부	→	운영기관 (거점센터 9개소, 소지역센터 36개소)
정책수립 · 평가, 제도개선, 운영기관선정(공모 등), 보조금편성 · 교부, 보조금 집행 · 운영 지도점검		상담, 교육사업, 센터 운영

그림 4-3 외국인노동자 지원센터 사업추진체계

출처: 고용노동부(2021).

(4) 외국인력 상담센터 운영

① 사업목적

외국인 노동자와 외국인 고용사업주가 특별한 시간과 장소에 구애받지 않고 전화상담(콜센터, TEL. 1577-0071)을 통해 신속하게 고충사항을 해결할 수 있도록 지원하고, 외국인노동자와 외국인 고용사업주에 대한 상담서비스를 통합(One Call Total 서비스 제공)함으로써 만족도를 제고시킨다.

② 사업내용

가. **지원대상:** 외국인노동자 및 고용사업주

나. **지원내용:** 고용체류 지원 업무와 관련된 민원 상담

다. **외국인노동자를 위한 현지 언어지원 서비스**

※ 현지 언어지원: 영어, 중국어, 필리핀, 베트남, 태국, 몽골, 캄보디아 등 고용허가제 송출국인 16개국의 언어 지원

라. **외국인노동자의 사회적응에 필요한 행정 · 생활 기본 정보 안내**

③ 사업추진체계

외국인력 상담센터는 고용노동부와 한국산업인력공단이 관여하여 운영되고 있다[그림 4-4].

센터설립 및 운영관련 정책수립	→	센터설립, 센터운영위탁	→	센터운영
고용노동부		한국산업인력공단		수탁운영기관

그림 4-4 외국인력 상담센터 사업추진체계

출처: 고용노동부(2021).

(5) 결혼이민자 대상 사회보장제도

우리나라 국민을 대상으로 사회보험 형태의 산재보험과 고용보험이 적용되고 있으며, 산재보험은 업무상 재해를 당한 노동자 등을 대상으로 하고 있고, 고용보험을 통해 실업급여 등이 적용되고 있다. 결혼이민자가 업무상재해를 당한 경우에도 우리나라 국민과 동일하게 산재보험을 적용하고 있으며, 결혼이민 체류자격인 경우에도 고용보험이 동일하게 적용되고 있다[표 4-3].

표 4-3 결혼이민자 대상 사회보장제도

제도	국민에 대한 지원기준	결혼이민자에 대한 지원기준
산재보험	업무상 재해를 당한 노동자 등	업무상재해를 당한 외국인에게 국민과 동일하게 지원하되, 유족보상연금은 외국에 거주하는 유족의 경우 제외
고용보험	실업급여: 피보험기간이 180일 이상인 비자발적 이직자 등	F-6 (결혼이민) 체류자격의 경우 당연가입 대상으로 국민에 대한 지원기준과 동일

출처: 보건복지부(2018). 다문화가족정책 추진실태 감사보고서.

3) 여성가족부

(1) 이주배경청소년 지원

① 사업목적

'이주배경청소년'이란 「청소년복지지원법」 제18조에 따라 다문화가족의 청소년과 국내로 이주하여 사회적 · 문화적 적응 및 언어 학습 등에서 지원이 필요한 청소년을 의미한다. 이주배경청소년 지원사업은 북한이탈, 중도입국, 다문화 등 이주배경청소년의 사회적응을 지원하는 사업이다.

② 사업대상

9~24세 이주배경 청소년들이다.

③ 사업내용

이주배경청소년 지원사업은 [표 4-4]와 같다.

(2) 건강가정 · 다문화가족지원센터 운영

① 사업목적

다문화가족이 안정적으로 정착하고 가족생활을 잘 유지하도록 지원하기 위하여 가족과 자녀에 대한 교육과 상담, 통 · 번역, 정보제공과 역량강화지원 등의 서비스를 제공함으로써 다문화가족이 한국 사회에 조기적응하고 사회 · 경제적으로 자립지원을 도모한다.

② 법적근거

「다문화가족지원법」 제12조(다문화가족지원센터의 설치 · 운영 등)

표 4-4 이주배경청소년 지원사업

구분	내용
레인보우스쿨	• 2021년 전국 17개 시 · 도, 20개 기관에서 위탁운영 • 중도입국청소년을 위한 한국어 및 특화교육, 사회문화체험 실시 • 전일제, 시간제(방과 후, 주말 · 야간) 운영 ※ 위탁운영 기관마다 프로그램 내용은 차이가 있음
진로지원 프로그램 (무지개 Job아라, 내-일을 잡아라)	• 2021년 서울 · 경기 5개소 운영 • 진로교육 프로그램(기초): 고민하는 중도입국청소년을 위한 진로탐색 및 설계 교육(무지개Job아라) • 진로교육 프로그램(심화): 진로소양 및 자립역량 강화 교육, 현장 기반 직업 실습을 통한 예비 사회인 성장 지원 교육(내-일을 잡아라)
탈북청소년 사회입문 프로그램(비교문화체험, 미래를 향한 첫걸음)	• 탈북청소년의 한국생활정착에 필요한 현장체험프로그램 '비교문화체험학습' 및 다각적 교육 프로그램 '미래를 향한 첫걸음' 지원
상담 및 지역사회연계 프로그램 맞춤형 정보 제공	• 이주배경청소년 학업, 진로, 대인관계(친구, 가족 등), 정체감 등 다양한 고민 상담 • 이주배경청소년 대상 다양한 형태의 상담(내방상담, 찾아가는 상담, 비대면상담, 사이버상담, 집단상담 등)과 이중언어 상담을 통한 상담 및 사례관리 지원, 상담체계 및 네트워크 구축
상담통역지원사 양성	• 심리상담 및 심리치료 현장에서의 상담통역지원사 양성 ※ 중국어, 베트남어, 러시아어 3개 언어에 대한 상담통역지원
이주배경청소년 대상 심리사회적응척도 보급	• 이주배경청소년의 문화적 배경을 고려한 심리사회적응척도를 개발하고 보급(중국어권, 베트남어권, 러시아어권 이주배경청소년)
청소년 다문화감수성 증진 프로그램 '다가감'	• 일반 청소년(초등학교 4~6학년, 중학교 전학년) 대상 다문화 인식개선 프로그램 운영 • 전문강사 양성 및 파견을 통해 찾아가는 교육을 지원
연구 및 연수	• 이주배경청소년 실태조사 연구 • 이주배경청소년 유관기관 실무자 교육과정 • 청소년지도자 대상 다문화역량강화 교육과정 • 예비청소년지도자 대상 다문화역량강화 교육과정
정책과제 발굴	• 이슈브리프 '이주배경924' • 이슈브리핑

출처: 여성가족부(2021).

③ 연혁

2006년에 범부처 차원에서 「여성결혼이민자가족의 사회통합 지원방안」이 마련되었고, 결혼이민자가족의 사회문화적인 적응을 위한 지원체계 구축을 위하여 시 · 군 · 구별로 결혼 이민자가족지원센터 21개소를 지정하여 운영하였다. 2007년에는 결혼이민자 아동양육지원 방문교육 시범사업(29개소)과 한국어 방문교육 시범사업(30개소)이 농림부 농특기금 예산으로 추진되었다. 2008년에는 한국어교육과 아동양육 방문교육사업을 통합하여 전국의 서비스 전달체계를 구축하였고, 2008년 3월에는 「다문화가족지원법」이 제정되었다. 2009년에는 다문화가족 자녀의 언어발달지원사업과 결혼이민자 대상의 통번역서비스가 실시되었고, 「사회복지사업법」 개정으로 다문화가족지원센터의 사회복지시설로 전환되었다. 2011년에는 「다문화가족지원법」 개정으로 '귀화 · 인지에 의한 국적취득자'뿐만 아니라 결혼이민자등으로 구성된 가족도 '다문화가족'에 포함되어 다문화가족의 범위가 확대되었다. 2012년부터 다문화가족의 자녀생활서비스가 추진되었고, 「다문화가족지원법」 개정으로 인해 다문화가족지원센터 설치 및 위탁운영 근거가 마련되었다. 2013년에는 이혼 등으로 인해 해체된 다문화가족의 자녀 지원 특례 규정이 마련되었고, 2014년에는 다문화가족의 이중언어환경 조성사업에 대한 실행방안 마련 및 시범사업이 실시되었다. 2019년에는 다문화가족지원센터의 설치 및 운영을 위한 위탁기간이 기존의 최대 3년에서 5년으로 변경되었고, 2021년 현재, 총 228개소가 운영되고 있다.

④ 다문화가족지원센터 유형

다문화가족지원센터는 일반형과 확대형으로 구분되어 운영되고 있다. 다문화가족지원센터 일반형은 「다문화가족지원법」 제12조에 따라 다문화가족을 대상으로 한 지원사업을 수행하는 기관으로, 25개소가 운영되고 있다. 다문화가족지원센터 확대형은 동법 제12조에 따라 다문화가족지원사업과 기타 법령(건강가정기본법, 한부모가족지원법 등)에 의해 가족 지원사업을 수행하는 건강가정 · 다문화가족지원 통합서비스를 운영하는 기관으로, 203개소가 운영되고 있다.

⑤ 지역별 다문화가족지원센터 설치 현황

다문화가족지원센터는 지역별로 설치되어 운영되고 있으며 설치 현황은 [표 4-5]와 같다.

⑥ 사업내용

가. 한국어 교육

결혼이민자와 중도입국자녀를 대상으로 수준별(1~4단계) 정규 한국어 교육(각 100시간)과 진

표 4-5 지역별 다문화가족지원센터 설치 현황

유형		계	서울	부산	대구	인천	광주	대전	울산	세종	경기	강원	충북	충남	전북	전남	경북	경남	제주
		228	25	14	8	9	5	5	5	1	31	18	12	15	14	22	23	19	2
다문화가족 지원센터 (일반형)	가형	11	-	1	-	1	-	-	-	-	5	-	-	2	1	-	-	1	-
	나형	14	-	5	-	-	-	3	-	-	-	-	2	-	-	1	3	-	-
통합서비스 운영기관 (확대형)	가형	29	11	-	1	2	-	-	-	-	7	-	1	-	2	1	1	2	1
	나형	71	13	1	4	5	4	1	1	1	18	4	2	4	-	3	4	5	1
	다형	4	1	-	-	-	-	-	-	-	-	-	-	-	3	-	-	-	-
	라형	38	-	6	3	1	1	1	1	-	1	2	1	5	2	4	6	4	-
	마형	53	-	1	-	-	-	-	3	-	-	8	6	3	6	12	8	6	-
울릉군형		1	-	-	-	-	-	-	-	-	-	-	-	-	-	-	1	-	-

* 통합서비스 운영 센터 포함/신규센터 설치지역 확정시 센터 수 변경 예정
출처: 여성가족부(2021). 2021년 가족사업안내.

학반, 취업대비반 등의 특별반을 운영한다. 다문화가족지원센터 또는 지자체 위탁기관에서 시행되고 있으며, 비용은 무료이다.

나. 통역 · 번역

다문화가족과 다문화가족을 직 · 간접적으로 지원하는 개인이나 기관을 대상으로 영어, 중국어, 일본어, 베트남어, 몽골어, 캄보디아어, 태국어, 네팔어 등 센터별로 1~4개 언어로 통역과 번역서비스를 지원하고 있으며, 비용은 무료이다.

다. 상담 및 사례관리

다문화가족지원센터 이용자를 대상으로 심리검사와 위기가족 긴급지원, 법률상담, 외부상담기관 연계 등 다문화가족구성원들 간의 관계 증진을 위하여 상담 및 사례관리 서비스를 제공하고 있으며, 비용은 무료이다.

라. 결혼이민자 대상 사회적응교육, 취업교육 지원

다문화가족지원센터 이용자를 대상으로 취업기초 소양교육과 취업훈련전문기관(새일센터, 워크넷 등)과의 연계, 다문화이해교육, 소비자 · 경제교육, 자조모임 등을 시행하고 있으며, 비용은 무료이다.

마. 가족교육

다문화가족지원센터 이용자를 대상으로 부부교육과 부모역할교육, 가족관계 향상 프로그램, 부부갈등해결 프로그램 등 교육프로그램을 운영하고 있으며, 비용은 무료이다.

바. 다문화가족 자녀 언어발달 지원

만 12세 이하의 다문화가족 자녀를 대상으로 언어발달을 위한 언어발달 정도를 평가하고, 언어교육과 부모 상담, 교육방법 안내 등의 서비스를 제공한다. 지원기간은 1회(6개월) 원칙이며, 비용은 무료이다.

사. 방문교육(자녀생활)

만 3~12세 이하의 다문화가족 자녀와 중도입국자녀를 대상으로 독서코칭과 숙제지도 등 자녀생활서비스를 제공한다. 지원기간은 1회(10개월) 원칙이며, 비용은 소득기준에 따라 무료이거나 차등 부담한다.

아. 다문화가족 이중언어 환경조성

영유아 자녀를 둔 다문화가족을 대상으로 가정 내 이중언어 사용을 위한 인식개선 교육과 부모-자녀의 상호작용에 대한 코칭 서비스 등을 제공하며, 비용은 무료이다.

⑶ 다누리콜센터 운영

① 사업목적

다문화가족과 이주여성을 대상으로 한국에서 필요한 생활정보부터 부부 상담이나 폭력피해 등 긴급 구조가 필요한 상황에서의 지원까지 원스톱서비스를 제공하고 있다.

② 사업대상

다문화가족, 이주여성 등이다.

③ 사업내용

한국생활에 대한 정보를 제공하고, 전문 법률자문, 3자 통화 통역 및 번역 서비스, 긴급피난처 제공 등을 365일 24시간 실시간으로 지원하고 있다(TEL. 1577-1366).

(4) 국제결혼 피해상담 및 구조

① 사업목적

국제결혼중개업체를 통하여 국제결혼을 추진 중인 대한민국의 국민 또는 결혼이민자 등이 국제결혼중개업체의 불법적인 영업행위로 인해 피해를 겪은 경우에 각종 상담과 피해 구조 및 법률지원 서비스를 제공하고 있다.

② 사업대상

국제결혼중개업체로 인한 피해자이다.

③ 사업내용

국제결혼과 관련한 피해 상담, 법률 지원, 소비자분쟁 해결기준에 따른 피해구조 등이다.

(5) 가정폭력 방지 및 피해자 지원

① 사업목적

가정폭력 피해자에게 상담, 보호, 숙식, 의료, 법률 등 지원서비스를 제공하여 건강한 사회인으로 복귀하고 자립할 수 있도록 지원한다.

② 사업대상

폭력피해 이주여성을 포함한 가정폭력 피해자이다.

③ 사업내용

- 가정폭력 피해 상담(1366센터, 가정폭력 상담소)
- 가정폭력 피해자 보호(가정폭력 피해자 보호시설): 가정폭력의 피해자를 일시보호하고 가정폭력 피해자의 신체적 · 정신적 안정과 가정복귀 지원, 자활지원 등
- 가정폭력 피해자의 치료
- 가정폭력 피해자 피해회복 및 재발 방지
- 여성폭력피해자 주거지원
- 가정폭력 피해자 대상의 상담 및 구조 등의 무료법률지원
- 폭력피해 이주여성 보호 · 지원(보호시설): 가정폭력과 성폭력, 성매매 등으로 인한 피해 이주여성과 동반아동을 일시적으로 보호하고, 의료와 법률 지원, 치료회복프로그램 및 주거 제공, 직업훈련 제공 등을 통한 인권 보호와 자립지원[표 4-6]

표 4-6 지역별 폭력피해 이주여성 보호시설(쉼터) 설치 현황('20.6.30. 기준)

구분	합계	서울	부산	대구	인천	광주	대전	울산	경기	강원	충북	충남	전북	전남	경북	경남	제주
폭력피해 이주여성 쉼터(개소)	28	4	1	2	1	1	1	1	4	1	1	1	2	3	3	1	1

출처: 여성가족부(2021).

(6) 다문화가족 방문교육사업

① 사업목적

다문화가족이 한국에서의 생활언어를 익히고 한국 문화를 이해할 수 있도록 체계적이고 단계적인 한국어교육서비스를 제공한다.

② 사업대상

언어와 문화차이 등으로 인해 자녀양육에 어려움을 겪는 결혼이민자에게는 부모교육서비스를 제공하고, 학업성취가 낮고 자아 · 정서 · 사회성 발달에서 어려움이 있는 다문화가족의 자녀에게는 자녀생활서비스를 제공한다.

③ 사업내용

- **서비스 제공시간:** 주 2회(회당 2시간) 서비스를 제공
- **서비스 제공횟수 및 기간**
  - 한국어교육서비스, 자녀생활서비스 제공횟수 및 기간: 1회(80회) 원칙, 12개월 이내
  - 부모교육서비스 제공횟수 및 기간: 1회(40회) 원칙, 생애주기별 3회 지원, 6개월 이내
  - 불가피한 경우에는 서비스 제공기간을 연장할 수 있으며, 3자녀 이상의 다자녀 가정이나 가족구성원 중 장애가 있는 가정, 한부모가정, 기초생활수급대상가정 등의 특별한 사유가 인정되는 경우에는 시 · 군 · 구청장의 승인 후 추가 1회(최대 6개월)까지 연장할 수 있다. 단, 부모교육서비스는 해당되지 않는다.

    ※ 가족구성원의 범위: 주민등록표상 세대를 같이하는 가족
- **서비스 제공 방법:** 개별 또는 그룹수업으로 진행할 수 있으나, 자녀생활서비스 그룹수업은 아동연령, 발달상태 등을 고려하여 비슷한 수준으로 구성한다.
- **서비스 내용:** 방문교육사업을 통해 한국어교육이나 부모교육, 자녀생활서비스를 제공하고, 본인부담금이 차등적용된다[표 4-7].

표 4-7 방문교육사업 내용

구분 / 영역	서비스 구분	비고
방문교육사업(한국어교육, 부모교육, 자녀생활서비스) 실시		본인부담금 차등적용

* 방문교육사업 대상자 통보서 당해년도만 유효
출처: 여성가족부(2021). 2021년 가족사업안내.

(7) 다문화가족 자녀 언어발달지원사업

① 사업목적

- 다문화가족의 자녀를 대상으로 언어발달 상태를 평가하고, 의사소통이 어려운 아동에게 적절한 언어교육을 실시하여 원만한 언어발달이 이루어지도록 한다.
- 체계적이고 전문적인 언어발달지원 서비스를 제공함으로써 다문화가족의 자녀들이 건강한 사회의 구성원으로, 더 나아가 글로벌 인재로 성장할 수 있도록 초석을 마련한다.
- 다문화가족 자녀의 언어교육뿐만 아니라, 다문화 부모를 대상으로 상담과 교육 방법을 제공함으로써 아동의 언어발달이 일상생활에서도 촉진되도록 도모한다.

② 사업대상

- 다문화가족의 만 12세 이하 자녀 중 언어평가 및 언어교육이 필요한 경우와 초등학교 재학 중인 만 12세를 초과한 아동이다.

③ 사업내용

- **다문화가족의 자녀 언어평가:** 아동에게 적합한 언어평가도구를 활용하여 아동의 언어발달 정도를 1~4회(회당 40분) 평가한다.
- **다문화가족의 자녀 언어교육:** 언어발달 평가 결과에 따라 교육이 필요한 아동을 대상으로 어휘와 구문 발달 촉진, 대화 및 사회적 의사소통 능력 향상, 읽기와 이야기하기 등의 발달 촉진을 위하여 주 2회(회당 40분) 언어교육을 실시한다.
- **부모상담 및 교육:** 언어발달지원서비스를 받는 대상자 부모를 대상으로 심리, 정서 지원, 언어 평가 및 교육 관련 상담 등을 실시하고 자녀의 언어발달을 지원하기 위하여 부모교육을 실시한다.

(8) 다문화가족 사례관리사업

① 사업목적

- 다문화가족의 복잡하고 다양한 문제들에 대한 해결과 욕구 해소를 위한 심리적 · 정서적 안정, 자립역량 강화를 위한 지원 등 맞춤형 종합서비스를 제공한다.
- 체계적인 실적관리를 통한 사례관리 사업의 지원체계를 구축하고 안정화를 도모한다.
- 양질의 사례관리 서비스를 제공하여 결혼이민자와 다문화가족이 안정적으로 사회에 정착할 수 있는 기반을 마련한다.

② 사업대상

다문화가족지원센터 회원의 가족을 대상으로 초기 상담을 거쳐 사례회의 후 대상가족을 선정한다.

③ 사업내용

위기관리가구는 1~3개월, 일반형 · 통합형관리가구는 3~12개월 동안 서비스를 지원한다. 사례관리 서비스 유형은 다음과 같다.

4) 보건복지부

(1) 외국인근로자 등 의료지원사업

① 사업대상

노숙인, 외국인근로자와 배우자 및 만 18세 미만의 자녀, 국적 취득 전 결혼이민자와 만 18세 미

표 4-8 다문화가족 사례관리 서비스 유형

위기 관리가구	가정폭력, 이혼, 자살(시도) 등의 상황적 위기로 인해 정신적 외상(트라우마)을 경험한 개인 및 가족 등
일반형 관리가구	다문화가족이 기본 가족역량은 있으나, 정보부족, 소득부족 등으로 다양한 사회서비스를 이용하지 못하는 가족(문제와 욕구의 심각성이 상대적으로 낮은 경우)
통합형 관리가구	다문화가족의 문제 및 욕구의 심각성, 복합성이 높아 통합적 접근을 요구하는 개인 및 가족, 기존의 사회서비스로는 욕구 충족이 불가능하여 새로운 내외부 자원을 발굴 · 연계해야 하는 가족 등 사례 관리 개입 효과가 다문화가족에 국한하는 것이 아닌 지역사회의 역량강화와 사회제도의 변화를 이끌어내는 데 초점을 두는 사례

출처: 여성가족부(2021). 2021년 가족사업안내.

만의 자녀, 난민과 만 18세 미만의 자녀 중 건강보험이나 의료급여 등 각종 의료보장제도 혜택을 받을 수 없는 국내 거주 외국인이 해당된다. 노숙인의 경우에는 내국인이 대상이다.

② 시행주체

가. 직접 시행주체: 국립중앙의료원, 지방의료원, 적십자병원

나. 간접 시행주체 및 역할

- 시 · 도 및 시 · 군 · 구: 예산집행, 사업시행 의료기관을 관리
- 읍 · 면 · 동사무소 및 보건(지)소: 대상자를 의료기관에 의뢰
- 라파엘클리닉(이주노동자 무료진료소) 등 각종 의료지원서비스 단체 및 출입국관리사무소 등: 대상자를 사업시행 의료기관에 의뢰

③ 사업 내용

- 건강보험, 의료급여 등의 의료보장제도의 지원대상이 아닌 외국인근로자 등이 입원이나 수술이 필요한 경우 의료비를 지원하며, 원칙적으로 외래진료는 지원대상이 아니다. 단, 산전 진찰과 만 18세 미만 자녀의 외래진료는 지원이 가능하다.
- 지원대상자 선정 기준에 부합하지 않은 소외계층을 위하여 의료지원이 필요한 경우에는 민간단체의 외국인근로자 등 의료지원 관련 사업현황을 참고하여 관련기관이나 단체에 적절하게 연계할 수 있다.
- 교통사고나 폭행 등 가해로 인해서 상해가 발생한 경우에는 지원대상자 선정에서 제외한다. 단, 가정폭력으로 인한 경우에는 지원대상자로 포함된다.

④ 지원범위

- 입원 및 당일 외래 수술을 포함한 수술 시 의료지원이 가능하다. 다만, 입원 또는 수술과 연계되는 사전과 사후 외래진료는 각 3회만 인정되고, 사업을 시행하는 의료기관 내에서 이루어진 행위에 대해서만 인정한다.
- 산전 진찰 시에는 보건복지부 고시에 의한 요양급여 대상에 해당되는 검사 및 초음파에 대한 지원이 가능하다.

⑤ 지원비용

- 입원 시부터 퇴원 시까지 발생한 총 진료비 중 90%를 지원하고 10%는 본인이 부담하며, 1회당 500만 원 범위 내에서 지원할 수 있다.

- 1회당 총 진료비가 500만 원을 초과할 경우에는 의사 2인 이상으로 구성된 의료기관의 자체심의를 거쳐 총 진료비 초과사유서를 시 · 도에 제출할 수 있고, 연간 지원 횟수 제한은 없다.

국내 이주민을 위한 정책으로는 현재 제3차 외국인 정책 기본계획(재한외국인처우기본법), 다문화가족정책(다문화가족지원법), 이주인권가이드라인(국가인권위원회)이 있으며, 이들의 응급의료권 인정, 내국인 보호 차원의 감염병 예방, 합법체류 이주민에 대한 건강권 보장을 위한 제도가 마련되어 지원하고 있다[표 4-9].

표 4-9 이주민 건강관련 법제도

주요권리	법 또는 제도	내용
사회보장	국민건강보험법	제109조 (외국인 등에 대한 특례) 가입자격 부여
응급 의료권	응급의료에 관한 법률	제3조 (응급의료를 받을 권리) 국내에 체류하는 외국인도 동일 적용 “모든 국민은 성별, 나이, 민족, 종교, 사회적 신분 또는 경제적 사정 등을 이유로 차별받지 아니하고 응급의료를 받을 권리를 가진다. 국내에 체류하고 있는 외국인도 또한 같다.”
	보건의료기본법	제30조 (응급의료체계) 외국인 포함 응급의료체계 마련 “국가와 지방자치단체는 모든 국민(국내에 체류하고 있는 외국인을 포함한다)이 응급 상황에서 신속하고 적절한 응급의료서비스를 받을 수 있도록 응급의료체계를 마련하여야 한다.” 〈개정 2013. 6. 4.〉
감염병 예방	후천성면역결핍증 예방법	제8조 검진 외국인장기체류자 입국전 1개월 발급된 후천성면역결핍증 음성확인서 제출 혹은 72시간 내 검진
	2019 HIV/AIDS 관리지침	외국인감염인에 대한 진료비 지원은 건강보험 가입자로 ‘감염인 번호’가 부여된 자만 해당
	결핵예방법	제3조 제1항 결핵환자 조기발견, 치료, 결핵 퇴치를 위한 조사, 연구 등 수행
	2019 결핵관리지침	• 입원명령 실시 가능 외국인 범위: 장기체류 외국인 또는 ‘중점관리대상자’ 중 ‘강제퇴거대상자’ • 외국인 결핵검진 대상 중 의무적용 제외 대상: 만 6세 미만 소아, 임신부, 특정한 체류자격 소지자(외교(A-1), 공무(A-2), 협정(A-3))

-계속

표 4-9 이주민 건강관련 법제도

주요권리	법 또는 제도	내용
감염병 예방	2019 결핵관리지침	• 외국인에 대해서는 결핵검진과 중점관리(입국금지) 등록을 통해 관리, 결핵고 위험국가 국적자 대상 국내 입국 전 장기사증 신청 시 또는 국내 체류 중 체류자격 변경 및 연장 신청 시 의무화

출처: 김미선(2020). 취약계층 이주민 의료보장을 위한 국가와 사회의 의무.

(2) 결혼이민자 대상 사회보장제도

우리나라의 사회보장제도는 공공부조 형태로 국민기초생활보장제도, 장애인연금제도, 긴급복지지원, 기초노령연금이 있고, 사회보험 형태로는 국민건강보험제도, 국민연금제도, 노인장기요양보험제도가 시행되고 있다. 결혼이민자를 대상으로도 동일한 제도가 지원기준만 달리하여 적용되고 있으나, 장애인연금제도는 지원대상에서 제외되고 있다[표 4-10].

표 4-10 결혼이민자 대상 사회보장제도

구분	제도	국민에 대한 지원기준	결혼이민자에 대한 지원기준
공공부조	국민기초 생활보장	부양의무자 기준 및 소득 · 재산 기준	미성년자녀 양육 등 가구유형에 따라 지원 결정
	장애인연금	만 18세 이상 등록한 중증장애인 중 소득하위 70% 이하	지원대상 아님
공공부조	긴급복지 지원	소득 · 재산 기준	대한민국국민과 혼인 중인 경우 지원, 이혼 · 사별한 경우 대한민국 국적의 직계존비속을 돌보는 경우 지원
	기초노령 연금	만 65세 이상 소득하위 70% 이하	혼인신고 후 2년이 경과하지 않은 외국국적 배우자
사회보험	국민건강 보험	국민은 가입자 또는 피부양자가 됨	직장 및 지역가입자: 외국인등록자, 국내거소신고자
	국민연금	만 18세 이상 60세 미만인 자	외국인도 국민연금 당연가입 원칙이나 외국인의 본국법이 우리나라 국민에게 적용되지 않으면 상호주의 적용
	노인장기 요양보험	65세 이상 등 6개월 이상 일상생활을 수행하기 어려운 자 중 장기요양 등급을 받은 자	외국인 중 국민건강보험가입자

출처: 보건복지부(2018). 다문화가족정책 추진실태 감사보고서.

5) 교육부

(1) 다문화 중점학교 운영

다문화 중점학교는 학교현장에서의 다문화 감수성 제고를 위하여 교육과정을 통해 모든 학생을 대상으로 다문화교육을 실시하는 것으로, 2017년부터 운영되기 시작하여 2018년에는 318개교에서 실시되었다. 다문화 중점학교 운영 시의 대상자는 다문화 중점학교에 재학 중인 모든 초 · 중 · 고 학생이며, 학교별로 사회와 도덕 등 관련 교과와 연계한 교육 실시, 세계인의 날(5월 20일)과 연계한 학교행사 개최, 다문화동아리 운영 등 다양한 방법을 통해 다문화교육을 실시하고 있다.

(2) 다문화 예비학교 운영

다문화 예비학교는 중도입국학생 등을 대상으로 한국어 및 한국문화에 대한 집중교육을 제공하여 공교육 진입과 학교생활 적응을 돕기 위한 사업으로, 2017년 165개교 179학급에서 운영되었다. 아울러 중도입국학생 등이 다문화 예비학교가 아닌 다른 학교에 편입학할 경우 시 · 도교육청(지역다문화교육지원센터) 또는 거점 예비학교에서 '찾아가는 예비학교'를 15개 시 · 도에서 운영하여 한국어교육을 지원하였다.

(3) 다문화 유치원 운영

다문화 유치원은 다문화 유아를 대상으로 언어 및 기초학습 등을 강화시킴으로써 취학 전에 동등한 출발점을 보장하기 위하여 2015년부터 시작된 사업으로, 2017년에는 116개원이 운영되었다.

(4) 한국어 교육과정 운영

다문화 배경을 가진 학생들이 학교생활에 잘 적응하고 한국 사회의 구성원으로 성장하도록 하기 위하여 일정 수준의 한국어 의사소통 능력이 필요하다. 이를 위하여 한국어 교육과정이 2012년에 도입되었다. 또한 2017년 교육과정 개정을 통해 학교에서 행해지는 한국어 교육 활동에 대한 공통적이고 일반적인 기준을 제시하였고, 수업상황이나 교과학습에 필요한 한국어 및 교과목 학습을 돕기 위한 교과별 어휘로 세분화시켰는데, 이는 2019년부터 초 · 중 · 고등학교 현장에서 적용되고 있다. 이는 중도입국 학생과 외국인학생 등 한국어를 활용한 의사소통 능력이 부족한 학생들을 대상으로 한국어와 한국문화에 대한 집중교육을 제공하는 '다문화 예비학교'에서의 정규 교육과정으로 운영되고 있다.

6) 행정안전부

(1) 다문화이주민+센터

'다문화이주민+센터'는 한국어교육과 상담, 통번역 등 적응을 지원하는 서비스, 그리고 출입국 체류관리와 고용허가와 관련된 행정민원 서비스를 통합하여 한 곳에서 제공하는 '다수부처 협업 모델'이다. 즉 다문화가족과 외국인이 정부 서비스를 한 곳에서 받을 수 있도록 중앙 · 지자체 · 민간이 협력하여 협업체계를 구축하고 있으며, 법무부의 출입국관리사무소, 여성가족부의 다문화가족지원센터, 고용노동부의 외국인력지원센터 · 고용센터, 행정안전부의 지자체별 외국인 지원센터 등이 관여하고 있다. '다문화이주민+센터'는 2017년 충남 아산시에 최초로 개설되어 2019년에는 18개 지역에서 설치 · 운영되고 있으며, 2020년에는 서울 성동구와 은평구, 충북 음성군과 전남 광양시 등 4개 지역에 추가로 설치되었다. 이를 통해 이주여성과 외국인근로자, 그리고 외국인 고용사업주 등에게 맞춤형 서비스를 제공하면서 이용자 편의를 증대시키고 있다[그림 4-5].

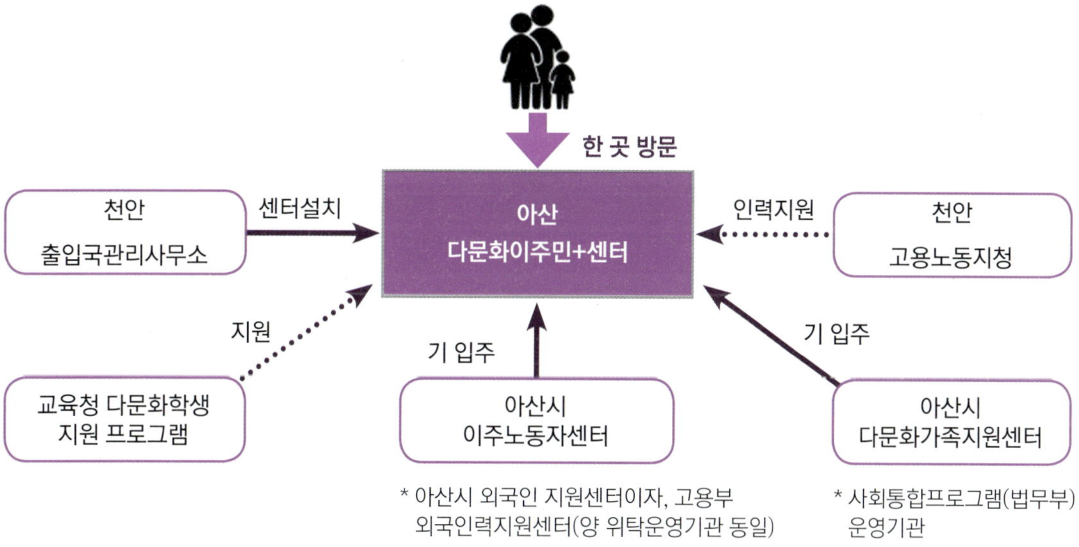

그림 4-5 다문화이주민+센터 예시

출처: 행정안전부 보도자료(2020). 다문화이주민+센터 예시(충남 아산시 공간통합형).

(2) 외국인주민 대상 민원서비스 운영

외국인주민이 필요로 하는 주요 민원은 가족관계등록과 관련된 5종(혼인, 출생, 이혼, 개명, 창설신고)과 체류지 변경, 출입국사실증명서 등 각종 제증명 발급, 여권 발급 등이며, 민원의 종류는 지자체별 또는 국적별 분포나 입국목적에 따라 차이가 있다. 예를 들어 농어촌 지역에서는 국제결혼 등에 따른 가족관계등록 관련 민원이 주를 이루고 있고, 중소기업체 밀집지역에서는 체류지 변경 등 제증명 관련민원에 대한 수요가 다수 발생하고 있다. 행정안전부에서는 외국인주민의 민원업무에 대한 통역서비스를 전국 243개 지자체 중 49개 기관(20%)에서 제공하고 있고, 민원서식 번역본을 54개 기관에서 제공하고 있다. 또한 일부 지자체에서는 생활쓰레기 배출이나 지방세 납부방법 등 생활정보안내를 위한 번역본 서비스를 제공하고 있다.

7) 문화체육관광부

문화체육관광부와 국립국어원, 법무부는 국내 외국인을 위한 한국어 교재 「사회통합프로그램 한국어와 한국문화」를 2020년에 출판하였다. 이 교재는 한국어 확산 정책의 주관부처인 문화체육관광부와 국내 외국인 정책을 총괄하는 법무부 간의 실질적인 협력의 결과물이라는 의의가 있다. 「사회통합프로그램 한국어와 한국문화」는 2021년 1월부터 법무부의 사회통합프로그램인 '한국어와 한국문화' 과정의 기본 교재로도 사용되고 있다.

요약정리

1. 국내거주 외국인의 안정적인 삶을 지원하고 사회통합을 도모하기 위하여 관련 법을 제정하고 다양한 정책을 시행하고 있다.
2. 다문화 관련 정책을 위하여 법무부, 고용노동부, 여성가족부, 보건복지부, 교육부, 행정안전부, 문화체육관광부 등 정부 부처들이 관여하고 있다.

생각해 보기

1. 다문화가족에서 발생하고 있는 최근의 사회적인 이슈를 생각해 보자.
2. 외국인근로자의 처우개선이 필요한 사례는 무엇인지 생각해 보자.

5

이민자 나라별 문화의 이해

학습 목표

1. 이민자 나라(중국, 베트남, 태국, 우즈베키스탄, 필리핀, 캄보디아, 일본)의 문화에 대해 설명할 수 있다.
2. 이민자의 특성에 대해 다양하고 통합적으로 설명할 수 있다.

용어 정의

- **이민자 나라별 문화:** 나라별 사고방식과 음식 등 한 사회의 구성원들이 주어진 환경에 적응하면서 만들어 온 그 사회의 공통된 생활양식

우리나라에 거주하는 외국인 주민 수는 2019년 11월 1일 기준으로 222만 명으로, 총인구 대비 4.3%에 이르는 것으로 나타났다. 통계청의 인구주택 총조사 자료를 활용하여 발표한 『2019 지방자치단체 외국인주민 현황(2019.11.1. 기준)』에 따르면, 우리나라에 거주하는 한국국적을 가지지 않은 자 · 한국국적 취득자 · 외국인 주민 자녀(이하 '외국인주민')는 모두 221만 6,612명인 것으로 조사됐다. 주요 국적별로는 중국 출신이 42.6%(757,037명)를 차지하고 있으며, 베트남(11.1%), 태국(10.2%), 미국(4.4%),우즈베키스탄(3.5%), 필리핀(2.8%), 캄보디아(2.6%) 등의 순으로 나타났다.

이 장에서는 외국인 주민의 비율이 높은 나라를 중심으로 그 나라의 문화를 알아보고자 한다. 그 중 특히 미국은 우리에게 매우 익숙한 나라로 따로 설명하지 않기로 한다. 문화의 일반적인 특성인 보편성, 특수성, 다양성의 측면에서 각 나라의 문화에 대해 역사, 음식 및 음악, 사고방식 등에 대해 이해해 보자.

1 중국

1) 개요

중국은 아시아의 동쪽에 위치하며, BC 770~221년 춘추전국시대로 시작하여 1949년 중화인민공화국으로 변경되어 시작되었다. 수도는 북경이며, 인구는 약 13억 7,354만 명(대만, 홍콩,마카오 제외)이며, 국토 면적은 약 960만km^2 (한반도의 약 44배, 세계 3위)이다. 인구는 한족(91.5%) 및 55개 소수민족(8.5%), 조선족(183만 여 명)이다. 중국에서 사용하는 언어는 북경어가 기본이다.

중국의 내륙 국경선은 북한, 러시아, 몽고, 카자흐스탄, 키르기스스탄, 타지키스탄, 아프가니스탄,인도, 네팔, 부탄, 시킴, 미얀마, 라오스, 베트남 등 15개국과 접경을 이루고 있다. 지형적으로는 남북으로 넓어 적도, 열대, 아열대, 난온대, 온대, 아한대 등 6대 기후대가 나타나며 가장 큰 특징은 대륙의 기온차가 해양의 기온차보다 큰 대륙성 기후이다.

2) 사고방식

중국인은 유교, 도교, 불교, 기독교 및 민간신앙을 개별적으로가 아니라 하나의 사상체계로 융합하여 수용한다. 중국은 제자백가로 전해지는 여러 사상과 도교 그리고 외래 종교인 불교와 이슬람과 기독교 등이 오랜 역사 동안 혼합되어 존재해왔다. 그들은 일상적인 삶속에서 공자나 맹자 등을 언급하기 좋아하나 완전히 유교사상에 기인한 삶을 살지는 않는다.

중국인은 근엄하고 검소하기보다는 근면하고 부귀한 것을 좋아한다. 공공생활 차원에서는 유교적 규범을 강조하면서도 개인적으로는 내밀한 세속적 욕망을 이루고자 도교와 불교의 신앙에 의존한다. 중국인 가정에는 유교경전의 구절과 부자가 되는 복이 들어오라는 글자의 조합이 부적처럼 붙어 있는 모습이 쉽게 볼 수 있다.

근현세적 변화 속에서 유교는 공공규범으로 오랫동안 자리를 잡아왔다. 그러나 가족구성이나 규범은 유교에 바탕을 두면서 가족이 도모하는 목적인 건강, 재수, 복록 등에 대한 성취는 도교에 의존한다. 중국인의 삶에 영 향을 준 것은 유교의 위계질서와 같은 수직관계와 도교의 수평적인 동등관계를 필요로 한 것이다.

일반적인 생활 속에서 중국인들은 8자를 좋아한다. 8의 중국어 발음이 ba (빠)인데 이는 '돈을 벌다' '재산을 모으다'라는 뜻을 가진 단어 發 (fa)의 발음과 비슷하기 때문이라고 한다. 그러나 중국인들이 가장 좋아하는 숫자는 6이다. 6은 중국어로 이루라고 읽는데 '순조롭다' 뜻을 가진 류(溜)와 발음이 같기 때문이다. 중국어 성어에 '육육대순(六六大顺)' 6자가 둘 겹친 것처럼 크게 순조롭다는 말이 있는데 상대에게 축하의 말을 건널 때 자주 쓰이는 말이다. 숫자 9도 중국인들은 매우 좋아하는 숫자이다. 그러나 숫자 4는 싫어하는 숫자이다. 또한 중국인들이 좋아하는 색은 붉은색이며 중국에서 붉은색은 태양과 즐거움, 경사의 상징이기 때문이다. 중국에서는 반찬이나 음식을 남기는 것이 초대한 주인에 대한 예의이다(다 먹어버리면 '너무 부족했어요'라는 뜻). 음식을 먹는 중 생선을 뒤집으면 배가 뒤집히는 것과 같은 뜻으로 불길함을 의미한다. 또한 종이 달린 괘종시계는 '끝낸다'와 '죽음'의 의미가 있으므로 선물로는 싫어하는 품목임을 기억해야 한다.

3) 음식

음식문화로는 넓은 지형 및 다양한 기후가 중국요리에 많은 영향을 주었으며, 넓은 영토에 거주하는 많고 다양한 인구만큼이나 음식재료나 요리법이 다양하고 풍부하여 특색 있는 요리가 많이 발달했다. 중국에는 사천요리, 광동요리, 강소요리, 복건요리, 절강요리, 호남요리, 안위요리, 산동요리의 8내 요리가 있다. 대체로 중국음식은 기름을 많이 사용하는 편이다. 조미료와 향신료의 종류도 다양해서 다양한 요리가 가능하며 기름을 사용하여 볶는 요리가 많기 때문에 센 불에서 빠르게 볶아 영양소 손실을 줄이는 합리적인 요리가 많다.

중국음식의 지역적 구분은 크게 양쯔강을 기준으로 북방 요리와 남방 요리로 구분을 하는데 남방요리는 주로 쌀로 만든 음식을 주식으로 하고 찹쌀이나 채소, 탕과 같은 반찬을 함께 먹는다. 그리고 콩을 원료로 만든 순두부나 콩국과 같은 간편식을 개발하여 매번 요리하는 번거로움을 줄이고 있다. 북방요리와 커다란 차이는 남쪽이 바다와 강에서 많이 나는 해산물과 담수어를 이용한 음식이 다양하다는 것이다. 이와는 달리 북방요리는 주로 밀로 주식은 만터우, 젠빙, 바오쯔, 화쥐안, 차오쯔 등의 말가루 음식이다. 베이징이나 칭다오, 텐진과 같은 대도 시의 가정에서는 아침에 집근처의 가게에서 긴 꽈배기 모양의 요우타오와 바오쯔 등을 사서 먹는다. 또한 중국 요리는 동서남북의 4분법으로 나누기도 하는데 이 기준을 맛으로 나눈다면 동쪽요리는 신맛, 서쪽요리는 매운 맛, 남쪽요리는 단맛, 북쪽요리는 짠맛이라 할 수 있다. 대표적인 요리의 특징을 요약하면 다음과 같다[표 5-1].

표 5-1 중국의 대표적인 4대 요리

구분	북경	상해	광동	사천
개요	황허강을 중심으로 발달한 요리. 정치, 문화의 중심지로 화려하고 사치스런 음식 문화	중국 중부지방의 대표요리. 양쯔강 유역의 해산물과 쌀을 바탕으로 중국식 간장을 사용. 조리방법이 섬세하고 맛이 독특	남부지방의 대표요리. 서양의 요리법이 결합되어 독특한 특성. 음식문화가 가장 발달한 지역으로 모든 생물이 요리의 원료로 사용 (뱀, 곤충 등)	산악지대에 위치. 바다가 멀고 더위와 추위가 심한 지역. 분지지역으로 티베트와 가까움. 고온다습하고 햇빛이 적어 풍토병이 쉬움-고추의 매운맛으로 열을 보충
특징	한랭한 지역으로 칼로리가 높은 육류 중심 요리. 튀김요리와 볶음요리. 재료 본래의 맛을 중시-베이징 카오야 요리	양념을 적게 사용. 재료본래의 맛을 살림. 기름기가 많지만 맛이 담백하고 진한 것이 특징-상하이 따자시에 요리	남쪽의 더운 지방으로 재료의 자연의 맛을 살린 담백함이 특징. 향기롭고 개운하고 부드럽고 미끄러운 것이 특징-광동 딤섬 요리	맵고 강한 향신료를 많이 사용. 향신료와 소금을 사용하여 음식을 건조하게 하는 것이 특징-사천 훠궈 요리

출처: 출입국 · 외국인정책 통계월보 2020년 5월호.

2 베트남

1) 개요

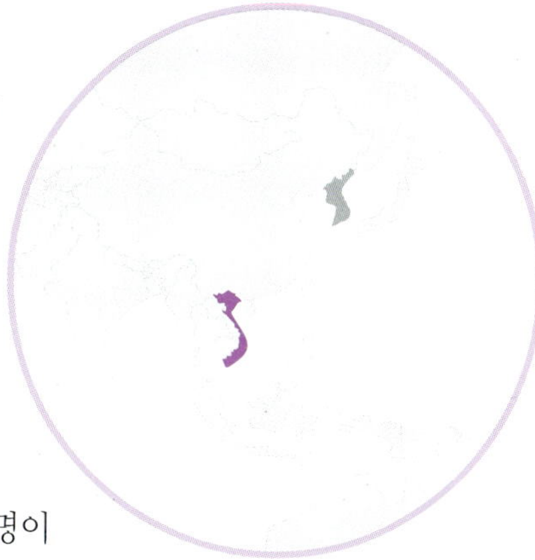

베트남은 동남아시아 인도차이나 반도 가장 동쪽에 위치한 국가이다. BC 7세기에 최초의 국가인 반랑국을 건국(BC 9세기), 중국의 식민지가 되기도 하고, 1975년 공산화로 통일되었다. 1976년 국호를 '베트남 사회주의 공화국'으로 결정하고, 1986년 시장경제를 기초로 하는 경재 개혁을 전면적으로 추진하였다.

수도는 하노이이며 홍강 기슭에 위치해 있다. 인구는 721만 명이 살고 있으며 전체 인구는 9,610만 명으로 추산된다. 국토면적은 한반도의 1.5배인 330,341Km^{2}이며 북쪽으로는 중국, 서쪽으로는 라오스 및 캄보디아와 국경을 접하고, 동쪽과 남쪽으로는 남중국해에 접해 있다. 전 국토의 75%가 산악지대이다. 민족구성은 베트남족이 87%를 차지하며 그 외 54개 소수민족으로 이루어져 있다. 종교는 불교(12%), 가톨릭(7%)이며, 언어는 베트남어를 사용한다. 베트남 북쪽은 산지이며 사계절이 확실히 구분되며, 남쪽은 쌀농사를 많이 하며 우기와 건기의 두 계절이 있다.

지하자원, 에너지, 삼림, 인적 자원이 풍부한 장점을 가지고 있으며 베트남의 열대 및 아열대 삼림은 보배이다. 대표적인 수자원으로는 연간유출량이 1,200억 톤에 달하는 북부의 홍강과 5,500억 톤에 달하는 남부의 메콩강이 있다.

2) 사고방식

베트남은 원래 종교의 자유가 있었던 나라이다. 중국에서 들어온 불교, 유교, 도교의 영향을 받았다. 베트남인은 유교의 영향으로 노인공경과 조상을 모시는 효도정신이 매우 강하다. 그리고 사회주의 국가 형태를 갖는 정치적 특징이 있다. 베트남인은 스스로 근면, 성실, 인내, 친절, 용기를 갖추고 있다고 생각하며 외세에 굴복하지 않은 역사를 지닌 나라라는 자부심이 강하다. 정이 많고 마음이 여린 편이며, 정서에 호소하거나 부탁하는 것에 대해 단호하게 거절 못하는 편이고, 폭력적이거나 과격한 언행에 불편해하거나 두려워하는 경향이 있다. 또한 그들은 잘못했다는 말을 하지 않으며 실수를 했을 때 사과, 실수 인정보다는 여러 가지 변명을 늘어놓거나 미소를 지으며 '미안하다'고 한다. 끝까지 체면을 유지하려는 습성 때문이다.

짝수를 좋아해 물건을 살 때나 사진을 찍을 때도 짝수를 맞추어 하려 한다. 숫자 9를 제일 좋아하며, 13은 액운의 상징, 숫자 5는 위험하다고 생각한다.

베트남인은 지식과 배움에 대한 열망이 높고 가족에 대한 헌신을 중요하게 생각한다.

죽음에 대한 의식과 관습은 베트남인의 생활에 깊이 배어 있다. 죽음이나 질병은 정상 삶의 주기의 일부로 받아들이며 지금까지의 행동의 결과로 조용히 받아들이고 처리해야 하는 것으로 인식한다. 특히 효와 가정에 충실해야 하는 것은 죽음 뒤에서 계속되어야 하는 의무이며 돌아가신 어른을 추모하는 것은 매우 중요하다.

3) 음식

베트남 속담에 '먹는 것이 있어야 도(道)를 논할 수 있다'는 물질적인 여유가 있어야 정신적인 문제를 논할 수 있다는 말이다. 또 '하늘이 벌을 내릴 일이 있어도 식사 때는 피한다' 는 속담이 의미하는 것과 같이 하늘도 먹는 권리는 침범하지 못한다고 생각하고 있다. 이와 같이 베트남인들은 먹는 일이 모든 행동에 우선한다고 본다. 먹고 마신다, 먹고 놀다, 먹고 살다 등 먹는다는 말과 결합된 수많은 단어들이 만들어져 있는 것을 보아도 알 수 있다.

베트남의 음식문화는 고유한 베트남 문화에 중국문화, 인도문화의 영향을 받았고, 19세기 말 프랑스의 식민지가 되면서 서구문화의 영향을 받았다. 젓가락을 사용하거나 깊숙한 프라이팬에 음식을 튀겨먹는 풍습은 중국에서, 서구식빵이나 커피를 마시는 것은 프랑스의 영향을 받은 것이다. 중국에 비하면 기름기가 없어 담백하고 다양한 향신료를 쓰는 태국음식보다는 약하다. 베트남 음식은 쌀과 면이 주식이며, 특히 면 가운데서 퍼(Pho)라고 부르는 쌀로 만든 우동은 베트남의 대표적인 쌀국수이다. 베트남 음식은 주식과 부식의 구별이 뚜렷하다. 쌀국수나 쌀로 만든 쌈을 이용한 음식이 많다. 채소나 어패류를 많이 사용하며 숟가락과 젓가락을 모두 사용한다. 베트남의 주된 양념은 장류이다. 생선을 발효시켜 만든 어장인 느억맘(noucman)을 중요 양념으로 사용한다.

3 태국

1) 개요

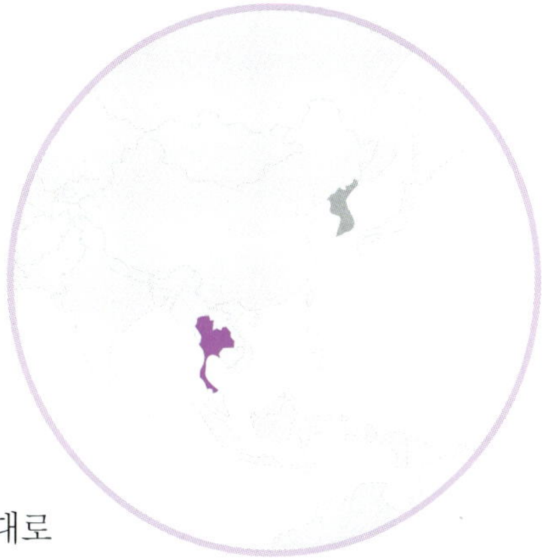

태국의 수도는 방콕이며 인구는 약 7,060만 명으로 태국인, 중국인이 대부분이고 그밖에, 말레이시아, 라오스, 인디언, 그리고 미얀마인들이 차지하고 있다. 공식어는 태국어이지만 상업영어도 통상적인 언어로 사용되고 있다. 동남아시아의 중심부에 위치하고 있고 인도차이나, 미얀마, 중국남부지역으로부터 gateway 역할을 하고 있다. 총면적은 약 513,115Km^{2}로 프랑스와 비슷하며 남한 면적의 5배이다. 국토의 28%가 삼림지대로 이루어져 있으며 약 41%는 경작지로 구성되어 있다. 태국의 기후는 3개의 계절로 나뉜 열대기후의 나라이다.

태국의 국교는 불교로 전체 인구의 90% 이상 차지한다. 불교에 대한 신앙심은 대단하다. 그 외 남쪽 지역민들의 이슬람교를 비롯 힌두교와 기독교 등의 종교를 가진 사람들도 있다.

태국은 한번도 외세의 지배를 받지 않은 국왕을 국가의 수반으로 하는 입헌군주제 국가이며 국왕이 중요시되는 국가이다. 13세기 중엽 이후 여러 종족과 문화가 태국으로 유입되었는데 태국인은 새로운 문화를 거부하지 않고 자신들의 고유한 문화를 절충시키며 공존해왔다.

언어는 태국의 공용어로 타이어는 크메르족과 몬족의 언어가 섞여서 만들어졌다.

2) 사고방식

태국은 오랜 세월동안 주변국 침략과 지배를 받으며 독립을 지켜온 나라로 국가와 국민에 대한 사랑과 애착이 강한 나라이다. 태국은 미소의 나라이다. 미소는 상대에게 예의를 표하는 것이며, 상대를 수용한다는 뜻이다. 남에게 몸을 보이는 것을 싫어해 공중목용탕에 가는 것을 싫어하며 혼자 샤워를 한다. 발로 사람이나 물건을 가리키는 행동은 무례한 행동으로 여긴다. 차분한 성격으로 평소에 화를 내지 않으며 지나치게 모욕을 주거나 화가 나게 하는 행동은 주의해야 한다.

태국인에게 불교 교리는 선악을 판단하는 도덕과 윤리의 기준이며, 승려는 부처의 대행자로 절대적인 권력을 가진다. 불교사원은 교육기관이나 사회복지기관의 역할 외에도 공간적 · 심리적으로 가장 가까운 마음의 안식처이자 태국인의 생의 종착지라고 인식하고 있다.

3) 음식

태국인들은 일반적으로 날생선(회)을 먹지 않으며 대부분 불교를 믿으므로 소고기를 먹지 않는다. 태국음식은 세계 6대 요리 중 하나이며 향신료를 자유롭게 사용하여 그 독특한 맛이 유명하다. 태국 고유의 특징을 살리면서 주변국의 요리법과 잘 융합하여 섬세하고 조합된 음식을 만들고 있다. 인도의 영향으로 카레를, 중국의 영향으로 쌀국수와 만두 및 다양한 볶음요리가 있다. 태국 음식은 풍부한 식재료로 맵고, 시고, 달고, 짠 특유의 강렬한 맛을 낸다. 세계 3대 스프 중 하나인 똠얌꿍(Tom Yam Kung)이 대표적이다.

4 우즈베키스탄

1) 개요

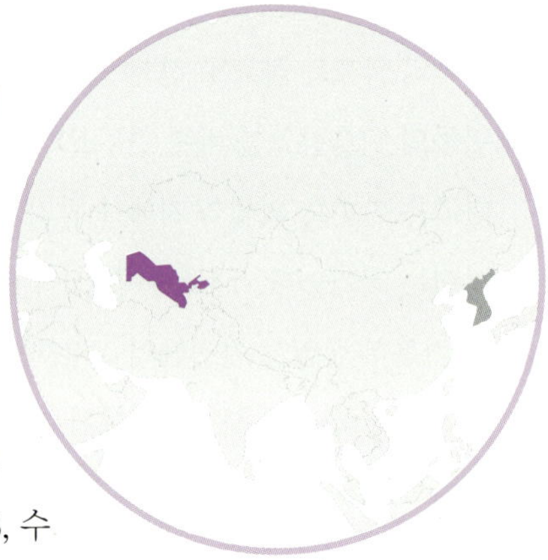

14세기에 티무르 왕조로 시작하여 1875년 러시아통치시대를 거쳐 1924년에 소련에 병합되고 1991년 소비에트 연방에서 독립하였다. 수도는 타슈켄트이며 약 250만 명이 거주하며 전체 인구는 약 3,220만 명이다. 한반도의 약 2배인 447,4000km^{2}이며, 민족은 우즈베키스탄(80%), 러시아(5.5%), 그 외 소수민족으로 구성되어 있다. 약 130개의 민족으로 구성된 다민족 국가라고 할만큼 소수민족이 많다. 종교는 이슬람교(88%, 수니파 70%), 러시아정교(9%) 등이며, 언어는 민족 간의 소통언어로는 공용어로 러시아어를 사용하며 우즈베키스탄어를 사용하고 있다.

우즈베키스탄은 중앙아시아 중부에 있는 내륙국이다. 동쪽은 키르기스스탄과 타지키스탄, 남쪽은 아프가니스탄, 남서쪽은 투르크메니스탄, 북쪽과 북서쪽은 카자흐스탄과 국경을 접하며 북서쪽 일부는 아랄해에 면한다. 국토의 대분분이 저평한 지대로 북서부와 중앙부에 넓은 초원지대가 펼쳐져 있다. 기후는 사막형 대륙성 기후에 속하며 국토 대부분이 연중 건조하다. 여름은 건기로 길며 열대 공기의 영향으로 매우 뜨겁고 비가 거의 내리지 않는다. 겨울에는 우기로 비와 눈이 자주 내리며 습도가 높고 매우 춥다.

2) 사고방식

우즈베키스탄은 고대에 조로아스터교와 불교의 영향을 받았으나 8~9세기 아랍 침략 이후 이슬람화되어 국민의 80%가 무슬림이다.

시와 노래를 즐기는 민족으로서 '시와 노래 없이는 살 수 없다'는 격언이 전래될 정도로 시와 노래를 좋아한다. 가족중심의 생활을 하며 노인과 부모를 공경하는 예절을 지키고 있으며 가부장제하에 남아선호 사상 등이 남아 있다. 이웃과 상조하는 풍습이 있으며 손님접대 또한 극진하다. 결혼식은 더위를 피해 주로 새벽에 하는데 성대한 음식과 음악이 있는 피로연을 즐긴다. 장례식은 최근 이슬람식으로 복원하는 추세이다.

'바자르'라 불리는 노천시장은 의사소통의 장으로 기능하며 우즈벡인의 대표적인 놀이가 '시장에서 시간 보내기'일 정도로 우즈베키스탄에서의 시장은 생활에서 많은 부분을 차지하고 있다.

3) 음식

우즈베키스탄인은 사막이나 건조한 초원지대가 발달한 곳에 살기 때문에 반 유목민족의 성향을 가지고 있다. 전통음식의 조리법이 간단하며 고기와 야채를 주 재료로 사용한다.

주식은 '리뾰쉬까'라고 하는 밀로 만든 빵에 과일 잼, 버터, 치즈나 간단한 샐러드와 함께 먹으며, 양고기, 소고기, 닭고기 및 채소류이며 식사 때마다 차(홍차)와 스프를 먹는다. 무슬림 전통에 따라 돼지고기를 먹지 않으며 대신 양고기와 소고기나 닭고기를 즐겨먹는다. 특히 양 우유를 발효시킨 '끼피르(끼슬라에말라꼬)'를 자주 먹는데 요거트와 다르게 독한 향이 난다.

우즈베키스탄인의 최고 음식은 '쿨다크'라는 감자와 양파를 다지고 잘게 썬 양고기나 말고기로 버무려 주먹만 하게 만들어 삶은 뒤 꿀이나 설탕에 찍어 먹는 음식이다. 과일은 풍부하여 수박, 메론, 석류, 사과, 배 등이 많으며 내륙국가이므로 해산물, 생선류는 없다.

5 필리핀

1) 개요

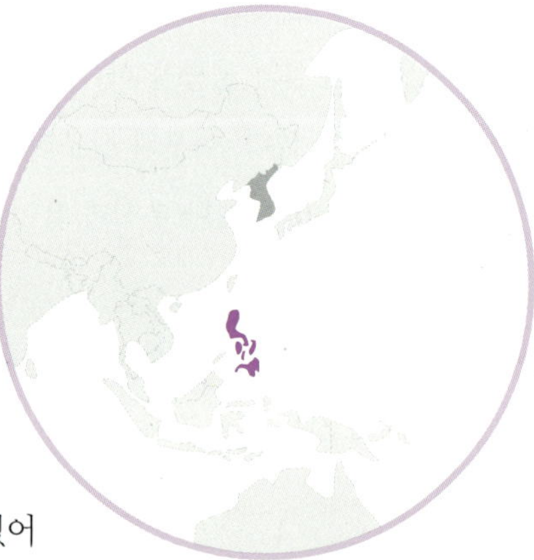

BC 4세기 말레이 인종 이주로 건국되어 1571년 스페인 및 영국의 지배를 받고, 1898년 필리핀공화국 선포하면서 미국의 지배를 받았으며, 1946년 필리핀 독립 이후 현재민주화를 이루었다. 아시아 대륙의 동남쪽에 위치한 섬 나라로 약 7,000여 개의 섬으로 이루어져 있으며 태평양에 둘러싸여 있으며 동쪽은 필리핀해, 남쪽은 셀레베스 해, 남서쪽은 슬루해, 서쪽은 남중국해와 접하고 있다. 필리핀은 환태평양 조산대에 위치하고 있어 평소 지진과 태풍이 많이 발생한다. 수도는 마닐라이며(인구 1,145만 명) 총인구는 1억 350만 명이다. 국토면적은 한반도의 1.3배인 300,400Km^{2}이며 민족은 말레이계가 주종이며 중국, 미국, 스페인계 혼혈이 많다. 종교는 가톨릭이 83%이며 개신교, 이슬람교, 기타로 구성되어 있다. 언어는 타갈로그어와 영어를 사용하고 있다.

기후는 열대성이며, 몬순과 태풍의 영향을 많이 받는다. 연중 내내 기온이 높아 마닐라의 연평균 기온은 섭씨 27도이다. 필리핀은 5가지 계절이 있다. 열대우림기후, 열대몬순기후, 사바나기후, 온난습윤기후, 서안해양성 기후이다. 대체적으로는 한국의 한여름날씨에 해당한다.

2) 사고방식

필리핀국민은 말레이족을 근간으로 중국인, 미국인, 스페인인 및 아랍혈통의 후손으로 전체 인구는 약 1억 명이 넘는다. 아시아에 있으면서도 스페인과 미국의 영향을 강하게 받아 동서 문명의 결합에 의한 독특한 문화를 형성하였다. 열대성기후로 인하여 더운 한낮에는 대부분 휴식을 즐기고 매사 느리게 천천히 진행하는 문화적 관습이 있으며 서구 문명의 영향으로 여성의 지위가 높고, 55개 종족이 각기 독특한 언어화 관습 및 전통을 지켜나가고 있다.

필리핀에는 이슬람교가 제일 먼저 전파되었으며 무슬림 인구는 약 5% 정도이나 결속력이 매우 강한 편이다. 그러나 스페인 지배기에 도입된 가톨릭 인구가 전체 인구의 약 80% 이상을 차지하고 있으며, 국가적으로는 개인 종교의 자유를 인정하지만 국가체제 전반적으로는 가톨릭의 가치를 따르고 있다.

3) 음식

필리핀의 토착음식은 간장과 젓국의 짠맛을 기본으로 하고 신맛과 단맛이 강조된다. 기본 재료는 코코넛, 바나나, 각종 야채와 생선 등이며, 특히 코코넛과 바나나는 식재료와 생활 전반에 다양하게 활용되고 있다. 스페인의 영향으로 육류요리와 계란이 들어가는 디저트를 즐기며 중국의 영향으로 다양한 종류의 국수와 만두요리 등을 즐긴다. 동남아시아의 요리법은 인도문화의 영향을 받아 향신료를 많이 사용하지만 필리핀은 인도로부터 가장 멀리 있는 지형적인 이유로 향신료를 많이 사용하지 않는다.

파티스(patis)는 젓갈류로 여러 가지 생선을 으깬 것인데 작은 새우를 고루 섞어서 큰 통에 담아 저장하여 사용하는 조미료를 사용한다. 또한 사우사완(sawsawan)이라는 중국간장인 도요에 니파야자의 수액을 발효시켜 식초를 넣고 다진 마늘을 섞은 양념장을 사용한다.

6 캄보디아

1) 개요

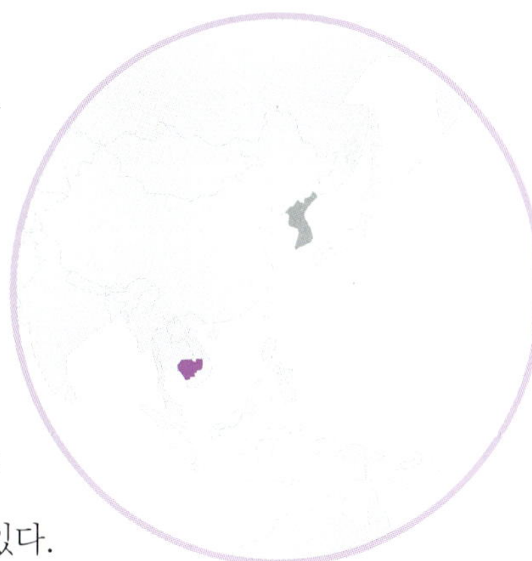

BC 1세기에 푸난 왕조로 개국하여 1431년 태국과 베트남의 식민지가 되고 1864년 프랑스통치 시대를 경험하였다. 1979~1989년 캄푸치아 인민공화국 시대를 거쳐 1993년 캄보디아 왕국시대를 출범시켰다. 수도는 프놈 펜이며, 인구는 173만 명이 모여 있다. 전체 인구는 1,610만 명이며 국토면적은 181,035Km^2 (남한의 약 1.8배)이다. 민족은 크메르인이 90%이며 베트남, 중국, 참족, 고산족 등의 소수민족으로 구성되어 있다. 종교는 소승 불교가 95%이며, 언어는 크메르어이고 약 50대 이상의 인구에서 프랑스어를 사용한다. 기후는 고온다습한 열대몬순 기후로 우기와 건기로 나뉜다. 우기는 5~11월경으로 후반 2개월 정도는 하루종일 비가 내리는 경우가 많다. 건기는 12~4월까지로 초반 2개월 정도가 가장 시원하며 아침저녁으로 쌀쌀한 경우가 있다. 지리학적으로 지진이나 태풍의 피해는 전혀 없다.

캄보디아는 동남 아시아에 있는 입헌군주국으로 부서쪽으로는 태국, 북동쪽으로는 라오스와 접경하며 남동쪽으로 베트남과 접경하고 있다. 국토 중앙을 메콩강이 관류하는 평원국가로 메콩강은 캄보디아의 젖줄과 같다. 국민의 절반 이상이 메콩강을 삶의 터전으로 살아가며 국토의 약 75% 이상은 산림으로 덮여 있다. 크메르 제국의 유적인 앙코르와트와 앙코르톰으로 유명하다. 수도인 프놈 펜은 메콩강과 샤프강의 합류점에 위치하여 캄보디아 최대의 행정도시로 행정, 경제, 문화의 중심지이다.

2) 사고방식

캄보디아는 원래 힌두교를 믿는 나라였지만 12세기 초 불교가 유입된 이래 불교가 국교가 되었으나 국가적으로 신앙의 자유를 보장하고 있다. 캄보디아에서는 양손을 합장하며 손가락을 코와 입술에 닿을 정도로 올리면서 머리를 숙이는 방식의 전통적인 인사법이 많이 사용되고 있다. 이 인사법은 처음 만날 때 혹은 헤어질 때 사용한다. 악수도 공통적인 인사법이다. 악수는 동성 간에 이루어지고 이성 간에는 여성이 먼저 손을 내밀 때까지 기다린다. 손을 내밀지 않으면 정중하게 인사를 하면 된다. 캄보디아인들은 친절하고 순수하지만 역사적으로 타민족에 대해 배타심을 가지고 있다. 그래서 현지인을 심하게 비하하거나 모독하는 행동을 하지 않아야 한다. 언어 사용에 있어서는 부정의 언어 사용을 꺼리고 긍정의 단어에 부정어를 사용하는 것이 일반적이다.

전통적으로 모계사회의 특성을 유지해왔으나 전쟁과 내전 등을 겪으면서 씨족과 공동체, 가족질서를 존중하는 가부장적 가치관이 형성되었다. 공동체를 위한 자기희생, 자기절제와 인내심, 혈족관계 등을 최고의 가치로 여긴다.

3) 음식

캄보디아에서는 쌀을 주식으로 하며 아침은 주로 사먹는데 그 이유는 학교수업은 오전 7시, 일과는 오전 6시부터 시작하므로 아침은 밖에서 사먹기 때문이다. 아침은 주로 밥과 고기로 이루어진 도시락이나 쌀국수, 죽, 샌드위치 등을 커피와 함께 먹는다. 캄보디아에서는 저녁식사를 가족이 모이는 중요한 시간이라 생각하여 집에서 저녁식사를 즐기며 회식문화가 없다.

캄보디아에서는 쌀국수를 즐겨 먹으며 시큼하고 향긋한 향신료의 맛이 나는 국물요리가 발달되어 자주 먹는다. 전통적인 요리로 아목(닭고기, 돼지고기, 소고기, 생선 등을 코코넛 밀크와 함께 여러 가지 양념을 넣어 바나나 잎으로 싸서 쪄먹는 음식)은 색깔도 예쁘고 코코넛 밀크를 넣어서 고소한 맛이 나는 음식이다. 전통적인 국수 요리로 '놈빤쪽'은 아침에 자주 먹는 음식으로 쌀로 만든 면에 다양한 야채와 캄보디아 전통 육수를 부어 먹는다.

캄보디아 사람들이 집에서 자주 만들어 먹는 음식으로 생선과 여러 종류의 야채를 썬 것에 캄보디아 전통양념을 가미한 국물요리인 썸러꺼꼬가 있다. 쁘러혹이라는 민물고기로 만든 젓갈음식을 오이, 그린망고, 가지 등 다양한 야채와 즐겨 먹는다. 음식을 요리할 때 "찌"라는 잎을 사용하는데 향이 독특하다. 바게트빵도 인기가 많다.

한국의 김치와 비슷한 음식인 '스빼이츠루억'은 절인 겨자잎이라는 뜻으로 '끼암차이'라고도 부른다. 단맛, 신맛, 짠맛이 섞여 있으며 김치보다 더 아삭한 것이 특징이다. '놈짜크와이'는 속이 부드러운 빵으로 밀가루, 물, 설탕, 이스트 등의 간단한 재료로 만들며 기름에 튀겨내 겉이 바삭바삭하다. 캄보디아 사람들은 놈자크와이를 작은 조각으로 잘라 죽이나 쌀국수 굼루에 담가 먹거나 커피, 코코아, 두유 등에 찍어 먹는다.

주로 오른손을 사용하여 식사를 하는 것이 예절이고 국을 입에 대고 마시지 않는 것도 식사 예절이다.

7 일본

1) 개요

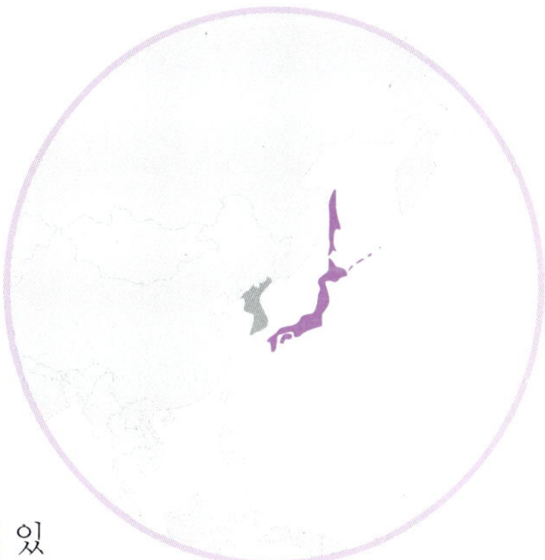

일본은 일본열도와 홋카이도, 혼슈, 시코쿠, 규수의 4개의 섬(국토 전체 면적의 97%를 차지)과 이즈제도와 오가사와라제도, 류큐열도로 구성되어 있다. 수도는 도쿄이고, 국토면적은 37만 7,912Km^{2}로 한반도의 1.7배이다. 인구 1억 2,840만 명이다. 일본 열도에는 화산맥이 뻗어 있어 지형의 기복이 심하고 강의 짧고 급류가 많으며 해안선은 복잡한 리아스식 해안이다. 환태평양지진대에 속해 있어 세계 화산의 10%가 일본 열도에 있다. 국토의 67%가 숲으로 되어 있으며 농지는 14%, 택지는 3%, 공업 용지는 0.4 % 정도이다.

기후는 사계절이 분명하며 대체로 해양성 온대 기후이며 남북 길이가 3,300Km로 지역별 기후 차이가 분명하다. 일본의 대부분의 지역에서 봄과 가을이 가장 좋은 계절이며, 남북으로 길게 늘어진 일본 열도의 특성상 봄과 가을이 오는 시기가 다르다. 또한 일본은 세계적으로 다우 지역에 해당하며 가장 비가 많이 내리는 시기는 6~7월의 장마철이며 그 다음으로 8~10월에 걸쳐 일본 남서부 지역은 태풍의 영향이 심하다.

언어는 일본어가 통용되며 동경어를 기반으로 하는 언어가 표준어로 사용되고 있다. 종교는 신도(52.3%), 불교(42.2%), 기독교(1%), 기타(4.3%)로 신도가 가장 많다. 일본에서의 종교는 생활의 일부로 여러 개의 종교를 가지고 있는 사람들이 흔하다.

2) 사고방식

원래는 일본에서는 왼쪽 좌석이 상석으로 인식되어 왔으나 근대에 들어 서양문화를 받아들이는 과정에서 오른족 좌석이 상석으로 바뀌어 인식되고 있다. 일본인들은 자신을 낮추는 것이 습관화되어 있다. 이러한 경향은 언어에서도 알 수 있으며 "…때문에 기쁘다"가 아니고 "…를 하게 해주셔서 기쁘다"라는 사역형을 사용한다.

일본에서는 약속을 지키는 것이 철칙이다. 보통 약속은 2주 전에 잡는 것이 상식적이며 임박해서 약속을 하는 것은 좋지 못한 인상을 남길 수 있다. 한번 잡은 약속을 변경하는 것도 좋지 못한 인상을 남길 수 있다. 방문 전에는 목적, 방문자 수, 방문자 이름 등을 사전에 전달하는 것이 좋고 방문 시에는 약속장소에 일찍 도착하는 것이 좋다.

일본의 보편적인 대중음악으로는 엔카와 제이팝 등이 있으며 엔카는 우리의 트로트와 비슷한 장르이다. 엔카가 시장에서 위력이 약해지고 서양에서 들어온 팝음악에 일본식의 음악적 특성을 가미한 것이 제이팝으로 젊은 세대가 좋아하는 음악이다.

3) 음식

일본의 요리는 전통 요리로는 연회용 정찬인 가이세키 요리와 혼젠 요리가 있다. 가이세키 요리의 경우 우선 국, 생선회, 찜, 구이 등이 먼저 나온 후 마지막에 밥과 쓰케모노가 나오는데 식단에 따라 5첩, 7첩, 11첩 반상이 된다. 젓가락을 사용하지만 젓가락이 한국이나 중국보다 길기 때문에 밥이나 국 같은 경우에 입에 대고 먹거나 마신다.

여러 인스턴트식품이 발명되었는데 1958년 치킨라면을 발매한 이후 1971년 컵라면이 등장하였다. 냉동식품도 유명하며 캔을 플라스틱 포장으로 바꾼 레트로트 식품도 발명되었다. 유명한 요리로는 스시, 전통술인 사케, 라면 등이 있다.

요약정리

한 나라를 이해한다는 것은 그리 단순한 일은 아니다. 특히 문화와 맥락을 같이한 인간을 이해한다는 것은 더욱더 어려운 일이며 다분히 철학적인 사고를 요하는 일이다.

생각해 보기

다른 나라의 문화를 이해하려면 무엇이 필요한지 생각해 보자.

6

문화적 역량과 의사소통

학습 목표

1. 문화적 역량의 개념을 설명할 수 있다.
2. 문화적 역량을 갖추기 위한 기본요소와 조건을 설명할 수 있다.
3. 의사소통의 개념을 설명할 수 있다.
4. 간호상황에 필요한 의사소통을 적용할 수 있다.
5. 문화에 따른 의사소통 차이를 설명할 수 있다.
6. 다문화가정의 의사소통의 중요성을 설명할 수 있다.

용어 정의

- **문화적 역량:** '대상자와 대상자 체계의 발달'을 최대화할 수 있는 조건을 만들어 내거나 행동을 취할 수 있는 능력
- **의사소통:** 다른 사람과의 정보, 생각, 감정 등을 교환하며 의사소통을 통해 다른 사람을 이해하고 자신의 의사표현을 정확하게 할 수 있는 기회이며, 사회구성원으로서의 친밀한 인간관계를 형성해 나가는 과정

1 문화적 역량

1) 문화적 역량의 개념

문화적 역량이란 '가치', '자아인식', '문화-초월적 지식', '문화-초월적 기술', '서비스 전달', '임파워먼트와 옹호', '다양한 노동인구', '전문 교육', '언어의 다양성', '문화-초월적 지도력' 등 10가지에 해당되는 능력으로, 현장에서 직접 다문화가정, 결혼이주여성, 외국인 노동자들을 만나는 실천가들에게 필요한 문화적 역량이 무엇이고, 어떻게 훈련시켜야 하는지에 대한 방법들이 한국의 현실에 맞게 개발되어야 한다.

사회적 다양성에 대해 다문화 임상실천 영역에서는 문화적 역량을 다음과 같이 정의하고 있다.

1) 임상실천 영역에서 일하는 간호사는 인간의 행동과 사회의 문화적 기능을 이해해야만 하고 모든 문화에 존재하는 강점을 인지해야만 한다.
2) 다문화 대상자는 문화에 대한 기본 지식을 가지고 있어야 하고 제공되는 서비스에서 그 역량을 발휘하기 위하여 대상자의 문화에 민감해야 하고 사람 사이 및 문화 집단 사이의 차이에 민감해야 한다.
3) 인종, 민족, 출신국, 피부색, 성별, 성적 지향, 연령, 결혼 여부, 정치적 신념, 종교, 정신적 또는 신체적 장애의 관점에서 사회적 다양성과 차별의 본질에 대한 교육을 받아야 하고 다문화 인구에 대해 이해하려고 노력해야 한다.

이상에서와 같이 문화적 역량은 '개인과 가족, 지역단체의 가치를 인정하고 지지하며, 각각의 존엄성을 보호하고 간직하는 태도로 모든 문화나 언어, 계층, 인종, 민족적 배경, 종교 또는 다른 다양한 요소를 가진 사람에게 개인이나 체계가 효과적으로 반응하는 방식'으로 정의된다. 즉 문화적 역량은 '대상자와 대상자 체계의 발달을 최대화할 수 있는 조건을 만들어 내거나 행동을 취할 수 있는 능력'이다. 문화적으로 역량 있는 실천이란 서비스 제공자가 모든 집단에게 좀 더 새로운 이론과 실천, 정책, 조직 구조의 발전을 효과적으로 촉진하면서 다원주의적 민주사회와 조직적 · 사회적 수준에서 효율적으로 기능하는 데 요구되는 지식과 기술 및 인식(다양한 배경을 가진 대상자의 입장에서 의사소통하고 상호작용하며 협상하고 개입할 수 있는 능력)을 습득하는 것으로 정의할 수 있다.

2) 문화적 역량을 갖추기 위한 기본 요소

다문화 현장에서의 역할을 수행하기 위해 전문가는 다음과 같은 기본 요소를 갖추어야 한다. (1) 한사람의 인간행동에 대한 가정, 가치, 그리고 성향을 아는 것, (2) 문화적으로 다양한 대상자들의 세계관 이해, (3) 적절한 전략과 기술의 개입을 발전, (4) 문화적 역량을 높이거나 부정하는 조직적이고 제도적인 힘을 이해하는 것, 이 네 가지의 목표는 문화적 역량을 적극적으로 발전시키기 위해 계속되는 과정이고 다문화 실천 영역에서 전문가로서 역할을 위해 지속적으로 노력해야 하는 것이다.

(1) 인간 행동에 대한 자신의 가정과 가치 및 성향 알아가기

문화적으로 다양한 집단과 효과적인 관계를 형성하는 것을 가로막을 수 있는 고정관념이나 견해 또는 신념을 개인적으로, 전문인으로서 가지고 있는가? 대인관계에 영향을 미치는 세계관은 무엇인가? 문제 해결이라는 것을 어떻게 정의하는가? 지원하기, 지역사회사업, 교육하기, 그리고 관리하기에 대한 전문가로서의 이론에 어떤 가치체계가 내재되어 있는가? 문화적으로 다양한 상황에서 이용되는 전략과 기술은 어떤 가치에 기초를 두고 있는가? 등에 대한 이해가 선행되어야 한다.

이상의 질문과 같이 자신의 세계관을 알거나 이해하지 못하고서는 모든 집단이 자신과 같은 생각을 가지고 있다고 경솔하게 판단해버릴 수 있다. 그러면 문화적으로 다른 대상자에게 문화적인 차별을 하게 되거나 현실에 대한 옳고 그름, 좋고 나쁨, 정상과 비정상에 대한 평가를 제대로 하지 못할 수 있다. 모든 인간 대상 프로그램에서 서비스 제공자는 자신을 알아야 대상자를 어떠한 편견 없이 객관적으로 대할 수 있을 뿐만 아니라 태도나 신념, 그리고 문화적 차이에 대한 편견이나 감정을 최소화할 수 있다.

(2) 문화적으로 다양한 대상자의 세계관 이해하기

먼저 인종, 성별, 성적 지향 등이 어떻게 세계관에 영향을 미치는가? 여성은 남성과 다르게 세상을 바라보는가? 동성애자는 이성애자와 다르게 세상을 보는가? 각 인종별로 갖는 세계관이란 것이 있는가? 에 대한 답을 할 수 있어야 한다. 세계관이란 '사람이 자신과 세상(자연, 기관, 다른 사람 등)과의 관계를 어떻게 인식하는가'로 정의된다. 세계관은 그 사람의 문화적 성장 배경이나 인생 경험과 밀접하게 연관되어 있다. 세계관은 '자신에게 의미 있는 방식대로 세상을 틀에 맞추는 방식, 사람의 개념적 준거틀 혹은 세상을 이렇게 움직인다고 생각하는 자신의 방식'으로 우리의 생활 철학 또는 사회적이고 문화적이며 환경적이고 철학적인 측면에서의 경험이다.

문화적으로 다양한 대상자의 세계관을 이해하고 공유할 수 있다는 것은 매우 중요한 부분이다. 이는 대상자와 같은 세계관을 가져야 한다는 것이 아니라 자신의 것과는 다른 세계관을 판단하지 않는 자세로 바라보고 그대로 수용해야 한다는 것을 의미한다. 문화적으로 다른 서비스 제공자가 대상자처럼 생각하고 느끼고 반응하는 것은 거의 불가능하지만 인지적 공감은 할 수 있다. 문화적 역할 수용에서 간호사는 대상자의 문화적 배경과 일상생활의 경험, 소망, 두려움, 염원 등과 같은 특징과 그 범위를 고려하는 실제적인 지식을 얻게 된다.

(3) 적절한 개입 전략과 기술 개발하기

문화적으로 다양한 단체 또는 개인과 일할 때 적절하고 효과적인 지지와 지도, 의사소통, 개입전략을 발전시키는 과정을 시작해야 한다. 이러한 역량은 치료 접근과 예방, 그리고 전통적인 일대일 관계와 체계에의 개입을 의미한다. 또한 소수 민족 지역사회에 존재하고 있는 고유의 지지, 치유방법이나 구조를 이용할 수 있는 능력을 가지고 있는 것이 중요하다. 이러한 개념은 지역사회의 힘을 키워 그들 스스로 돕는 능력을 갖게 하는 것이다.

간호사가 대상자의 삶의 경험이나 문화적 가치와 일치하는 개입양식과 목표를 설정할 때, 대부분 대상자에게 효과적으로 개입할 수 있는 능력이 증가된다. 모든 집단과 대상자는 각기 다르기 때문에 모든 상황과 모든 사람에게 똑같은 기술과 방법을 적용하는 것은 바람직하지 않고 인종적 · 민족적 소수 집단에 맞는 차별적인 적용이 필요하다.

(4) 문화적 역량을 고취하거나 부정하는 조직적 · 제도적 힘 이해하기

인종, 문화, 민족, 성적 지향, 성별 이슈가 대상자나 전문가에게 얼마나 영향을 미칠 수 있는지를 인식하는 것은 조직마다 다르다. 다문화사회에서 다양성에 가치를 두는 조직은 단일 문화적 조직의 특성인 오해와 충돌 등을 피할 수 있을 뿐만 아니라, 문화적으로 다양한 대상에게 그들의 문화와 연관된 서비스를 제공했을 때 다문화 실천 영역 전문가가 조직적으로 인정된 역할이나 활동을 확대할 수 있을 것이다.

단일 문화 조직에서 다문화 조직으로 변하는 과정에서의 전문가는 자신의 특성을 인식하도록 요구받고 있으며, 이러한 요구는 문화적 다양성을 인정하고 그 변화에 적절하게 실행할 수 있는 능력 개발에 기초가 되기 때문이다.

3) 문화적 역량 증진을 위한 조건

다문화 전문가는 개인적 수준에서 문화적 역량을 갖추기 위해, 인간의 행동에 대한 자신의 편견을 확인하고 다문화 인구에 대한 지식을 알고 있어야 하며, 각 문화별로 적절하게 개입할 수 있는 전략을 사용할 수 있는 능력이 있어야 한다. 이러한 개인적 및 전문적인 개발의 측면이 문화적 역량 발전에 중요하게 작용하게 되는 특성은 인식, 지식, 기술 등 세 가지 측면이다.

(1) 문화적 역량: 인식

서비스 제공자는 인간 행동에 대해 자신이 가지고 있는 가치나 기준 또는 가정을 탐구하는 과정에서 시작하게 된다. 자민족 중심주의나 자신의 문화적 배경이 우월하다고 믿기보다는 문화적으로 차이가 있다는 사실을 받아들이고 존중해야 한다. 또한 서비스 제공자는 다른 문화적 · 사회적 인구 집단이 동등하게 가치 있고 합법적이라고 생각해야 한다. 그렇지 않으면 다른 집단에 문화적으로 자신의 가치와 기준을 강요하게 되고, 문화적으로 억압하는 행동을 할 수 있다.

문화적 역량을 갖춘 전문가는 첫째, 자기 자신의 가치나 편견을 인식하며, 이런 요소들이 사회적으로 다른 집단에게 어떻게 영향을 미칠 것인가를 알고 있어야 한다. 편견, 꼬리표 붙이기, 고정관념을 방지하기 위해 능동적으로 노력한다. 문화적 역량을 갖춘 서비스 제공자는 문화적으로 다른 대상자에 대해 미리 어떤 제한이나 편견을 갖지 않기 위해 노력해야 한다. 둘째, 자신과 대상자 사이의 인종적 · 성차별적 · 성적 지향적 그리고 다른 사회 인구 변인에서의 차이점을 인정하고 다르다는 것을 이상하게 생각하지 않는다. 셋째, 주위 환경에 민감하게 반응하고 다문화 실천 영역에서 자신의 한계를 인식하게 된다면 다른 전문가에게 의뢰할 수 있다는 것도 인정한다. 넷째, 자신의 인종차별과 성차별 등에 대한 책임감을 인정하고 그에 대해 방어적이지 않으면서 자책감을 갖지 않기 위해 지속적으로 노력해야 한다.

(2) 문화적 역량: 지식

첫째, 문화적 역량을 갖춘 전문가는 자신이 일하고 있는 특정 집단에 대한 구체적인 지식과 정보를 가지고 있어야 한다. 다문화 집단에 대한 지식의 깊이가 깊을수록 많은 집단에 대해 더 많이 알수록, 그 서비스 제공자는 효과적인 조력자가 될 수 있다. 그러므로 실천영역에서의 다문화 전문가는 자신의 전문적인 경력을 통해 다양한 집단에 관계된 주제들을 계속해서 탐구하고 배워야 한다. 둘째, 자민족 중심적인 단일문화주의가 소수 민족의 정체성과 세계관 형성에 미치는 영향을 이해하는 것도 필요하다. 셋째, 상담과 임상, 치료영역에서의 일반적 특성에 대한 명확한 지식과 이해를 가지고 있어야 한다. 넷째, 문화적으로 다른 대상자가 서비스를 받지 못하도록 하는 제도적 장애물에 대해 알고 있어야 한다.

(3) 문화적 역량: 기술

첫째, 기술면에서 문화적 역량이 있는 전문가는 광범위한 언어적 · 비언어적 반응을 할 수 능력이 있어야 한다. 소수집단은 문제에 대한 정의와 상담, 치료방식에 다수집단과는 다르게 반응한다는 것을 알고 있어야 한다. 서비스 제공자가 다양한 경험을 많이 할수록 더 나은 서비스를 제공할 수 있는 능력이 크다.

둘째, 언어적 · 비언어적 메시지를 정확하고 적절하게 주고받을 수 있어야 한다. 특히 서비스 제공자는 자신의 생각이나 감정을 대상자와 의사소통할 수 있을 뿐만 아니라, 대상자의 메시지를 읽을 수 있어야 한다. 메시지를 정확하게 주고받는 것은 의사소통에 작용하는 문화적 단서를 고려할 수 있는 능력에 따라 다르게 반응하게 되므로 대면적이고 직접적인 의사소통을 하는 것이 더 효과적이다.

셋째, 서비스 제공자는 자신의 지원방식을 잘 알고 있어야 하며, 자신의 한계를 인정하고 자신의 방식이 문화적으로 다른 대상자에게 미칠 수 있는 영향을 예측할 수 있어야 한다. 문화적으로 다른 대상자와 관계를 맺는 능력에 한계가 있다는 것과 모든 대상자에게 다 맞춘다는 것은 불가능하다는 것도 인정해야 안다. 아무리 숙련된 전문가일지라도 개인적 지원방식에 한계가 있다는 점을 인정하고 자책감을 가질 필요가 없다.

4) 문화적 역량 개발을 위한 교육과정

(1) 다문화 관련 기관의 실무 인력 양성 교육과정

다문화 관련 기관 인력은 다문화가족지원센터의 실무인력과 NGO활동가로 구분할 수 있으며, 각각 별도의 교육과정이 운영되고 있다. 현재 다문화가족지원센터의 실무 인력은 별도의 양성과정을 통해 배출된 인력이 아니라 기본적 자격 요건, 즉 건강가정사, 사회복지사, 가족상담사 등 자격 요건을 갖춘 이들 가운데 선발하여 업무 추진에 필요한 사항을 교육하는 방식으로 양성되고 있다.

가족 상담사를 제외한 일반 상담사, 보육교사, 교원자격자, 가정복지사 등 유사자격 요건을 갖춘 자는 실무 경력이 1년 이상이면 지원가능하다. 다문화가족지원센터 인력을 대상으로 한 교육은 신규 인력 교육과정, 행정 실무 교육과정 등이 있으며, 전문인력 워크숍, 상담 슈퍼비전 등을 실행하고 있다.

다문화가족지원센터 및 다문화 정책에 관한 사업의 안정적 운영과 이용자 만족도 향상을 위한 다문화 전문인력 양성 및 역량 강화 교육은 한국건강가정진흥원에서 주로 하고 있으며, 방문교육지도사, 언어발달지도사, 통번역전담인력, 이중언어코치, 다문화가족 사례관리사 등의 전문성 함양을 위한 양성교육과 보수교육을 실시하고 있다.

(2) 다문화교육기관 전문인력 양성 교육과정

우리나라의 일부 대학과 대학원에서 이민자 상담 전문 인력과 행정 교류 전문 인력, 교육 관련 다문화 전문 인력을 양성하는 교육과정을 운영하고 있다. 또한 외국인 노동자, 국제결혼 등 지역사회에서 함께 생활하고 있는 외국인 및 북한이탈주민에게 발생하는 어려움을 실질적이고 전문적으로 개입할 수 있도록 다문화 상담학 과정을 개설하여 운영하기도 하여, 이 과정의 졸업 후 건강가정사, 상담사 2급, 가족 상담사 자격증을 부여하고 있다.

이중 다문화심리상담사 제도는 문화적 전문상담사의 역할이 요구되면서 다문화 상담사 제도의 운영을 통해 종합적이고 체계적인 지원체제로 운영하고 있으며, 이들은 건강가정지원센터, 이주여성인권센터, 결혼이민자가족지원센터, 아동상담센터, 다문화가정과 관련된 시설과 방과 후 교실, 다문화가정 교육을 하는 지자체나 교회 등 종교기관, 기타 다문화가정 관련 단체 운영 및 프리랜서, 자원봉사자 등으로 역할을 하고 있다.

다문화심리상담사 자격시험은 (사)한국심리상담협회에서 시행하는데 자격 기준은 만 18세 이상이면 누구나 시험 응시가 가능하고 시험과목과 합격 결정기준은 [표 6-1]와 같다. 다문화심리상담사는 자격기본법에 의한 소정의 시험에 합격하고 직무교육을 이수해야 활동이 가능하며 실무시험은 직무교육으로 대체 가능하다.

(3) 대학 교육과정에서의 다문화 연구와 교육

대학 교육 과정에서의 다문화와 관련된 흐름은 세 영역으로 구분하여 살펴볼 수 있다. 첫 번째는 다문화 현상을 학문적 탐구의 대상으로 하는 연구 영역, 두 번째는 대학구성원의 다문화에 대한 올바른 인식과 태도 변화를 유도하는 교육 영역, 세 번째는 다문화사회에 대한 기여와 참여를 강조하는 봉사

표 6-1 다문화심리상담사 자격시험 시험과목과 합격 결정기준

구분	시험과목	합격기준
필기시험 (1~4 과목 객관식 4지 택일 형)	1. 심리학 개론 2. 다문화가족복지론 3. 다문화가족상담론 4. 이상심리학	과목당 100점 만점에 과목별 40점 이상 전 과목 평균 60점 이상
실무	다문화가족상담 및 심리검사 실무	

직무교육	필기시험 합격자에 한하여 실시
교육내용	다문화심리상담의 이론과 실제, 심리검사 활용방법과 상담기법 교육

* 자격증은 직무교육 수료 후 발급함
출처: 한국심리상담협회(2021).

영역으로 구분할 수 있다. 최근 대학에서 다문화에 대한 관심이 크게 증가하고 있다는 것은 분명한 사실이며, 간호학을 운영하고 있는 대학에서도 다문화 연구 및 교육과정에서 다음의 두 가지 측면에서 현실적인 과제가 무엇인지를 고민해야 할 상황이다.

첫째, 다문화 관련 연구는 2000년도 이전에는 10편 정도였으나, 2002년부터 2007년도 사이에는 연간 10편에서 50편 정도로 급증하기 시작하였고, 2008년부터는 연간 약 100편 이상이 발표되고 있다. 연구 영역은 교육, 복지, 종교, 철학, 언어 등 인문 · 사회과학 전범위로 확대되고 있는 현실로 이처럼 대학에서 다문화 관련 연구물이 크게 증가하고 연구 영역이 확산되고 있는 것은 한국 사회에서 다문화 현상이 진행되는 속도가 증가되고 있음을 반영하는 것이다. 하지만 짧은 시간 동안 다문화에 초점을 두는 연구가 급증하고 있는 것은 다문화 연구자의 전문성에 대한 비판과 함께 학문 분야 간에 다문화 연구를 둘러싼 영역 경쟁도 유발될 가능성 역시 증가될 수 있음을 고려해야 할 것이다. 이러한 관점에서 보면 아직까지 우리나라의 다문화 연구는 매우 부족하고 아직 한국의 다문화 현상과 관련된 주된 학문적 쟁점조차 부각되지 못한 상황이다. 다문화 연구 영역과 관련하여 고려되어야 할 사항은 다문화 연구 분야나 학자군의 증가가 아니라, 다문화에 대한 관심의 지속과 연구의 질을 높이는 데 주안점을 두어야 한다. 특히 한국 사회의 다문화 현상에 대한 타당한 설명과 바람직한 모델이 제시될 수 있는 방안에 대하여 적극적으로 고민해야 할 필요가 있다.

둘째, 다문화교육이 비교적 활발하게 이루어지고 있는 대학은 초 · 중등교원양성을 담당하는 교육대학교와 사범대학이다. 대학의 정규 교육과정을 중심으로 다문화 교사 교육 현황은 2009년 당시 42개 사범대학 중 8개 대학, 13개 초등교사 양성기관 중 12개(제주대와 통합한 제주교대 제외), 전국 69개 유아교육과 중 3개 대학이 다문화 관련 강좌를 개설하여 운영하고 있었다.

교원양성 대학을 중심으로 다문화교육 강좌 개설이 빠른 속도로 증가한 요인은 정부 지원의 영향이 큰데, 교육과학기술부는 2009년부터 전국 13개 초등교원 양성대학(11개 교육대학교, 이화여자대학교, 한국교원대학교)을 중심으로 다문화교육 사업을 지원해왔다. 정부가 주관한 초등교원 양성대학 다문화교육사업은 크게 다문화교육 강좌개설 사업, 다문화가정학생 멘토링 사업, 다문화학습동아리 사업으로 구성되어 있다. 이는 다문화교육 강좌를 통해 다문화 현상, 다문화가정, 다문화교육 등에 대한 예비 교사들의 이해를 증진시키고, 동아리를 구성하여 다문화에 대한 학습을 지속시키면서, 이 학생들을 중심으로 다문화멘토링 사업을 운영하여 다문화가정 학생을 지원한다는 기본 구상에 따른 것이다.

결국 이 사업은 예비 교사들에 대한 다문화교육보다는 최종적으로 초등학교에 재학 중인 다문화가정 학생들에 대한 지원을 목표로 삼고 있는 것이다. 이는 강좌 개설 등이 "다문화가정 학생 지원사업"의 일환으로 이루어지며, 전체 사업예산의 대부분이 다문화멘토링 사업에 지원되는 것을 보아도 알 수 있다. 초등교원 양성대학 다문화교육 사업은 2010년에도 비슷한 규모로 시행되어, 이 사업들 중 다문화교육 강좌개설 사업은 2010년도에는 국립대학교 사범대학까지 확산되었으며, 2011년에는 사립대학교 사범대학까지 범위가 확대될 예정이다.

이와 같이 우리나라 대학에서 다문화교육에 대한 관심이 증가하고 관련 강좌나 활동 기회들이 증가하는 것은 고무적이지만, 다문화 강좌의 양적 확대 노력뿐만 아니라 교육의 내용 및 방향성 등에 대한 고민이 필요할 때이다.

현장에서 이루어지는 다문화교육이 다문화가정을 교육 담론의 핵심으로 설정하여 다문화교육의 내용과 대상을 제한하거나 교육의 목표와 지향점을 명료하게 제시하지 못하여 혼란을 초래하는 경우가 있다. 교육 현장에서의 다문화 인력에 대한 전문성 확보는 다문화교육 담당자들에게 대한 교육이 체계적으로 운영되어야 하며, 지향성의 확립은 다문화교육의 원칙 설정이 선행되어야 한다. 따라서 대학에서의 다문화교육은 학생들을 포함한 대학 구성원 전체를 대상으로 한 다문화 시민 교육의 차원에서 다문화교육을 확대 실시해야 할 것이다.

5) 간호사의 문화적 역량

문화에 대해 깊이 인식할수록 다문화에 초점을 둔 간호 역량이 증진될 것이다. 문화 역량에 초점을 둔 간호 수행은 간호사가 개입해야 할 대상자에게 자기존재, 감정, 사고와 환경들에 지나친 영향을 주지 않으면서, 이런 요인들에 대해 지속적으로 성찰하는 행동으로 대상자의 문화에 따르는 간호적용이라 할 수 있다. Smith(1998)는 문화 역량 간호란 대상자에게 제공하는 서비스에서 보여주어야 할 인식, 지식, 기술, 상호작용, 민감성의 지속적인 과정이라고 하였다. 문화적으로 역량 있는 간호 수행은 간호사가 대상자의 유병률과 사망률의 개선, 대상자의 만족감 증진, 전문적인 수준 향상과 같이 긍정적인 건강 결과를 가져오도록 간호중재를 변화시킬 수 있는 기술, 실무와 태도를 추구하는 것을 의미한다.

문화 역량은 개인, 집단, 보건의료 기관이 대상자의 문화적 유산, 신념, 태도, 행동에 대한 지식에 근거한 의미 있고 유용한 건강전달 전략을 발견하기 위한 역동적이고 지속적인 과정이다. 문화 역량을 발전시키려면 간호사는 문화적으로 적절한 간호모델에서 얻은 지식을 활용하는 것이 필요하다. 문화 역량의 달성은 인종, 민족, 사회학적인 성 정체성, 생물학적인 성 정체성, 문화유산에 상관없이 통찰력이 예리한 간호사가 개인 최적의 건강을 증진하기 위한 의미 있는 중재를 고안하는 것을 도울 수 있다.

2 의사소통

1) 인간관계와 의사소통

(1) 인간관계의 이해

인간관계란 인간과 인간 상호 간의 심리적 관계의 모든 측면을 지칭하는 것으로서 인간관계 중 특히 대인관계는 사람을 대하는 개개인의 보편적인 심리적 지향성이다. 사람은 사회생활을 하면서 다양한 인간관계에 놓이게 되며 인간의 성장발달에 따라 그 관계는 더욱 다양해지고 복잡해진다. 인간관계에 따라서 삶의 모습은 매우 여러 가지 측면으로 나타날 수 있으며, 서로 간의 상호작용에 의해서 인간관계가 유지되고 발전할 수 있을 것이다. 인간의 삶이 풍요롭고 행복해지기 위한 조건 중의 하나로 신뢰감이 깊은 인간관계의 형성을 꼽을 수 있다. 그러나 인간관계에서 갈등이 빚어진다면 삶의 형태가 어려워질 수 있으므로 인간의 삶 전반에 인간관계는 중요한 영향력을 미친다.

인간관계는 인간의 기본적 욕구인 소속, 통제, 애정의 세 가지 욕구를 통하여 설명할 수 있다. 첫째, 소속 욕구는 타인과의 상호작용 및 연합을 통하여 타인과 만족스러운 관계를 유지하려는 욕구이고, 둘째, 통제 욕구는 타인을 권력을 가지고 지배함으로써 타인과의 관계를 확립하려는 욕구이며, 셋째, 애정욕구는 사람과 애정을 통하여 타인과의 관계를 유지하려는 욕구이다. 즉 사람은 어느 조직에 소속됨으로써 다른 사람들과의 관계를 통하여 타인을 조절하거나 영향력을 행사하며, 사람들을 사랑하고 애정을 과시하면서 욕구들을 다양하게 표현하게 된다. 이러한 과정이 인간관계를 형성하게 되고 결국 삶의 풍요로움으로 이어지게 되므로, 인간관계는 행복한 삶을 담보하는 매우 중요한 요인이라 해도 과언이 아니다. 이렇듯 인간의 행복한 삶을 주도하는 인간관계의 중요한 요인은 의사소통을 얼마나 효과적이며 순기능적으로 발휘하는지에 달려 있다. 이렇듯 인간의 행복한 삶을 주도하는 인간관계의 중요한 요인은 의사소통을 얼마나 효과적이며 순기능적으로 발휘하는지에 달려 있다. 어떤 이유에서든 다른 사람과의 원만한 의사소통으로 인간관계를 맺지 못하는 사람들은 불안, 우울, 좌절, 소외, 갈등, 긴장 등을 경험한다. 예를 들어, 가출 청소년들의 가출 동기의 주된 이유는 대화 단절이고, 최근 증가하고 있는 이혼의 사유도 주로 의사소통 문제 때문이다. 또한 상사, 동료, 고객 등과의 효과적인 의사소통은 직업적 성공과 직결된다고 할 수 있다.

여러 연구자들이 제안한 인간관계에서 효과적인 의사소통을 위한 몇 가지 요소를 간략하게 정리하였다.

- **경청**은 의사소통 과정에서 다른 사람의 말을 듣는 경우에 단순히 말만 듣는 것을 경청이라고 하지는 않으며, 그 사람의 감정과 생각을 알 수 있도록 충분히 집중해서 듣고 상대방이 보내는 메시지에 대한 피드백을 해야 한다.
- **감정 공감**은 타인의 입장에서 자신의 감정과 이해를 전달하는 능력으로서 타인과의 관계를 강화시킬 수 있다.
- **신뢰감 형성**은 상대방의 욕구에 개방적이고 정직하게 반응한다면 신뢰와 믿음을 얻게 될 것이다.
- **장애물 의식**은 의사소통을 자발적으로 하고자 하는 태도를 갖고 자신의 마음을 개장한 상태에서 타인의 이야기를 듣되 선입견은 피하도록 한다.
- **피드백 사용**은 의사소통이 원활하다고 하더라도 타인이 전달하고자 하는 의도를 파악하지 못했다면 반드시 되물어 봐야 한다. 피드백을 주고 받을 때 개방적 인식의 영역을 넓히고 새로운 통찰을 얻도록 노력해야 한다.
- **타인 수용**은 타인을 존중하고 배려함으로써 타인을 수용하는 의사소통을 하게 된다. 상대방의 감정을 격려해 주고 강화시켜주도록 하는 수용적 의사소통을 하는 것이 좋은 의사소통의 예이다.

(2) 의사소통의 이해

의사소통이란 언어적 · 비언어적 수단을 통하여 행동에 영향을 주고받는 것이며, 인간의 감정, 느낌, 태도, 생각 등의 매개체로서 대인관계의 순환적인 과정 및 행동이다. 또한, 타인과의 관계 발전 및 개인의 인간성, 자극과 반응, 수신자와 송신자, 메시지, 기호와 과정, 기호 행동과정, 피드백, 자각, 자기표현 등으로 구성된 인간관계의 매개체이다. 즉 인간은 의사소통을 통하여 서로의 공통된 의미를 조성하고, 서로의 행동에 영향을 미침으로써 상호 협력하면서 사회생활을 영위한다. 따라서 의사소통이야말로 인간의 사회적 욕구 및 인간의 본능을 충족시키기 위한 수단으로서 인간의 사회화 과정에서 필수적이다.

여러 학자들의 의사소통의 정의를 살펴보면 다음과 같다. 사람들이 메시지를 주고받는 과정, 유기체들이 기호를 통하여 서로 정보나 메시지를 수신해서 공통된 의미를 수립하고 나아가서는 서로의 행동에 영향을 미치는 과정 및 행동 등이다. 이처럼 여러 학자들의 의사소통에 대한 정의에서 공통적인 사항은 다른 사람과의 정보, 생각, 감정 등을 교환하며 의사소통을 통해 다른 사람을 이해하고 자신의 의사표현을 정확하게 할 수 있는 기회이며, 사회구성원으로서의 친밀한 인간관계를 형성해 나가는 과정이라고 할 수 있다.

(3) 의사소통의 유형

의사소통 유형이란 의미를 전달하는 방식으로 개인 간의 정서적 친밀성의 공유와 개인의 사고, 가치, 관심의 표현을 향상시키거나 억제하는 언어적인 의사소통의 과정을 보여주는 상호작용의 특징에 의하여 형성되는 것이다. 의사소통 유형을 분류한 학자로는 사티어(Satir), 바네스(Barnes)와 올슨(Olson), 번스타인(Bernstein) 등이 소개되고 있다.

사티어(Satir)는 의사소통 유형을 가족체계를 이해하는 데 도움이 되도록 크게 순기능적 의사소통과 역기능적 의사소통 유형으로 분류하였으며, 이 중 역기능적 의사소통을 회유형, 비난형, 초이성형, 산만형의 4가지로 분류하였다.

순기능적 의사소통은 일치형으로 분류하는데, 일치형 의사소통을 사용하는 사람은 상대방의 메시지를 경청하고 자신의 의견을 정확하게 전달하며, 자기 자신과 타인 모두를 존중하고 신뢰하며 매우 융통성이 있는 태도로서 개방적이다. 따라서 일치형 의사소통을 하는 사람은 정신적 · 지적 · 인격적으로 성숙된 사람들로서 진취적이며 창조적이며 정신적 · 신체적으로 매우 건전하고 건강한 상태에 있어서 자신이 맞닥뜨린 문제에 가장 이성적으로 대처하여 문제를 해결하는 유형이다.

사티어는 순기능적 의사소통으로 변화시키기 위해 가장 중요한 것은 성숙과 자존감을 높이는 것이라고 했다. 의사소통에서 감정적인 의사교류가 가능하며 자율적이고 친밀한 관계를 가지기 위해서는 우선 자신이 성숙한 인간의 모습으로 변화되어야 한다.

- **회유형**은 자신의 가치나 감정보다는 다른 사람의 비위를 맞추려 노력하는 유형으로, 열등감이 심하고 마음이 약하여 매우 의존적이어서 자신의 주장이나 생각은 거의 찾아볼 수 없고 자아존중감이 매우 낮다.
- **비난형**은 자기방어가 심하고 열등의식 및 우월의식이 반복되는 유형으로서, 다른 사람으로부터 항상 인정받기를 원하면서도 상대방의 잘못을 비난하며 타인을 무시한다.
- **초이성형**은 모든 일을 비판, 분석, 평가하는 반응을 나타내며, 어떠한 감정도 잘 나타내지 않고 완벽하기 위해 끊임없이 노력한다. 객관적인 사실과 합리적인 것들만 중요하게 생각하므로 사실과 논리에 근거한 의사소통만 한다. 따라서 분석적이지 않고 비논리적인 성향의 사람들은 초이성형과의 의사소통 시 매우 피곤함을 느낄 수 있다.
- **산만형**은 생각과 사고가 자주 바뀌어 말에 일관성이 없으며, 상대방의 반응을 무시하거나 경시한다. 자신이 인정받지 못할지도 모른다는 불안감으로 항상 주위를 살피므로 산만하고 하나의 주제에 집중하지 못한다.

한편, 자아존중감은 자기 자신에게 가치를 부여하고 자기 자신을 귀히 여기며 사랑하고, 진실성을 가지고 대할 수 있는 능력을 말한다. 즉 자존감이란 자기 자신의 가치를 깨닫고 자신을 신뢰하고 존중하는 것이며, 이 자존감이 높으면 높을수록 부부갈등에 대처하는 능력이 커진다고 한다. 자존감이 낮은 사람들은 다른 사람들이 자신을 속이거나, 짓밟고 올라서려 하거나, 헐뜯고 경시한다고 생각한다. 반면 자존감이 높으면 자기 자신을 사랑하고 가치 있게 여길 뿐만 아니라 다른 사람도 사랑하고 가치 있게 여긴다. 자존감을 높이기 위해서는 자신의 독특성을 받아들이고 자신과 다른 사람과의 차이점을 인정할 줄 알아야 한다. 자존감은 역기능적 의사소통을 고쳐 나갈 수 있는 중요한 요소이므로 자존감을 높이는 끊임없는 노력과 훈련이 요구된다.

바네스(Barnes)와 올슨(Olson)은 가족 의사소통의 측면에서 개방적 의사소통과 문제적 의사소통으로 분류하였으며, 자유롭게 감정을 표현할 수 있는 개방적 의사소통의 중요성을 강조하였다.

번스타인(Bernstein)은 지위지향형과 인성지향형으로 분류하였다. 지위지향형은 사회적 지위에 입각한 제한된 언어를 사용하며 폐쇄적 의사소통 형식을 가지는 반면에, 인성지향형은 지위보다는 심리적 속성이나 상황에 따라 변할 수 있는 융통성을 가지므로 개방적의사소통 형식을 가지게 된다고 하였다.

의사소통 유형을 통해서 살펴본 의사소통은 인간관계에서 서로 지속적으로 상호 영향을 주고받으며, 자신의 생각과 감정 및 태도 등을 전달함으로써 상대방과의 끊임없는 교감을 통하여 상호교류하는 과정으로 볼 수 있다.

2) 간호와 의사소통

간호상황에서의 의사소통은 치료적인 인간관계 형성을 통하여 대상자의 건강문제 해결이라는 목적을 달성하기 위한 치료적 의사소통을 주된 활동으로 볼 수 있다. 대상자에게 간호제공을 하는 데 필요한 치료적인 인간관계란 신뢰를 비탕으로 하는 친밀한 상호관계를 형성하는 것을 의미한다. 간호사뿐만 아니라 대상자 모두의 성장배경, 종교, 성격 등이 치료적인 인간관계에 영향을 미치며, 핵심 요소로는 신뢰, 전문성, 상호존중, 돌봄 및 협력관계를 들 수 있다.

첫재, 신뢰는 배려 있는 상호작용을 통하여 형성하게 되며, 예측가능성과 일관성, 명확한 목표 등의 요소들을 포함한다. 간호사는 진실한 태도로 대상자를 대하면서 대상자가 자신의 건강문제를 탐색할 수 있도록 도와주어야 하며, 공감적 이해를 통해 대상자의 성장을 촉진시킬 수 있는 능력이 요구된다.

둘째, 간호사는 대상자의 요구와 문제를 도울 수 있는 전문적인 지식과 기술을 가지고 있어야 한다. 현재의 상태, 필요한 약물, 치료과정을 파악하여 대상자에게 정확한 정보를 제공하여야 하며, 대상자가 올바른 병식을 가질 수 있도록 도와야 한다. 이를 통하여 대상자에게 실질적인 도움을 제공할 수 있는 능력을 갖추어야 한다.

셋째, 간호사와 대상자 간의 치료적인 관계는 상호존중에서 출발한다. 간호사가 대상자의 건강문제를 회복하도록 돕는 가장 좋은 방법은 대상자를 있는 그대로 수용하며 존중하는 태도에서부터 출발한다. 상호존중을 위해서는 문화적인 차이를 좀 더 포괄적으로 이해해야 하며, 종교적 신념을 수용해야 한다. 간호사의 경청과 즉각적인 응대가 대상자로 하여금 흥분하지 않고 침착하게 간호사와 의사소통하는 데 도움을 줄 수 있다. 동시에 간호사에 대한 대상자의 존중과 신뢰도 반드시 필요하다. 무례한 대상자에 대해서는 일정한 경계를 유지하면서 명확하고 간결하며 침착하면서도 단호하게 규정을 설명하거나, 잠시 동안 의사소통을 중단하는 방법 등을 사용한다.

넷째, 돌봄은 간호의 본질로서 대상자를 독특한 한 개인으로 인식하며 그의 감정을 이해하고 배려하는 것으로, 관심과 사랑, 지지, 나눔, 정성, 온정 등의 속성을 가지고 있다. 간호사는 자기 자신을 치료적인 자기로 이용하여 대상자의 요구를 확인하고 반응하는 간호행위를 실천해야 한다.

다섯째, 협력관계는 간호사와 대상자 간의 관계가 불평등하고 수동적인 관계가 아닌 함께 참여하여 상호 교류 · 발전하는 관계를 말한다. 즉 대상자의 존엄성을 인정하고 성장가능성을 믿으며, 대상자의 성장을 촉진하는 관계이다.

(1) 치료적 의사소통기법

치료적인 인간관계는 대상자의 성숙, 발달, 질병증상의 감소 및 스트레스 대처 등을 목적으로 하는 특별한 인간관계이다. 이러한 관계 속에서 주로 활용되는 치료적인 의사소통은 대상자의 교육, 예방, 지지 및 교정 등의 목표를 위하여 일상적인 상징체계 또는 언어적 · 비언어적 기호의 교환을 통해 이루어지는 상호 지향적인 작용이다. 이를 위해 적용할 수 있는 구체적인 치료적 의사소통기법은 다음과 같다.

- **경청**은 대상자에게 객관적으로 공감하면서 주의를 기울이는 적극적인 과정이다. 적절한 자세와 시선을 유지하면서 대상자의 메시지에 나타난 감정과 내용을 충분히 파악하는 것이 필요하다.
- **수용**은 비 판단적이고 지지하는 태도로 대상자의 정보를 받아들이는 것이다. 온화한 표정으로 '아.… 네, 그렇군요.' 등으로 반응하면서 대상자가 말한 내용을 알아들었다는 표시를 언어적 · 비언어적으로 나타낼 수 있다.
- **침묵**은 대상자가 이야기를 하지 않고 있을 때에도 비언어적인 표현으로 지지하면서 대상자의 생각을

정리할 시간을 허용하는 것이다. 침묵은 대상자에게 사고, 느낌 및 결정을 심사숙고할 수 있는 시간을 제공한다.

- **정보제공**은 대상자에게 필요한 전문적인 정보나 지식을 알려주는 것으로 대상자의 이해와 판단을 도울 수 있는 의사소통 기법이다. 교육내용이나 전달사항이 있을 때 활용할 수 있는 유용한 방법이다.
- **개방적 질문**은 주로 대상자와의 의사소통 초기에 사용하게 되는 의사소통기법으로, 대상자의 문제를 확인하고 의미 있는 인간관계를 형성하는 데 도움이 된다. 광범위한 질문을 통하여 대상자로 하여금 편안하게 이야기할 수 있는 기회를 제공하면서 다양한 반응을 기대할 수 있다.
- **느낌/경험/내용 반영**은 대상자의 느낌이나 경험, 내용을 간호사의 견해를 섞지 않고 다시 표현하는 기법이다. 느낌 반영은 대상자의 느낌에 초점을 두는 것으로 막연한 느낌을 보다 분명하게 하는 데 목적이 있으며 공감을 전달한다. 경험 반영은 간호사가 관찰한 것을 반영하는 것이다. 내용 반영은 대상자가 표현한 메시지에 대한 의미를 간호사가 다른 표현으로 사용하는 것이다.
- **명료화**는 대상자가 모호하게 사용한 언어나 무의미한 언어를 명확하게 설명할 언어를 요구하는 것이다. 대상자가 말한 내용이나 의미를 충분히 이해하지 못하였을 때 사용할 수 있다.
- **초점 맞추기**는 대상자가 주제에서 벗어나지 않도록 대화를 이끌어가면서 하나의 주제에 집중할 수 있도록 하는 기법이다. 한꺼번에 여러 가지 이야기를 하거나 혼동이 있는 대상자에게 사용할 수 있다.
- **직면**은 비판단적인 태도로 대상자의 말과 행동의 불일치에 대하여 겁내지 않고 직면할 수 있도록 지지하는 것이다.
- **재진술**은 대상자가 이야기한 것을 다시 반복함으로써 간호사가 이해한 것이 맞는지를 확인하는 기법이다.
- **해석**은 대상자가 피하고 있거나 부분적으로 깨닫지 못하는 내용과 감정을 표현해 주는 것으로, 대상자의 생각과 감정을 구체화하고 표면적으로 드러난 것 외에 이면의 것을 파악하도록 돕는다.
- **의문**을 표현하는 것은 대상자의 현실에 대한 지각이나 왜곡되었을 때 의심을 표현하면서 적절한 현실지각을 돕는 것이다. 또한 대상자의 의사소통 내용 중에서 궁금한 것을 정중하게 질문하면서 재확인하는 것이다.
- **현실감 제공**은 대상자가 비현실적인 이야기를 할 경우 위협적이지 않은 방법으로 사실적인 정보를 제공하는 것이다.
- **요약**은 대화가 끝난 다음 그동안 나눈 대화의 느낌, 사고 등을 정리해 주는 기법이다. 또한 중요한 초점을 정리하거나 대화를 다른 주제로 옮겨갈 때 유용하게 사용할 수 있다.

간호상황에서는 언어적 의사소통뿐만 아니라 비언어적 의사소통도 중요한 역할을 한다. 비언어적 의사소통은 일반적으로 음성언어를 통하지 않은 모든 형태의 의사소통(몸짓, 얼굴표정, 시선, 목소리 등)을 말한다. 비언어적 의사소통은 언어적 의사소통의 수단인 음성언어가 전달하는 메시지를 보완하고, 화자 자신의 감정과 태도 등을 표현하므로 대화자 간의 관계 형성에 중요한 역할을 하게 된다. 또한 대화자 간의 정서나 감정을 직·간접적으로 표현할 수 있는 적절한 수단으로서, 보다 효율적인 의사소통을 가능하게 한다.

(2) 준언어적 의사소통

일반적으로 사람의 목소리에는 차갑거나 따뜻한 느낌을 주는 음색이 있다. 차가운 목소리에는 냉담함과 무관심을 느끼고 따뜻한 목소리에서는 관심과 애정을 느끼게 된다. 이렇듯 목소리로 공감, 격려, 고무 등과 같은 감정적 메시지가 전달되므로, 간호사는 자신의 감정이 적절하게 반영된 목소리, 즉 관심과 애정이 담긴 따뜻한 목소리의 준언어적 의사소통을 사용하여 대상자와 의사소통을 하도록 하여야 한다.

- **목소리의 속도:** 호흡이나 대상자의 감정 상태에 맞게 늦추거나 빠르게 조절한다.
- **목소리의 크기:** 높거나 낮지 않게 하되 대상자의 상황에 맞게 조절한다.
- **억양:** 강압적인 말투는 삼가며, 부드럽고 조율된 억양을 유지한다. 질문이 아닌 경우는 말끝을 내려야 한다.

(3) 비언어적 의사소통

간호사는 음성언어를 보완하는 기능을 하는 비언어적 의사소통 행위로 자신의 감정과 생각 그리고 태도를 표현할 수 있다. 특히, 비언어적 의사소통 행위는 간호사가 대상자와 친밀하고 우호적인 관계를 형성하고 그 관계를 강화하는 데 도움을 준다.

- **공간적 행위:** 일반적으로 효과적인 의사소통을 위해서는 대화 참여자들이 같은 눈높이에서 의사소통을 수행해야 하지만, 간호활동을 수반하는 간호대화는 특성상 이러한 공간에 대한 기준을 제시하기에는 문제점이 있다. 하지만 대상자가 중요한 문제에 대하여 의논하고자 할 경우에 접촉할 수 있는 눈높이를 유지하고 다른 환경적 요인들로부터 방해를 받지 않도록 유의해야 한다.
- **거리:** 대상자의 표정이나 모습을 시각적으로 포착할 수 있고 대상자를 직접적으로 접촉할 수 있는 개인적 거리(약 46~120cm)를 유지하도록 한다. 특히 간호사정을 할 때는 이 거리를 벗어나서 대화를 하지 말아야 대상자가 친밀감을 느낄 수 있다.

- **시선:** 처치라든가 활력징후 측정 등과 같은 간호업무 행동이 동반되는 실제 간호대화에서는 대상자와 눈 마주치기를 하기 힘든 경우가 대부분이다. 하지만 대상자들은 음성언어로 자신의 건강상태나 감정상태를 전달하면서 눈으로 더 많은 메시지를 보낸다. 그러므로 간호중재에 방해되지 않을 정도로 대상자와 시선을 교환하여 대상자가 눈으로 보내는 메시지를 포착하도록 한다. 또한 간호사는 대상자와 눈 마주치기를 하여 대상자에게 관심을 갖고 있음을 알려야 한다. 다음은 구체적으로 표현해야 할 시선과 관련된 비언어적 의사소통 행위요소들이다.
  - 걱정 어린 따뜻한 눈빛을 띤다.
  - 시선은 편안하게 유지하면서 흔들리지 않게 한다.
  - 관심을 표현하는 정도의 눈 맞추기를 한다.
  - 산란한 눈맞춤은 부정적 감정표현으로 해석되므로 주의하며, 눈맞춤은 서서히 늘려간다.
- **얼굴표정:** 간호사는 대상자의 얼굴표정을 민감하게 관찰해야 한다. 이는 얼굴표정에서 대상자의 감정 상태를 읽을 수 있고, 대상자의 관심도를 알 수 있기 때문이다. 간호사는 먼저 의사소통을 할 때 자신이 짓는 얼굴표정에 대해 파악하는 것이 중요하다. 일상적으로 짓는 습관적 표정이 무의식적으로 나타날 수도 있기 때문이다. 그러고 나서 대상자와 의사소통을 진행할 때 다음과 같은 얼굴표정에 유의하도록 한다.
  - 간호사 자신의 언어적 표현과 일치하도록 한다.
  - 부드러운 미소를 짓는다.
  - 억지웃음을 짓지 않는다.
  - 걱정스럽거나 초조해하거나 괴로워하는 표정을 짓지 않는다.
  - 미간을 찌푸리지 않는다.
- **접촉:** 호감, 애정과 같은 감정은 손을 통한 신체접촉으로 전달된다. 간호사는 질병과 그로 인한 정신적 고통이 있는 대상자에게 손이나 팔을 잡는 신체적 접촉으로 감성적 메시지를 전달하는 것이 필요하다. 이러한 신체접촉으로 대상자와 유대감이 형성되고 대상자에게 공감을 표현할 수 있다.
  - 손 혹은 팔을 잡는다.
  - 따스한 손의 온도를 유지하도록 한다.
  - 손에 힘이 들어가지 않게 한다.
- **자세:** 대상자가 전달하는 메시지를 제대로 전달받을 수 있고 대상자가 보내는 비언어적 메시지를 포착할 수 있는 대화 방향인 얼굴을 마주보는 자세가 좋다. 업무를 수행하며 진행하는 간호대화의 특성상 대상자의 얼굴을 보지 못하는 방향에 서서 의사소통이 이루어질 수 있는데, 이 경우 대상자

는 대화에 집중하지 않을 수 있으므로 유의해야 한다. 그리고 한정된 시간적 여유로 인하여 등을 돌려 다른 업무를 수행하며 의사소통의 종결을 진행하는 경우가 있다. 이때 대상자는 자신의 이야기를 끝까지 경청하지 않았다는 느낌을 받을 수 있다.

- 대상자의 얼굴을 바라보는 쪽으로 선다.
- 가끔씩 고개를 끄덕인다.
- 차분한 자세를 유지한다.
- 어깨를 올린 자세로 대화하지 말아야 한다.
- 주먹을 꽉 쥐거나 차트를 만지작거리지 않는다.
- 가슴을 지나치게 앞으로 내밀지 않는다.

• **제스처:** 제스처를 통해서 메시지에 남겨 있는 내용을 보다 구체화할 수 있다. 간호대화에서는 메시지를 시각화하는 제스처가 의사소통을 원활하게 진행하는 데 도움을 주고 대상자에 대한 관심을 표현하는 한 방법이 될 것이다. 예를 들면, 약을 두 알 먹어야 할 경우 손가락으로 둘을 나타내거나, 대상자가 아픔을 호소하는 부위가 있을 경우 자신의 신체부위를 손으로 접촉하는 동작 지시를 하는 것이다.

3 문화 간 의사소통

1) 문화차이와 의사소통

급속한 세계화로 인해 세상은 보다 작은 공간이 되어가고 있다. 유동적인 이민형태는 한 지역의 인구를 보다 다양하게 만들어가고 있다. 이러한 시대에는 상이한 문화들 사이에 의사소통 방법의 차이가 있음을 이해하는 것이 매우 중요하다. 의사소통은 인간 상호 간에 상징적 복합작용을 통하여 의미를 주고받는 복합적인 과정으로서 직접적으로 내용을 전달하는 언어적 의사소통 방법과 표정, 말투, 감정, 제스처 등 비언어적 의사소통 방법이 있는데, 문화적 차이는 이러한 의사소통 방법들에 직접적인 영향을 준다. 사람들은 자신이 속한 문화에 의하여 언어, 몸짓, 표정과 같은 언어적 · 비언어적 상징을 통하여 의사소통하는 방법을 익히게 된다. 이것은 동일한 메시지를 전달하지만 수용되는 결과의 차이를 통해서도 쉽게 확인할 수 있다. 예를 들면, 멕시코계 미국인이 유방 검진에 대해 극도로 불안해 한다는 것을 간호사가 안다고 가정해 보자. 절차 후 간호사는 동정심을 보내고 '모든 것이 끝났다'라고 메시지를 전달할 것이다. 대상자는 울음을 터뜨릴 것이다. 왜냐하면 그녀는 자신에게 말기 유방암 진단이 내려졌다고 믿고 있기 때문이다. 또한 문화가 다른 사람들과의 의사소통 행동은 사고와 감정의 표현, 의사소통 전략에 영향을 주게 되는데, 개인의 의사소통은 문화를 반영하고 결정하며, 문화를 형성하게 된다. 반면 문화는 의사소통 행동에 의해 제한되고 형성되는 것으로, 한 개인은 자신의 세계에 대한 개념을 갖고 해석하는 언어적 습관에 따라 경험하게 된다.

문화 간 의사소통은 제2차 세계대전 이후 주로 미국과 유럽을 중심으로 이루어진 새로운 연구 분야이다. 당시 인류학자 에드워드 홀(Edward T. Hall)은 1959년 인류학적 의미에서의 문화 개념에 의사소통을 포함시키고 언어학적 · 문화적 분석에까지 확대 적용하여, 자신의 저서 "The Silent Language"에서 'intercultural communication'이라는 용어를 처음 사용하였다. 미국의 경우 세계대전을 여러 차례 겪으면서 다문화사회를 일찍 접하게 되었으므로 자연스럽게 다문화와 관련된 주제에 관한 연구가 활발히 진행되었고 또 발전하였다. 이미 1950년대부터 다문화 간 의사소통 연구가 시작되었고 1980년대에 이르러서는 미국 200여 개의 대학 학부과정에 문화 간 의사소통 관련 학과가 개설되었다. 이렇듯 대학에서 학문적으로 관심을 갖는다는 것은 그 사회에서 사람들이 살아가는 데 매우 중요한 문제점으로 인식되고 있다는 의미이다. 문화 간 의사소통을 학문분야로 끌어들여서 연구하는 목적은 다문화의 다양한 사람들 간의 의사소통에서의 문제점을 인식하고 효과적인 의사소통을 함으로써 문화 간 의사소통의 증진을 꾀하는 데 있다.

에드워드 홀은 일반적인 문화를 낮은 수준의 맥락을 가진 문화와 높은 수준의 맥락을 가진 문화로 구분하였다. 미국, 캐나다, 유럽, 이스라엘, 호주와 같은 나라들은 낮은 수준의 맥락을 지닌 문화에 속한다. 이들은 직접적이고 보통의 문제를 좋아하며, 상대방이 의도하는 내용을 정확하게 말해 줄 것을 기대한다. 또한 명쾌함, 유창성, 간결성과 같은 자기표현능력을 가치 있다고 여기며, 말을 하는 사람들은 듣는 사람을 확신시키며 설득하려고 노력한다.

반면에 동양, 아랍권, 아프리카의 여러 나라들은 높은 수준의 맥락을 지닌 문화권에 속한다. 이들은 간접적인 의사소통 방법을 사용하며, 문자 그대로의 의미가 직접 전달되는 경우가 거의 드물고 말하는 사람과의 관계, 상황, 장소, 시간 등에 따라 의미가 다르게 전달된다. 또한 명쾌함보다는 조화, 미묘함, 감수성, 재치를 높이 평가하며 말을 하는 사람은 대개 듣는 사람과 관련을 맺으려 한다.

이와 같은 문화의 차이는 말의 의미, 속도, 크기, 몸짓, 공간, 신체적 접촉, 침묵, 눈 마주치기 등에서 오해를 야기할 수 있으며 이러한 요인들에 대하여 알아보고자 한다.

(1) 말의 의미

일본인들에게 극진한 사과는 선의의 표현이다. 그러나 미국인들에게 사과는 말하는 사람의 위치를 낮춤으로써 잘못을 스스로 인정하는 것이다. 따라서 일본인은 미국인을 재치 없는 사람으로 생각하기 쉽고, 반면 미국인은 일본인을 소극적이고 불확실한 사람으로 생각하기 쉽다.

한국인은 매우 의례적이다. 의미의 정확성보다는 정해진 계층 및 계급 구분에 더 가치를 부여함으로써 상대가 윗사람인가 아랫사람인가에 따라 말이 달라진다. 서양 사람들은 한국인을 고지식하고 친근감 없는 사람으로 생각하고, 한국인은 서양 사람들을 버릇없고 뻔뻔스럽고 민감성이 부족한 사람들로 생각하기도 한다.

만약 차로 사무실까지 데려다주겠다는 제안에 아랍 사람이 "아니에요. 괜찮습니다."라고 말한다면 그 말에는 '그래요. 다시 물어보세요.'라는 의미가 담겨 있다. 아랍인은 다소 정교한 방식으로 말을 하는 경향이 있기 때문이다. 예컨대 차를 태워다주겠다거나 식사를 더 할 것인가와 같은 제안에 승낙을 하기 위해서는 몇 번이고 말이 오고가야 한다. 오직 그들이 "오, 아니에요. 절대 아닙니다. 난 정말 할 수 없어요, 난 받아들일 수 없습니다"라고 말할 때는 '정말 아니다'라는 의미라고 확신할 수 있다.

(2) 말의 속도

모든 문화는 말을 얼마나 빨리 해야 하고 어느 정도의 양만큼 말을 해야 하는지, 즉 말을 얼마나 간격을 두고 해야 하는지, 상대방의 말이 끝난 후 자신이 말하기 전까지 얼마나 기다려야 하는지에 대하여 각각 다른 기준을 가지고 있다. 영어를 사용하는 사람들 중에서 지식층에 속하는 미국에 거주하는 유대인들은 매우 빠르게 말하는 스타일이다. 말이 빠르고, 좀처럼 쉬지 않으며, 상대방의 말이 끝나지 않아도 겹쳐서 말할 뿐만 아니라 말을 가로막거나 끊고, 빠른 영어를 구사하기 때문에 유대인 특유의 성격을 가진 미국 사람들은 대개 시끄럽고 뻔뻔하며 무례한 이미지로 정형화되어 있다. 반면에 같은 영어를 사용하면서도 토착 미국인과 스웨덴계 미국인은 느리게 말하고, 가급적 단어를 적게 사용하며, 말 사이의 간격이 길고, 상대방의 말을 좀처럼 가로막지 않는 것이 특징이다. 또한 느린 영어를 구사하기 때문에 토착 미국인과 스웨덴계 미국인은 대개 고집이 세고 무뚝뚝한 것으로 정형화되어 있다.

(3) 말의 크기와 몸짓

이탈리아인이나 그리스인은 말을 할 때 큰 소리를 내고 팔을 많이 휘두르거나 여러 가지 몸짓을 하면서 이야기하는 것이 특징이다. 이렇게함으로써 상대방에 대하여 자신의 견해를 강하게 표현하며 방어하는 것이다. 이 지역에서 태어났을 경우 이렇게 논쟁을 하는 듯한 대화방식이 활력과 즐거움을 주는 스타일로 인식된다. 그러나 차분한 성격의 북유럽이나 아시아인에게 이러한 스타일은 논쟁을 유발하고 과격한 것으로 보인다.

(4) 공간과 거리

공간과 거리의 개념은 문화 간 의사소통에서 중요하다. 적절한 거리 영역에 대한 인식은 문화 집단 사이에서 매우 다양하다. 비슷한 문화의 사람들은 유사한 방식으로 행동하는 경향이 있다.

모든 문화에는 그 문화에 속하는 대부분의 사람들이 편안하게 느끼는 구역과 적절한 신체적 접촉에 대한 암묵적인 규칙이 있다. '편안한 구역(comfort zone)'은 '너무 가까운' 과 '너무 먼'의 사이에 있는 범위로서, 상대방과 이야기할 때 편안함을 느끼게 한다. 사업상에 동료는 2m 정도, 친구는 1m 정도의 간격에서 편안함을 느끼며, 매우 절친한 사이인 경우는 몇 cm에 불과한 거리에도 편안함을 느낀다.

개인은 보통 그들의 사적인 공간의 요구사항을 인식하지 않기 때문에, 자주 다른 문화적 패턴을 이해하는 데 어려움을 가지고 있다. 예를 들어, 다른 사람에게 가까이에 앉는 것은 따뜻함과 친절의 표현이지만, 개인적인 영역을 침범하는 경우는 위협으로 인식할 수도 있다.

라틴계 미국인, 일본인, 아랍인들은 가장 적은 공간을 필요로 하지만 미국인, 캐나다인, 영국인은 최대한 개인적인 공간을 필요로 한다. 예를 들어, 멕시코계 어머니는 응급실의 앵글로색슨계 간호사에게 아들의 팔이 부러진 것에 대해 이야기할 때 좀 더 편안한 범위 안에 들어가기 위해 간호사 쪽으로 점점 다가간다. 그러나 간호사는 너무 가깝다고 느끼고 한 걸음 뒤로 물러서게 된다. 이런 경우 그 어머니는 '간호사가 나를 피하고 있다'고 생각하고, 간호사는 '아주머니가 너무 들이댄다'고 생각한다. 하지만 문화의 차이로 인하여 양쪽 다 상대가 왜 그렇게 행동하는지 이해하지 못한다.

(5) 접촉

우리는 접촉을 통해 대상자와 라포(rapport)를 형성하는 것이 유익하다는 것을 알고 있지만, 치료적 접촉을 통한 치유의 증진을 포함한 대상자와의 신체적인 접촉은 다문화적으로 여러 가지 의미를 전달한다.

어떤 문화에서는 자신의 주장을 역설하기 위해 상대의 신체에 접촉하는 것이 아무렇지도 않게 여겨지지만, 다른 문화에서는 이와 같은 행동이 무례한 것으로 간주되기도 한다. 또한 사람들이 볼 수 있는 자리에서 동성애자가 아닌 남자들끼리 키스를 하거나 손을 잡는 것이 일상적인 것으로 받아들여지는 문학가 있는 반면, 이러한 행동이 동성애자의 표시로 간주되는 문화도 있다.

많은 아랍인과 히스패닉 문화에서 남성 건강관리 제공자들은 여성의 신체 일부 또는 전체를 접촉하거나 검진하는 것을 제한받는다. 사춘기의 소녀들은 여성 건강관리 제공자들을 선호하며 남성에 의해서 검진 받는 것을 거절할 수 있다.

일부 문화에서는 어린이와의 접촉에 관련된 엄격한 규범이 있다. 많은 아시아인들은 머리는 힘의 원천이라고 생각하기 때문에 머리를 만지는 것은 무례한 것이라 믿고 있다. 동남아시아인의 유아의 머리를 가볍게 톡톡 치거나 혹은 천문을 검진하는 것은 피해야 하고 반드시 부모의 허락을 받고 행하여야 한다는 것을 알아야 한다.

(6) 침묵

침묵에 대한 해석에는 광범위한 문화적 다양성이 있다. 일부 개인들은 침묵을 매우 불편하게 생각하고 대화가 지연되지 않도록 무슨 말이든 하려고 모든 노력을 한다. 반대로 많은 원주민 아메리카인들은 다른 사람을 이해하고 존경하기에 침묵을 중요하게 여긴다. 당신이 질문한 후에 망설인다면 질문 받았던 내용이 충분히 고려되어야 할 만큼 중요하다는 것을 의미한다.

전통적인 중국인과 일본인 문화에서 침묵은 말하는 사람이 듣는 사람에게 말했던 것에 대한 내용을 지속하기 전에 고려하길 바라는 의미일지도 모른다. 침묵에 대한 다른 문화적 의미가 발견되기도 한다. 영국 사람들과 아랍 사람들은 다른 사람의 사생활에 대한 존경으로서 침묵을 사용한다. 반면에 프랑스인이나 스페인과 러시아 사람들은 동의의 신호로 해석할 수 있다. 아시아 문화는 윗사람들에 대한 존경을 보여주기 위해 자주 침묵을 사용한다. 몇몇 아프리카계 미국인 중에 침묵은 적절하지 않은 것으로 인식된 질문의 반응으로 사용된다. 많은 미국인들은 침묵을 불편하게 생각할 수 있기 때문에, 건강전문가로서의 간호사는 우리 자신의 문화적 가치를 이해하고 대상자와 함께 문화에 적절한 방법으로 반응하는 것을 배우는 것이 중요하다.

(7) 눈 마주치기

눈 마주치기(eye contact)는 대상자가 간호사와 의사소통하기 위해 사용하는 문화적으로 다양한 비언어적인 행위이다. 비록 대부분의 간호사가 대상자와 이야기할 때 눈을 마주치도록 교육을 받아왔을지라도, 다양한 문화적 배경의 개인들은 이러한 행위에 다른 문화적인 의미가 있다고 생각할 수 있다. 아시아인, 원주민 북아메리카인, 인도네시아인, 아랍인 그리고 아팔라치아인 대상자들은 직접적인 눈 마주치기를 불손하고 공격적이라고 여길 수 있으며 그들은 간호사와 이야기할 때 자신의 눈을 피할지도 모른다. 듣는 사람이 말하는 사람에게 주의를 기울이는 것을 의미하는 문화적으로 적절한 행위로서 북아메리카 원주민들은 대화하는 동안 자주 바닥을 응시한다. 일부 아프리카계 미국인은 적절하지 않은 질문이라고 여기는 반응으로서 눈동자 돌리기(eye rolling)를 한다.

히스패닉인 대상자들 중에 존경은 나이, 성별, 사회적인 위치, 경제적 상태와 권위에 근거하여 다른 사람들을 향하여 눈을 내리뜨는 형태로 적절한 차이 있는 행위를 강요한다. 첫사람은 젊은이로부터, 성인은 아이들로부터, 남자는 여자로부터, 선생님은 학생으로부터, 고용주는 피고용자들로부터의 존경을 기대한다. 히스패닉인 대상자와 간호사의 관계에서 눈 마주치기는 간호사에 의해서 기대되는 것이지만, 반드시 대상자에 의해서 주고받게 되지는 않는다.

아랍인, 라틴인, 그리고 아프리카계 미국인 그룹을 포함하여 일부 문화에서 여성과 남성 모두에 대해 겸손은 눈 마주치기와 상관관계가 있다. 무슬림-아랍인 여성은 남성(그 여성의 남편은 제외하고)과의 눈 마주치기를 피하거나, 대중 앞에서 반대 성별의 구성원을 우연히 만났을 때 눈을 아래로 내리뜸으로써 겸손을 나타낸다. 많은 문화에서는 남자에게 웃고 대중 앞에서 눈 마주치기를 하는 유일한 여성은 매춘부뿐이다. 하시딕(Hasidic) 유대인 남성은 또한 문화적으로 여성들과의 눈 마주치기에 관한 기본 규범을 가지고 있다. 하시딕 유대인 남성이 여성을 스쳐 지나면서 이야기를 할 때는 눈 마주치기를 피하거나 반대 방향으로 머리를 돌리는 것을 관찰할 수 있다. 이것은 실례로서, 전체가 그렇다는 것은 아니다.

2) 문화사정과 의사소통

(1) 문화적 간호사정

간호실무에서 간호사와 대상자가 문화적으로 차이가 있는 경우 대상자의 욕구를 충족시키기 위해서는 간호사가 문화적 차이에 대한 문화적 민감성을 갖추어야 하며, 이러한 문화적 차이에 적응하는 능력이 필요하다. 또한 문화적 가치구조는 간호를 계획하는 데 중요한 역할을 담당하므로 대상자의 반응을 이해하기 위해서는 그 사람의 문화를 이해해야 한다. 문화는 한 개인에게 친숙한 부분이기 때문에 문화적 신념의 유사성과 차이점에 대해 이야기하는 것은 문화적으로 각양각색인 대상자와 치료적인 관계 형성을 원활하게 하는 데 많은 도움을 준다.

건강문제는 질병이나 질병과정에서 대상자의 생리적인 반응에 영향을 미칠 수 있는 행동적 · 문화적 반응이 수반되며, 다양한 형태의 질병 행위로 표현된다. 이때 대상자의 문화는 건강문제로 인한 신체적 · 정신적 변화에 주관적인 의미를 부여하게 된다. 따라서 간호사정에서의 문화적 사정은 여러 가지 방법을 통해서 건강관리에 도움을 주므로, 간호사정을 할 때는 문화적 배경의 함축된 의미 파악 등에 유의할 필요가 있다.

첫째, 문화적 배경의 함축된 의미에 대한 사정은 현재의 건강상태와 관계가 있다. 문화적 규범이 건강상태에 대한 개인적 인식, 건강상태의 의미, 치료에 얼마나 영향을 주는가, 회복을 위한 활동 중에서 대상자가 자신의 역할을 어느 정도로 규정하는가 등 이런 문제들은 문화의 영향을 받는 의미 있는 요인들이다. 예를 들면, 치료적 관계가 효과적이기 위해서는 가족구성원이나 친구를 포함하는 것이 필요한 경우가 있다. 어떤 문화에서는 가족이 건강관리에서 중요한 역할을 담당하는 반면에, 다른 문화에서는 가족이 중요하지 않은 경우도 있다. 유럽문화에서는 건강관리에 대한 중요한 결정을 대상자가 주로 하지만, 다른 문화에서는 가족구성원이 중요한 결정을 하는 경우가 있다. 또한 질병 자체가 문화적으로 함축된 의미를 가질 수 있다. 어떤 질병은 특정 문화에서 강한 부정적인 의미를 가지는 경우가 있다. 예를 들면, 중국 문화권에서는 결핵과 정신질환을 부끄러운 질병으로 인식하며 가족 외에는 정신질환에 대해 이해하기를 거부한다. 일부 문화에서는 정신질환을 잘못된 행동에 대한 신의 벌로 간주한다. 일부 남아메리카 문화에서는 신이나 성자가 눈앞이나 꿈에 나타나서 이야기하는 것을 상당히 인정하고 있지만, 유럽문화는 이것을 환각으로 설명하며 정신과적 치료를 추천한다. 인도에서 천연두는 신이 내리는 것으로 간주하기 때문에 천연두에 대한 면역은 일부 지역에서만 행해지고 있다. 이러한 문화적 사고의 차이가 질병과 건강관리에 대한 생각에 많은 영향을 미친다. 따라서 문화가 다른 다양한 대상자와 치료적 관계를 형성하기 위해서 질병에 대한 문화적 의미와 반응에서의 차이를 이해하는 것이 필요하다.

둘째, 문화적 차이로 인한 치료계획의 수정이 필요한지를 결정하는 것이다. 대상자 개개인을 위한 간호계획에서 고려해야 할 점은 대상자의 문화적 배경이 미치는 영향이다. 문화적으로 다양한 대상자와 치료적 관계를 형성하고 대상자의 문화적 신념을 통합한 간호중재를 제공하기 위해서 간호사의 민감성이 매우 중요한 요소가 된다. 예를 들면, 산모에게 그들의 모국어를 사용한 모유수유에 대한 책자를 제공하는 것은 의미 있는 방법이다. 이러한 간호중재는 간호사가 문화적 차이를 인식하고 있음을 보여주는 증거가 된다.

(2) 문화적 이해를 통한 의사소통

간호사는 각 대상자별로 의사소통 양상이 독특하기 때문에 서로 다른 문화집단의 모든 사람들에게 일반화된 의사소통 방법을 적용하는 것에서 벗어나야 한다. 또한 대상자를 사정할 때도 공통의 문화적 양상을 인식하고 대상자를 한 개인으로 인정하여 간호사정을 실시해야 한다. 따라서 문화가 다른 대상자를 사정할 때 적용할 수 있는 효과적인 의사소통을 위한 기본 지침을 소개하고자 한다.

① 문화적 요구에 맞는 의사소통 방법으로 접근한다.

- 대상자의 공포, 불안, 혼동 상황에 대해 경청한다.
- 대상자의 문화적 지향에 따라 안심할 수 있는 태도로 반응한다.
- 다른 문화 집단에서는 대상자에 대하여 타인과 논의하는 것에 대해 불쾌하게 반응할 수 있다는 것을 인식한다.

② 위협적이지 않은 태도로 의사소통한다.

- 서두르지 않고 차분한 태도로 면담한다.
- 정보 수집 동안에는 일반적인 질문을 한다.
- 접근 가능한 사회문화적 편의시설을 이용한다.
- 신중하게 듣고 대상자에게 관심이 있음을 전달한다.
- 약속을 잘 지키며 신뢰관계를 형성한다.

③ 의사소통에서 비준된 기술을 사용한다.

- 대상자가 이해하지 못한 경우 피드백을 실시한다.
- 의미가 왜곡 없이 해석될 것이라고 추정하지 않는다.

④ 의사소통 증진을 위하여 통역자를 활용한다.

- 단어의 의미 전달보다는 메시지 전달을 위하여 노력한다.
- 문화적으로 민감한 통역자를 활용한다.
- 이해의 정도를 확인하기 위해 피드백을 실시한다.

⑤ 대상자 요구파악과 존중이 치료적 관계의 핵심이다.

- 친절한 태도를 통해 존중감을 전달한다.
- 대상자의 문화권에서 활용하는 듣기 방식을 파악한다.
- 문화에 의해 발생되는 장벽에 대하여 융통성 있는 태도를 취한다.

⑥ 다른 언어로 말하는 대상자에게 특별한 접근방법을 선택한다.

- 대상자의 안정을 위하여 편안한 목소리와 표정을 한다.
- 천천히 말하되 크지 않은 목소리로 편안하게 의사소통을 한다.
- 대상자의 이해를 돕기 위해 제스처, 그림, 역할극을 활용한다.
- 필요시 다양한 방법으로 메시지를 전달한다.
- 대상자에게 간결하고 반복적으로 메시지를 전달한다.

- 적절한 언어 사전을 사용한다.
- 자주 사용하는 용어에 관심을 가지고 이해할 수 있는 용어를 사용한다.

⑦ 문화권에 따라 금기시되는 주제(예: 성)는 간호사가 리드한다.

- 소수문화권에서 성적인 문제는 반대 성의 구성원들과 자유롭게 논의하지 않는다는 것을 인식한다.

(3) 기타 문화차이에 대한 이해

① 친밀함에 대한 문화적 시각

간호사와 대상자 사이의 상호작용은 바람직한 친밀도에 의해서 영향을 받으며, 그 범위는 매우 형식적인 관계부터 개인적인 친밀한 상호관계까지 다양할 수 있다. 예를 들면, 아시아 출신의 일부 대상자는 간호사와 다른 건강관리 제공자가 권위주의적이며 지시적이고 편견이 없기를 기대한다. 건강관리를 접하면서, 중국계의 일부 대상자는 무엇이 잘못되었는지 직관적으로 알고자 하는데, 간호사는 대상자에게 '당신은 무슨 일로 여기에 왔는가?'와 같은 매우 표준적인 인터뷰 질문을 한다면 실제로 신뢰성을 잃을지도 모른다. 아시아계 미국인의 부모는 '왜 내가 이곳에 있는지 당신은 모릅니까?'와 같이 생각할지 모른다. 간호사는 모든 답은 하나라고 생각할 것이다. 수많은 아시아계 미국인의 수줍어하는 대인관계 행위 특성은 간호사의 설명에 대해 대상자가 동의하거나 혹은 이해한다는 인상을 남겨 줄 것이다. 아시아인에게서 고개를 끄덕이거나 미소 짓는 것은 대인적인 조화(harmony)에 대한 문화적 가치를 단순하게 반영하는 것이고, 간호사가 말한 것에 동의한다는 것은 아니다. 아시아계 미국인 대상자들 사이에 사회적 조화를 강조하는 것은 관심이나 느낌에 대한 그들의 충분한 표현을 방해할 수 있다.

태국문화에서 높은 가치는 친절에 의한 다른 사람들의 느낌과 사람들 사이에 갈등을 회피하는 것에 대한 인식과 예상이다. 가정을 증명하려면 간호사는 조화를 유지하는 것을 목표로 사회적으로 순응하며 응답한 대상자의 반응과 순순한 찬동의 반응을 구별해야 한다. 이것은 대상자가 동의하지 않는 것에 대해 솔직하게 제안에 응답하거나 혹은 '승인'함으로써 이루어질 수 있다.

반대로 아팔라치안 대상자들은 건강관리 제공자와 가까운 인간관계를 기대하도록 하는 가까운 가족 상호작용 패턴을 가진다. 아팔라치안 대상자들은 전문적인 능력보다는 대인관계 기술에 근거하여 당신의 효율성을 평가할지도 모른다. 일부 아팔라치안들은 대부분의 건강관리 제도의 비인격적인 지도에 불편해할지도 모른다.

라틴아메리카 사람 혹은 지중해 출신은 자주 높은 친밀도를 기대하고, 간호사가 개인적 행위와 사회적인 기능에 참여할 것으로 기대하면서 그들의 가족 체계에 당신을 참여시킬 수도 있다.

이들 개인들은 간호사가 전문적인 실무라고 믿고 있는 것의 범위를 넘어서 확대된 사람 사이의 호의를 기대하게 되며, 간호나 충고를 위하여 밤낮으로 간호사가 집에서 접촉할 수 있는 특권이 있다고 느낄 수도 있다. 만일 대상자의 문화적 가치 체계가 사생활을 매우 강조한다면, 간호사는 자신의 개인적인 거주지 정보를 공개하기보다는 기관의 전화번호와 주소를 줄 수 있다.

왜냐하면 모든 인간관계에서 첫 인상은 너무 중요하기 때문에, 어떤 사람을 소개하는 것과 관련한 문화 간의 고려사항은 몇 가지의 짧은 소견을 정당화한다. 상호적으로 존경하는 관계가 형성된 것을 확신하려면 간호사는 자신을 소개해야 하며 어떻게 불리는 것이 좋은지(즉 이름, 성, 혹은 타이틀로) 대상자에게 말해야 한다. 간호사는 대상자에게서도 똑같은 정보를 이끌어내야 하는데, 이것은 간호사가 문화적으로 적절한 태도로 자신을 알려줄 수 있기 때문이다.

② 성과 성별

비언어 행위는 문화적으로 중요하며, 여러 문화 중에 적절한 남성-여성관계와 관련된 규범을 어기면 대상자와 그들 가족과의 치료적 관계가 위태롭게 될지도 모른다. 아랍계 미국인 중에 성인 남성이 반대 성별의 구성원(부인은 제외하고)과 함께 단 둘이 있는 것을 회피하며, 여성과 함께 일을 할 때는 일반적으로 한 명 이상의 남성들을 동반하는 것을 발견하게 된다. 동료(들)의 존재는 상호작용의 목적이 명예롭다는 것과 성적으로 부적절한 행위가 일어나지 않는다는 것을 의미한다. 중동 출신의 몇몇 여성은 남성과 악수를 하지 않으며, 남자와 여자는 부부관계 이외에 각각 다른 사람들과 접촉하지 않는다. 최근에 이민 온 대상자들이 문화동화의 다양한 단계에 있다면, 이러한 것과 같은 전통적인 관습이 관행으로 될 수도, 되지 않을 수도 있다. 만일 의심스러우면 입원할 때 대상자에게 물어보거나 대상자의 행위를 관찰해야 한다.

동일한 성별 관계에 관해서도 중요한 점이 있다. 일부 문화에서는 행위와 관련된 어떤 성에 대한 의미가 없이, 공개적 그리고 대중적으로 동성 간에 손을 잡거나 포옹하는 것은 우정이나 애정의 표현으로 받아들여지고 있다.

예를 들면, 나이지리아계 미국인 여성이 그녀와 남편 혹은 다른 남성 가족구성원에게 명백한 애정을 표현하지 않을지라도, 그녀는 여자 친족들이나 친구들과 걸으면서 이야기하는 동안 손을 잡는 것을 알 수 있다. 대상자가 간호사에게 유사한 행위를 하는 것을 발견하면, 간호사는 공개적으로 대상자와 함께 문화적인 차이와 유사성을 자유롭게 토의할 수 있음을 느끼게 된다. 토의는 각 사람이 문화적인 관행과 서로 받아들일 수 있거나 받아들일 수 없는 의사소통 방법의 모색에 대해 어떻게 느끼는지를 포함하여 토의한다.

(4) 통역사 사용

문화 간 의사소통에서 가장 큰 장애 중의 하나는 간호사와 대상자가 서로 다른 언어로 이야기할 때 일어난다. 비영어로 이야기하는 대상자의 언어기술을 평가한 후에 간호사는 2가지 상황 중의 하나에 자신감이 있음을 알게 된다(통역사를 통해 효과적으로 대화할 것인지 또는 통역사 없이 효과적으로 의사소통할 것인지).

비영어로 대화하는 사람을 면접할 때 충분한 의사소통을 위해 이중 언어를 구사하는 통역사를 필요로 한다. 다른 문화 혹은 나라에서 온 사람(영어가 제2외국어인 사람)이 영어를 기본적인 언어로 사용하더라도, 병원을 방문했을 때 낯선 상황이나 낯선 징후와 접했을 때 혹은 가족계획 혹은 부인과나 비뇨기과의 관심사와 같은 민감한 화제를 토의할 때 통역사가 필요할지도 모른다. 이상적으로는 훈련된 의학 통역사를 이용하여야 한다. 이때의 통역사는 통역하는 기술을 알고 있으며 건강관리 배경을 가지고 있고 대상자의 권리를 이해하고 있어야 한다. 또한 훈련된 통역사는 문화적인 신념과 건강 실천에 관해 지식이 있어야 한다. 통역사는 문화적인 격차를 연결시키도록 도와줄 것이며 간호사가 추천하는 문화적인 적절성에 관해 조언을 줄 것이다.

비록 간호사가 인터뷰의 중심과 흐름에 책임자일지라도 통역사는 건강관리팀의 중요한 구성원으로서 간주되어야 한다. 친척, 친구 혹은 다른 대상자에게 통역하도록 부탁할 수 있는데, 왜냐하면 이러한 사람들은 당연히 도와주길 원하기 때문이다. 그러나 이것은 대상자가 사적인 정보를 공유하기를 원하던 원하지 않던 간에 대상자를 위한 비밀유지를 위협하게 된다. 그리고 비록 친구 혹은 친척들이 일반적인 언어 사용은 유창하다 할지라도, 의학용어, 병원, 임상 절차 그리고 건강관리 윤리에 관해서는 모를 수 있다.

가능할 땐 언제라도 건강관리팀의 이중 언어 사용 구성원과 함께 작업을 하는 것이 좋다. 이상적인 환경에서 친밀감을 형성하기 위해 미리 통역사에게 대상자를 만나도록 부탁하여 나이, 직업, 교육 수준, 그리고 건강관리에 대한 태도와 같은 대상자에 관한 기본적이고 개인적인 정보를 얻도록 부탁해야만 한다. 이것은 통역사가 관계를 쉽게 하도록 하며, 대상자가 상대적으로 위협받지 않는 그들의 삶에 관한 이야기를 하도록 한다.

간호사와 통역사 모두는 한 문장 혹은 두 문장으로 이야기하며, 그 다음에는 통역사가 통역할 수 있는 시간을 주어야 한다. 간호사는 간단한 언어를 사용해야 하고, 통역되기 전에 통역사가 단순화해야만 하는 의학 전문용어를 사용하지 말아야 한다. 사람이 그들의 모국어로 이야기하도록 허용하고 이후 통역사가 요약하도록 하는 요약 통역은 좀 더 빠르며, 통역사가 이미 친숙하고 상대적으로 간단한 건강 기술을 가르치는 것이 유용하다. 대상자가 말할 때 비언어적인 신호에 대해 방심하지 말아야 한다.

그렇다면 그들은 가치 있는 데이터를 줄 것이다. 유능한 통역사는 또한 비언어적 메시지를 알아채고 그것들을 간호사에게 알려 줄 것이다.

4 문화 간 효과적인 의사소통

1) 다문화가정의 의사소통의 중요성

인간에게 있어서 최초의 사회화가 이루어지는 곳이 가정이며, 사회화 과정에서 필수적인 것이 의사소통이다. 다문화가정 자녀들도 가정에서 부모와의 의사소통을 통하여 최초의 사회화 과정을 겪을 것이다.

다문화가정은 가족 간의 의사소통 수단인 공통된 언어가 부족하여 대화하는 데 많은 어려움이 있다. 의사소통의 효율성은 서로 간의 말에 대한 의미를 전달하는 것 이상의 서로 다른 문화적 이해까지 포함하는 것을 의미한다. 그래서 다문화가정의 가족 간 의사소통 시에도 단순한 말의 전달이 아니라 서로의 관계적 성격을 띠는 의사소통이어야 한다.

그러나 결혼이주여성의 다문화가정 내의 의사소통 형식을 살펴보면, 한국 사회에 적용하지 못하여 정서적 위기를 겪고 있거나 언어 및 문화에 적응력이 떨어져 자녀 및 남편과의 의사소통에서 상당한 문제점을 드러냄으로써 자녀의 교육적 측면에 매우 부정적인 영향을 미치는 경우가 많다. 의사소통 유형은 다문화가정 어머니와 자녀의 건강한 자아개념 형성에 중요한 영향을 미치므로 중요하다. 특히 다문화가정은 가족 간 의사소통을 하기 위한 수단인 공통된 언어가 통하지 않으므로 상호 간의 의견, 생각, 감정 등을 표현하기에 어려움이 있다.

예를 들어, 결혼이주여성이 다문화가정의 어머니인 경우, 우리나라의 언어 및 문화가 매우 생소하므로 일단 남편과 시어머니 등의 가족들에게 전적으로 의존하게 된다. 이렇게 자신의 삶을 타인에게 의존하는 형태를 취하게 될 때는 우리나라에서의 거주 기간이 길다고 하더라도 우리 사회에 적응하지 못하는 경우가 많다. 결혼이주여성이 한국 사회에 적응하지 못하거나 적응하는 기간이 길어지는 경우에 정서적 갈등 및 위기를 겪는 것은 너무나 당연하다. 한 가정의 어머니가 이러한 문화적 충격과 갈등에서 벗어나지 못한 상태로 자녀를 낳고 기르며 교육해야 하는 상황에서는 안정적으로 자녀교육에 전념하지 못할 것이며 자녀와의 의사소통장애로 이어져 자녀의 올바른 자아개념 형성에도 부정적인 영향을 미치게 될 것이다.

대부분의 다문화가정에서는 외국인 어머니의 모국어 사용이 금기시되는 분위기에서 자녀가 자라는 경우가 많아 자녀들은 한국어와 어머니의 모국어 모두 미숙한 경우가 많았다. 즉 다문화가정에서는 외국인 어머니의 모국어와 서투른 한국어를 혼용하여 사용함에 따라 부모와 자녀 간의 상호 이해가 잘 되지 않고 서로의 생각과 감정을 언어로써 전달하는 데 많은 어려움이 있다. 다문화가정의 부모와 자녀 간의 의사소통은 가족기능 및 부모-자녀 간 의사소통의 정도가 높고 잘 될수록 자녀의 자아존중감이 향상되고, 개방형 의사소통을 많이 할수록 아동의 자아정체성은 높아지며 역기능적 의사소통이 많을수록 자아정체성은 낮아졌다.

다문화가정에서의 중요한 문제는 의사소통의 방법 및 능력으로 단순히 한글을 읽고 쓰는 것을 넘어서 문화와 관련된 의사소통 능력이 우선되어야 한다는 것이다. 따라서 개방적인 의사소통이 다문화가정 자녀의 긍정적 자아개념형성 및 부모와의 의사소통, 학교적응에 긍정적인 영향을 주므로 다문화가정의 의사소통을 개방적인 의사소통 유형으로 유도하도록 힘써야겠으며, 언어뿐만 아니라 문화적으로 적응을 잘할 수 있도록 프로그램 개발 등에도 주력하여야겠다.

2) 부부 의사소통

의사소통이란 둘 이상의 사람들 간에 사실, 생각, 감정의 교환을 통해 서로를 이해하고 영향을 미치는 모든 과정이라고 할 수 있다. 부부 의사소통이란 자기 자신을 배우자에게 서로 노출시켜 생각을 주고받는 상호작용으로, 이를 통해 자신과 상대방의 역할과 목표를 알게 되며 사랑과 존경을 나타내는 과정이다. 부부관계를 더 증진시키고 행복한 가정을 만들기 위해서는 무엇보다 의사소통이 중요하다.

행복한 부부일수록 서로에 대해 좀 더 많은 것을 이야기하고, 광범위한 화제를 가지며 쌍방적인 대화를 한다. 이를 위해서는 언어적이든 비언어적이든 서로의 일치를 위해 효과적인 의사소통 방식을 모색하고, 그들 사이에 있는 장애를 제거하여야 한다. 다문화가정인 경우 의사소통을 하기 위한 수단인 공통된 언어가 부족하며, 서로 간의 생각이나 느낌을 주고받는 데 많은 어려움이 있다. 다문화가정에서는 남편과 아내, 어머니와 아동 간에도 언어의 소통이 자유롭지 못하기 때문에 가족 내에서도 의사소통에 어려움을 겪고 있다.

국제결혼을 한 외국 여성들의 문제유형은 언어습득 부족으로 인한 의사소통의 어려움, 가정폭력 및 여성에 대한 폭력, 사회 시스템의 부족으로 인한 부작용, 정보소외로 인한 사회적 관계망 형성 및 사회참여 기회에서의 어려움 등의 문제를 들 수 있다. 또한 권위적인 남편의 태도로 아내가 한국어가 서툴다는 이유로 말을 잘 들어주지 않거나 말을 해도 모른다고 무시하고, 일부에서는 다문화가정 여성에 대한 신뢰를 갖지 못하고 외부와의 접촉을 꺼려하며 폐쇄적인 태도를 가지며, 다문화가정 여성에게 한국 사회에 대한 경험과 교육의 기회를 차단하는 경우도 있다.

부부 의사소통의 장애물로는 문화적 차이와 성역할에 대한 학습 차이, 간접적 의사소통과 선험적 인지 주장, 의사소통 시간, 일방적 의사소통, 방어적 의사소통을 들 수 있다. 의사소통이 잘 이루어지지 않는 부부들은 근본적으로 많은 문제들을 가지고 있다. 자존감이 너무 낮아 의사소통을 제대로 못한다거나, 자신의 의견을 표현할 가치가 없기 때문에 말을 하더라도 별로 도움이 되지 않을 것이라고 생각하는 사람들도 있다. 때론 주위 사람들에 의해 의견이 제지당하기도 한다. 이런 일이 반복되면 스스로 움츠러들게 되고, 자기방어벽을 쌓게 된다. 이런 마음의 상처를 방치하면 여러 형태의 정서적 · 심리적 문제가 생기게 된다. 부부 중 한 사람이 상대방의 가치를 인정하지 않는다면 무관심해지고, 무관심은 결국 서로를 멀어지게 해 이혼으로 가게 된다. 의사소통의 부조화는 시간이 지남에 따라 부부갈등 문제로 이어진다.

다문화가정에서 가장 중요한 역할을 하는 사람은 바로 다문화가정 안에서 주도적 영향을 행사하는 한국인 남편이다. 한국인 남편과 외국인 아내 사이에서 언어는 통하지 않더라도 한국인 남편이 외국인 아내에게 긍정적 의사소통과 표현을 한다면 부부의 결혼생활 만족도는 높아지게 되고, 부부가 부정적 의사소통과 표현을 한다면 불행한 결혼생활을 하게 되며 결혼 만족도는 낮아질 것이다. 또한 요구회피적 의사소통과 표현을 한다면 부부가 같이 살면서도 팽팽한 긴장 속에 영원히 타인과 같이 사는 느낌으로 살게 될 것이다.

따라서 부부 간에 감정을 교류하며 서로를 이해하고, 칭찬과 격려를 해 주고, 상대방의 감정을 고려하면서 대화할 때 진정한 가정의 화합을 이룰 수 있을 것이다.

3) 부모-자녀 간 의사소통

가정은 아동에게 최초의 사회화가 이루어지는 환경으로, 아동이 사회구성원으로 성장할 수 있는 기본 터전을 제공한다. 이러한 가정 내에서 부모-자녀 관계는 가장 기본적인 관계일 뿐만 아니라 인간관계의 기초를 형성하는 중요한 관계이다. 원만한 부모-자녀 간 의사소통은 서로에 대한 공통적인 이해를 통해 요구의 충족을 지지하고 내적 긴장을 완화시킴으로써, 부모-자녀 관계를 긍정적으로 확장시키는 역할을 한다. 특히 자녀는 의사소통을 통한 부모와의 상호관계를 바탕으로 자신감과 안정감을 갖게 되며, 자아정체감 형성과 도덕성 발달, 인성 및 행동발달에 결정적인 영향을 받게 된다.

언어는 타인과의 상호작용을 가능하게 하며 주변 사람들과 관계를 맺기 위한 필수적인 수단이다. 언어는 유아기 생활의 매우 중요한 부분으로 유아가 유능한 존재로 성장하게 하는 촉매제이자 문화전승의 도구이다. 유아기의 적응과 발달을 이해하기 위해서는 유아를 인지적 · 사회적으로 성장시키는 도구인 언어에 대한 이해가 반드시 필요하다. 그러나 일부 다문화가정 유아는 일상적인 대화에서 어려움을 겪기도 하는데, 이는 언어습득의 결정적 시기인 영유아기에 한국말이 서툰 외국인 어머니 밑에서 자람으로 인해 언어발달이 늦어지고 의사소통이 제한되기 때문이다. 특히, 다문화가정 유아의 나이가 어릴수록 언어능력 지체비율이 높았으며 유아기 후기가 되면서 점차 일반적인 수준을 획득하는 것으로 나타났다.

일부 결혼이주여성의 자녀는 언어발달에서 결정적인 시기인 유아기에 원활한 언어적 상호작용의 충분한 기회를 경험하지 못함으로 인해 언어발달이 원만하게 이루어지지 못하고 있다. 국제결혼가정의 많은 아버지와 조부모는 아이의 언어발달에 문제가 있는 것은 무조건 외국인 어머니의 탓으로 생각하고, 자신들이 아이에게 언어적 자극을 제공해야 함을 인식하고 있으나 바쁜 농사일 등으로 인해 아이와 놀아줄 수 없다고 생각한다. 결과적으로 한국말을 할 줄 아는 아버지와 조부모는 바빠서 아이와의 상호작용을 못하는 반면, 외국인 어머니는 육아를 위해 모국어를 사용하면 필요 없는 외국말을 가르친다고 질책을 받기 때문에 아이와 상호작용을 하지 못하는 상황이다. 이처럼 국제결혼가정의 유아기 자녀가 경험하는 언어발달 문제는 소극적인 언어활동뿐만 아니라 언어영역을 기피하거나 질문에 단답형으로만 대답하는 상황을 초래하게 된다.

다문화가정 아동이 지각한 부모-자녀 간 의사소통 유형에서는 다문화가정 아동과 어머니의 한국어 수준이 높고 가정 분위기가 화목할수록 부모와의 개방적인 의사소통이 많이 이루어지고 아동의 자아정체성이 높은 것으로 나타났다. 또한 개방형 의사소통을 많이 할수록 아동의 자아정체성이 높아지고, 문제형 의사소통이 많아질수록 아동의 자아정체성이 낮아지는 것으로 나타났다. 뿐만 아니라 부모와 개방형 의사소통을 많이 할수록 다문화가정 아동의 사회적응력도 높아지는 것으로 보고되었다. 부모-자녀 간 개방적 의사소통이 원활할수록 다문화가정 아동의 정서지능 또한 증가하는 것으로 나타났다. 즉 부모가 개방, 공감, 지지, 긍정, 동등성의 자세를 가지고 적극적으로 경청하는 의사소통을 통해 자녀는 자신이 속한 사회에 적응하는 법을 알게 되고 사회구성원으로 참여할 수 있으며, 구성원으로서의 기능 발휘를 통해 타인과 긍정적인 상호관계를 맺게 된다.

부모와의 의사소통은 다문화가정 아동에게 문화적 배경이 다른 부모에 대한 고민 해소, 사회화 교육, 안정감 획득 및 대인관계와 학교적응에까지 영향을 미치게 된다. 따라서 다문화가정 아동과 부모와의 개방적 · 적극적인 의사소통을 통해 부모-자녀 상호 간의 정보교환 및 감정이입을 통한 공통적 이해를 도모하고 지지적인 부모-자녀관계를 형성하도록 해야 할 것이다.

다문화가족 어머니는 한국어 미숙과 자녀양육에의 자신감 결여로 인해 부모-자녀 간 상호작용이 원만하게 이루어지지 않고 있는 상황이다. 일반가정 자녀가 가정 내에서 한 가지 언어와 문화만을 접하며 성장하는 것과는 달리 다문화가정 자녀는 2가지 언어와 문화를 동시에 접하고 사용하는 언어 환경을 가지고 성장한다는 사실에 비추어볼 때, 이들의 언어배경이 다른 만큼 그 언어교육 방향 또한 달라져야 할 것이다. 한국문화와 한국어로의 동화를 무조건적으로 강요할 것이 아니라 그들의 언어와 문화를 계승해 가면서 조화롭게 상생할 수 있는 정당한 교육제도를 마련해 주는 것은 건강한 미래 사회를 위해서도 바람직한 일이 될 수 있기 때문이다.

가족 내 의사소통은 말하기와 듣기 두 측면에서 아동에게 영향을 줄 수 있다. 말하기는 부모에게 자녀가 말하는 언어의 양과 풍부함의 차원, 자녀가 부모의 격려를 받고 대화하는 양의 차원을 포함한다. 듣기는 단순한 맞장구나 기계적인 대답을 의미하는 것이 아니라 아동이 말하는 것이 정말 경청할 만한 내용이며 가족의 의사결정에서 아동의 생각이 고려되어야 할 만큼 중요함을 자녀에게 충분히 전달해야 하는 것을 의미한다. 개방적으로 의사소통을 하는 가정의 자녀는 정서적으로나 사회적으로 보다 성숙하며 스트레스나 변화에 잘 적응하고 자신에게 만족한다. 그러나 학령전기를 지나면 아동은 타인의 관점이 자신과 다를 수 있다는 사실을 깨닫게 된다.

다문화가정의 부모는 부모-자녀 간 의사소통 향상을 위하여 자신의 모국에서 가져온 문화적 · 사회적 자본을 자녀들에게 선택적으로 강조함으로써, 자녀들의 발달과업 성취에 긍정적으로 전념하게 하는 전략으로 활용할 수 있다. 현재 다문화가정은 자녀가 학령기이거나 청소년기인 경우가 대부분이므로 부부관계를 건강하게 하는 것을 기본으로 자녀의 사회적 · 정서적 발달을 위한 학습지도, 자녀에 대한 이해 및 강점 중심 지원자로서의 부모역할을 수행하도록 격려하고, 이를 지원하기 위해 전문적인 교육기회 등을 제공해야 할 것이다. 또한 학교 등의 지역사회가 능동적 사회통합에 기여할 수 있도록 다양성에 대한 언어와 존중 및 관용적 수용을 지지하며, 다문화에 대한 역량강화 노력을 지속적으로 전개할 필요가 있다. 한 예로 지자체 및 지역사회와 해당 교육기관과의 협력을 통해 다문화가정 자녀를 대상으로 한 이중언어 교육의 사회적 공감대를 형성할 수도 있다.

요약정리

1. 문화적 역량은 대상자와 대상자 체계의 발달을 최대화할 수 있는 조건을 만들어 내거나 취할 수 있는 능력으로 기본요소 및 조건을 갖춘 교육과정을 통해 문화적 역량을 가진 간호를 수행할 수 있다.

2. 의사소통은 다른 사람과의 정보, 생각, 감정 등을 교환하며 다른 사람을 이해하고 자신의 의사표현을 정확하게 할 수 있는 기회이며, 사회구성원으로서의 친밀한 인간관계를 형성해 나가는 과정이다. 다양한 치료적 의사소통 기법과 준언어적 의사소통 행위 및 비음성적 의사소통 행위를 통해 효과적인 문화 간 의사소통을 할 수 있다.

생각해 보기

1. 다양한 간호상황에서 문화적 역량을 가진 의사소통 방법이 어떤 것이 있는지 생각해 보자.

2. 다문화가정에서 문화적 역량을 가진 의사소통의 중요성 및 필요성에 관해서 생각해 보자.

3부

다문화사회와 건강

7장 다문화사회구성원의 건강관리

8장 의료관광과 글로벌 헬스케어

7

다문화사회구성원의 건강관리

학습 목표

1. 결혼이민자와 귀화자의 정의 및 현황에 대해 설명할 수 있다.
2. 결혼이민자의 건강상태 관련 내용을 설명할 수 있다.
3. 결혼이민자의 건강관리에 대해 설명할 수 있다.
4. 외국인근로자의 정의 및 현황에 대해 설명할 수 있다.
5. 외국인근로자의 건강상태 관련 내용을 설명할 수 있다.
6. 외국인근로자의 건강관리에 대해 설명할 수 있다.
7. 북한이탈주민의 정의 및 현황에 대해 설명할 수 있다.
8. 북한이탈주민의 건강상태 관련 내용을 설명할 수 있다.
9. 북한이탈주민의 건강관리에 대해 설명할 수 있다.

용어 정의

- **결혼이민자:** 「재한외국인 처우 기본법」에 의하면 대한민국 국민과 혼인한 적이 있거나 혼인관계에 있는 재한외국인(대한민국의 국적을 가지지 않은 사람으로서 대한민국에 거주할 목적을 가지고 합법적으로 체류하고 있는 사람)을 말하고, 「다문화가족지원법」에서는 결혼이민자등이란 다문화가족의 구성원으로서 결혼이민자와 귀화허가를 받은 사람을 말한다.
- **귀화자:** 한국의 국적을 얻어 한국의 국민이 된 사람을 말한다.
- **다문화가정:** 한 가족 내에 다양한 문화가 공존하는 가정을 말하며 국제결혼가정(한국인 남성+이주여성, 한국인 여성+이주 남성), 이주민 가정(이주노동자, 유학생, 북한이탈주민 등)을 포함하는 것으로 한 가족 내에 다양한 문화가 공존하고 있는 가정을 말한다.
- **다문화가구:** 귀화자가 있는 가구 또는 외국인이 한국인(귀화자 포함)배우자와의 혼인으로 이루어진 가구 또는 그 자녀가 포함된 가구를 말한다.
- **외국인근로자:** 대한민국의 국적을 가지지 아니한 자로서 국내에 소재하고 있는 사업 또는 사업장에서 임금을 목적으로 근로를 제공하고 있거나 제공하고자 하는 사람
- **북한이탈주민:** 군사분계선 이북지역(북한)에 주소, 직계가족, 배우자, 직장 등을 두고 있는 사람으로 북한을 벗어난 후 외국 국적을 취득하지 않은 사람
- **생계급여:** 기준 중위소득 30%에 해당하는 금액과 북한이탈주민의 소득인정액과의 차액을 지원
- **의료급여:** 「의료급여법」에 따라 생활이 어려운 북한이탈주민을 대상으로 의료혜택을 지원

1 결혼이민자 및 귀화자

1) 결혼이민자 및 귀화자의 정의 및 현황

결혼이민자란 배우자와의 결혼을 통해 본국에서 배우자의 나라로 이민한 사람을 말하며, 귀화자란 한국의 국적을 얻어 한국의 국민이 된 사람을 말한다. 이민자의 경우 국적을 바로 얻는 것이 아닌 배우자 비자로 거주한 후 향후 심사를 통해 국적을 얻는다는 점이 귀화자와 다르다. 국가 간 이동을 뜻하는 이민은 오늘날보다 다양해지고 있다. 이민은 유입국과 유출국 모두에 경제, 사회, 문화적으로 많은 영향을 미치므로 이민정책은 항상 논쟁이 되고 있다. 특히 유입국에서는 더 그러하다. OECD 국가들을 포함하여 많은 국가들에서 이민자의 유입 규모는 확대되고 있으며 저출산 고령화시대로 인한 국가 간 인구 변동은 한국에서 이민자에 대한 중요성을 확대시키고 있다. 결혼이민자는 체류외국인 중 국민의 배우자 체류자격을 가진 자로 2021년 기준 168,578명으로 전년대비 0.4% 증가하였으며, 국적별로 보면 중국이 35.4%로 1순위이며, 베트남 25.5%, 일본 8.8%, 필리핀 7.1%순이었고, 2012년 이후 혼인 귀화자는 2015년 108,526명에서 2021년 144,773명으로 증가하였다[표 7-1].

결혼이민자는 「재한외국인 처우 기본법」에 의하면 대한민국 국민과 혼인한 적이 있거나 혼인관계에 있는 재한외국인(대한민국의 국적을 가지지 않은 사람으로서 대한민국에 거주할 목적을 가지고 합법적으로 체류하고 있는 사람)을 말하고, 「다문화가족지원법」에서는 결혼이민자 등이란 다문화가족의 구성원으로서 결혼이민자와 귀화허가를 받은 사람을 말한다. 결혼이민자 중에서 여성 결혼이민자는 한국 사회에서 다문화가족의 증가를 주도하고 있는 구심점이 되고 있다. 1960년대부터 아시아지역에서는 이주의 여성화가 시작되면서 한국이 이주 여성의 목적지로 거론되기 시작한 것은 1990년대 아시아지역 재생산 노동과 국제결혼을 중심으로 한 여성 이주 규모가 급증하면서부터이다.

표 7-1 결혼이민자 연도별 증감 추이

(단위: 명)

연도	2016년	2017년	2018년	2019년	2020년	20년 6월	'21년 6월
인원	152,374	155,475	159,206	166,025	168,594	167,834	168,578
전년대비 증감률	-	2.0%	2.4%	4.3%	1.5%	-	0.6%

출처: 출입국 · 외국인정책 통계월보(2021).

2019년 다문화 혼인은 24,721건으로 전년대비 948건으로 4.0% 증가한 것으로 나타났다. 다문화 혼인의 유형은 외국인 아내(69.3%), 외국인 남편(17.2%), 귀화자(13.5%)순으로 나타났고, 전년대비 외국인 아내와의 혼인은 23% 증가하였고, 귀화자의 혼인은 1.1% 감소한 것으로 나타났다[그림 7-1].

다문화 인구에서 부부 연령차는 남편 연상 부부가 78.5%로 가장 많고, 남편이 10년 이상 연상인 부부는 42.0%로 전년대비 1.1% 증가하였다. 뿐만 아니라 다문화 출생의 비중은 2019년 17,939명으로 전년대비 0.8% 감소한 것으로 나타났으며, 다문화 출생의 유형은 외국인 모(64.2%), 귀화자(22.3%), 외국인 부(13.4%)의 순으로 감소한 것으로 나타났다[그림 7-2].

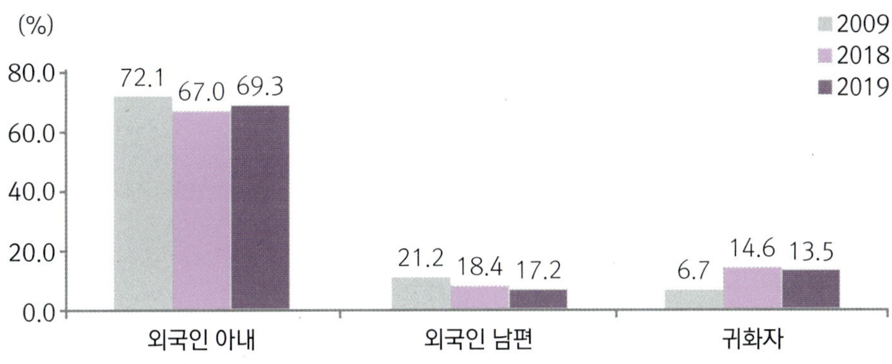

그림 7-1 다문화 혼인 유형별 비중

출처: 통계청(2019). 다문화인구동태통계.

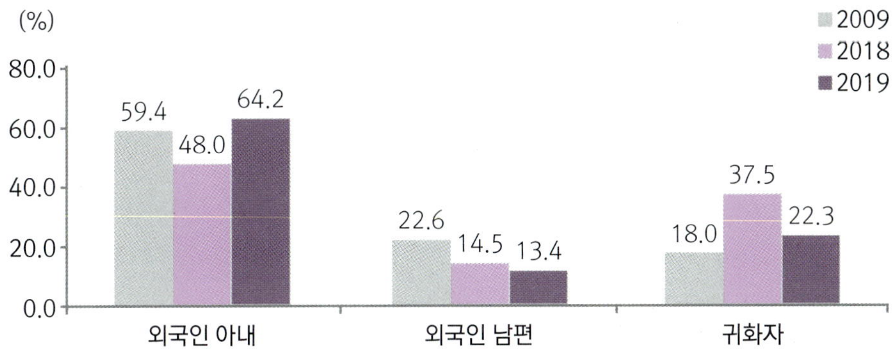

그림 7-2 다문화 출생 유형별 비중

출처: 통계청(2019). 다문화인구동태 통계.

다문화 인구에서 다문화 이혼은 2019년 9,868건으로 전년대비 386건으로 3.8% 감소하였고, 전체 이혼 중 다문화 이혼이 차지하는 비중은 8.9%로 전년보다 0.5% 감소하였다. 이혼유형을 보면, 외국인 남편과의 이혼은 3.3% 증가하였고, 외국인 아내, 귀화자와 이혼은 5.5%, 4.3% 각각 감소하였다. 그리고 다문화 이혼 중 외국인 남편은 1.1%p 증가한 반면, 외국인 아내, 귀화자가 차지하는 비중은 각각 0.9%p, 0.2%p 감소하였다[그림 7-3].

최근 다문화 인구의 증가와 더불어 다문화가족의 모습도 다양한 형태로 변화하고 있다. 한국 사회에서 결혼이주여성은 사회, 경제적으로 취약한 위치에 있으며 건강 관련 정보에 낮은 접근성과 진료과정에서의 언어소통장애, 의료제도에 대한 부적응 등으로 건강 위험에 노출될 가능성이 있다. 이에 한국 사회에 결혼이주여성이 증가하면서 이주여성의 건강문제와 이들의 자녀도 이중문화에 대한 스트레스로 건강 체계관리가 부재해 다문화가족의 건강관리에 대한 필요성이 제기되어 왔다.

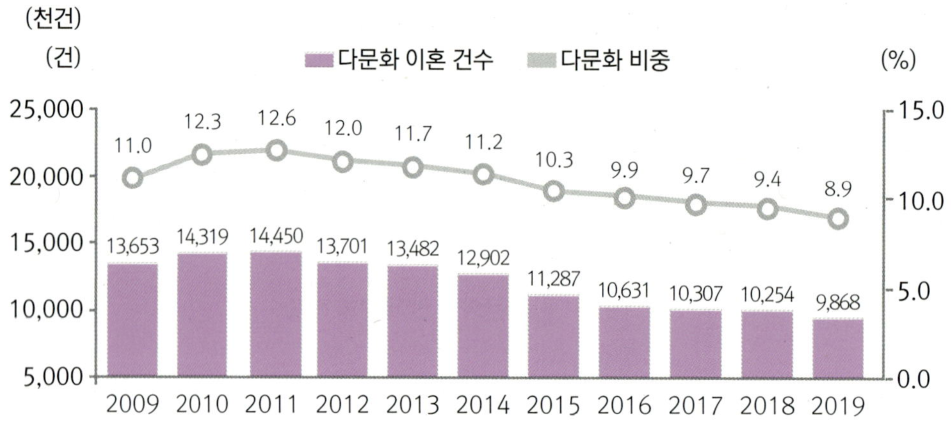

그림 7-3 다문화 이혼 추이, 2009~2019년

출처: 통계청(2019). 다문화인구동태 통계.

2) 결혼이민자의 문화적응 및 건강상태

(1) 문화적 관점: 건강영향 요인

한국 사회에서 결혼이민여성은 이민자인 동시에 한국인의 아내이자 어머니로서 결혼과 이주라는 이중적인 어려움 속에 출신국의 문화와 새로운 문화를 접촉하면서 직·간접적으로 갈등 등을 경험하고 있다. 더불어 무시, 문화적 지배와 같은 문화적 부적응뿐만 아니라 경제적 주변화, 착취 및 박탈과 같은 경제적 부적응으로 인하여 고통 받고 있는 실정이다.

결혼이민여성은 결혼과 더불어 자신의 모국과 다른 한국의 음식, 의복, 기호, 주거양식, 언어 등으로 인해 문화적응 스트레스를 경험할 수 있다. 여성결혼이민자는 한국 사회에 문화적응 스트레스, 의사소통 어려움, 가족원 간의 갈등, 자녀양육 등으로 가족원 간의 갈등, 자녀양육 등으로 신체적 · 정신적 · 사회적 문제를 경험하게 된다. 이러한 적응과정에서의 문제점과 스트레스는 결혼이민자의 건강수준에 영향을 미치고, 자녀와 남편 등 다문화가족구성원 모두의 건강과 안녕에 직결되는 문제라 볼 수 있다. 결혼이민여성은 한국에서 생활하는 가정의 경제수준이 한국의 일반가정보다 낮은 경우가 많아 공공건강관리 측면에 취약성을 갖게 된다.

대다수의 결혼이민여성은 본인보다 연령이 높은 한국의 남성을 만나 결혼을 하는 경우가 많아 육아와 자녀 교육 및 경제적 부담까지 함께 직면하는 상황에 이르고 있다(이영안, 2018). 또한 결혼이민자의 연령이 낮을수록, 배우자와 함께 살고, 교육수준이 높을수록 결혼이민자의 건강상태가 좋은 것으로 나타났다. 또한 한국국적을 취득한 여부, 한국어 수준, 거주기간이 건강에 영향을 미치는 요인으로 확인되었고, 한국어 수준이 높다고 평가할수록, 한국국적을 가지지 않은 결혼이민자일수록 건강수준이 높은 것으로 나타났다.

2017년 국가인권위원회 실태조사에 따르면 결혼이민여성의 건강상태에 대해서는 보통이라는 응답(56%)이 가장 많았고, 비교적 좋다(28.9%), 매우 좋다(9.6%), 나쁜 편이다4.8%)의 순으로 나타났다[표 7-2], [그림 7-4].

또한, 결혼이주민의 건강상태 인식을 체류자격별로 보면, 모두 보통이라고 응답한 비율이 각 59.6%, 66.1%, 55.7%로 가장 많았고, 좋은 편이라는 응답(③+④)은 혼인 귀화자가 가장 높게 나타났으며(38.5%), 결혼이민비자 소지자(34.8%), 영주자격 체류자(27.6%) 순으로 나타났다[표 7-3], [그림 7-5].

표 7-2 건강상태 인식

	매우 나쁨	나쁜 편	보통	비교적 좋음	매우 좋음	계
사례수(명)	6	42	494	255	85	882
백분율(%)	0.7	4.8	56.0	28.9	9.6	100.0

출처: 국가인권위원회(2017). 결혼이주민의 안정적 체류보장을 위한 실태조사.

그림 7-4 건강상태 인식

출처: 국가인권위원회(2017). 결혼이주민의 안정적 체류보장을 위한 실태조사.

표 7-3 건강상태 인식 – 체류자격별

		매우 나쁨	나쁜 편	보통	비교적 좋음	매우 좋음
결혼이민비자 소지자	명	0	13	137	58	22
	%	0.0	5.7	59.6	25.2	9.6
영주자격 체류자	명	1	6	74	22	9
	%	0.9	5.4	66.1	19.6	8.0
혼인귀화자	명	3	12	142	80	18
	%	1.2	4.7	55.7	31.4	7.1

출처: 국가인권위원회(2017). 결혼이주민의 안정적 체류보장을 위한 실태조사.

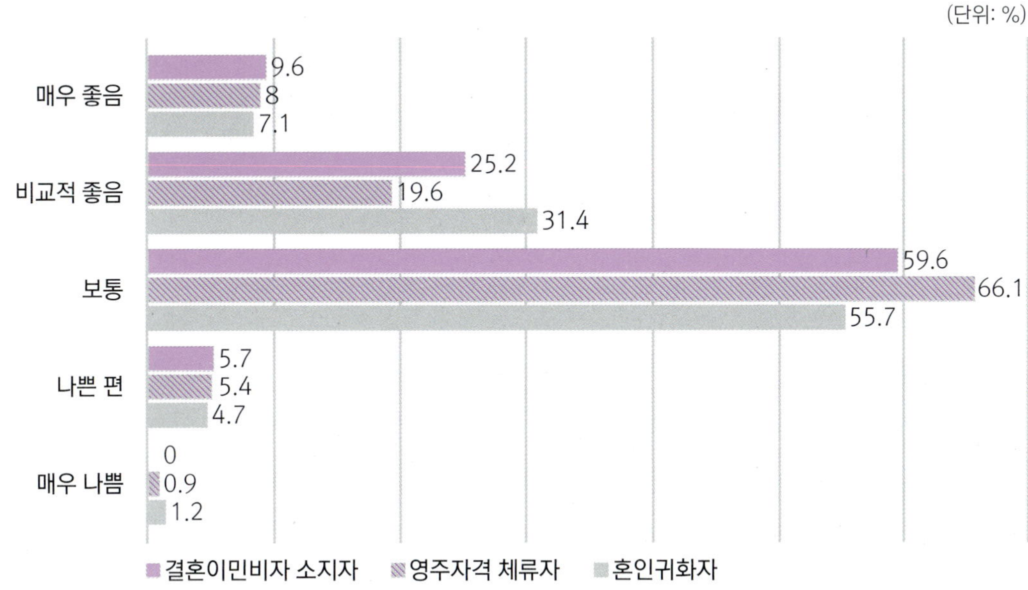

그림 7-5 건강상태 인식 - 체류자격별

출처: 국가인권위원회(2017). 결혼이주민의 안정적 체류보장을 위한 실태조사.

결혼이주민들은 한국 사회에 새로운 사회구성원으로 사회정착을 위해 사회적 지원과 도움이 필요하고, 이러한 적응과정에서의 경험은 이들의 건강수준에 영향을 미치며, 자신의 가족 및 이전에 갖고 있던 사회적 관계들이 단절됨으로써 야기되는 심리적 고립감은 정신적·신체적 건강에 부정적 영향을 미칠 수 있다.

① 차별경험과 주관적 건강상태

한국에 거주하는 여성결혼 이민자는 인종, 종족 차별뿐만 아니라 한국 사회에서 약자인 여성이기 때문에 이중적 차별에 노출되어 있을 가능성이 있으며, 아울러 외국인 노동자보다 더 심한 차별 경험을 가지고 있다고 한다.

2018년 전국 다문화가족실태조사를 보면, 지난 1년간 한국에서 생활하면서 외국출신이라는 이유로 차별경험이 있는 결혼이민자 · 귀화자는 30.9%로 2015년(33.3%)보다 2.4%p 감소했으며, 결혼이민자가 31.6%로 기타귀화자 26.7%보다 차별경험이 많은 것으로 나타났고, 연령이 낮을수록 차별경험이 많았다. 더불어 체류기간이 짧을수록 차별경험이 많으며, 가구소득이 300만 원 이상 층이 300만 원 미만층보다 차별경험이 다소 많은 편으로 나타났다. 혼인상태별로는 배우사가 있는 집단이 31.9%로 차별경험이 많았으며, 출신국적별로는 기타 국가(41.6%), 그 외 동남아시아(37.0%), 남부아시아(36.9%), 필리핀(36.0%), 태국(35.7%), 캄보디아(35.0%) 출신의 차별 경험이 많은 편인데 비해, 대만 · 홍콩(20.8%), 일본(23.5%), 한국계 중국(26.5%) 출신의 차별 경험이 적은 것으로 나타났다.

사회적 공간별로 차별경험을 보면, 직장 · 일터에서 지난 1년간 차별 받은 적이 있는 이들이 76.9%에 달해 직장 · 일터에서의 차별 경험이 많았고, 자주 또는 매우 자주 차별경험을 받은 경우도 각각 10.9%, 4.8%로 다른 공간에 비해 차별 경험 빈도가 높은 것으로 나타났다. 반면에 집이나 공공기관에서 차별 받은 적이 있는 이들은 각각 19.1%, 21.4%로 다른 공간에 비해 적은 편으로 나타났고, 가족관계의 특성과 공공기관의 성격을 고려하면 결혼이민자 · 귀화자 가운데 약 20%가 지난 1년간 집이나 공공기관에서 외국출신이라는 이유로 차별 받은 경험이 있다는 점은 유의할 부분이다[표 7-4]. 결혼이주여성은 사회경제적으로 다른 계층보다 취약하고, 언어소통이 어렵다 보니 도움을 받지 못하는 경우에 놓이기 쉽다. 그리고, 결혼이민자는 자국민과 결혼을 통해 한국 사회에 영구적으로 거주할 가능성이 높으므로 자국민과 동일한 권리를 누리지 못한 집단에 대한 차별은 향후 사회 불평등으로 이어질 수 있다. 차별 경험이 있는 여성 결혼이민자는 한국생활의 전반적인 만족도뿐만 아니라 가족구성원의 핵심인 배우자, 자녀와의 관계 만족도에도 부정적인 영향을 주는 것으로 나타났다. 차별과 주관적 건강 사이의 연관성을 보면, 출신지역과 성별에 따라 달라지고, 남성보다는 여성일수록, 서구권보다는 비서구권 출신의 결혼이민자일수록 차별경험이, 낮은 주관적 건강상태로 이어지는 것으로 나타났다.

2018년 결혼이민자, 귀하자의 주관적 건강상태를 2015년과 비교하면 3.80점으로 국민 전체(3.37점)의 주관적 건강상태와 비교해 높은 수준이지만, 연령대별로 보면 60세 이상 층에서는 일반국민보다 오히려 안 좋은 것으로 나타났으며 급속히 건강상태가 나빠지는 것으로 보였다[**그림 7-6**].

여성결혼이민자가 느끼는 차별과 스트레스는 가족 안에서 한국생활에 적응하면서 통제력 상실, 무력감, 자신감의 상실과 같은 스트레스를 주는 생활경험, 역할갈등의 경험, 언어적 · 비언어적 의사소통 장벽과 성격유형에 따른 정서적 어려움, 익숙하지 못한 행동규범과 밀접하게 관련되어 있다. 이들에 대한 차별은 향후 한국 사회의 계층화를 촉진시킬 수 있고, 이민자들 개인의 삶의 질이 저하되고, 정신적 · 신체적 건강이 손상되는 부정적인 영향을 경험할 수 있다. 또한, 차별은 다양한 경로를 통해 건강에 부정적 영향을 미칠 수 있고, 첫째로는 주거나 사회경제적 기회와 자원으로부터 배제, 의료서비스 이용에 대한 제한이 있을 수 있고, 둘째로는 지속적인 차별에 노출된 소수집단의 부정적인 사회정체성 형성이 될 수 있다. 이로 인해 이민자들이 스트레스를 받으면 알코올 섭취와 같은 건강 위험행동이 증가한다고 하였고, 개인의 지각된 차별은 심각한 심리적 스트레스를 야

표 7-4 사회적 공간별 결혼이민자, 귀화자의 지난 1년간 차별경험

	전혀 차별 받지 않음	가끔 차별 받음	자주 차별 받음	매우 자주 차별 받음	합계	평균
거리나 동네	56.7 % (49,057명)	37.7 % (32,610명)	4.2 % (3,662명)	1.3 % (1,158명)	100 % (86,487명)	1.50점
상점, 음식점, 은행 등	55.6 % (47,751명)	38.0 % (32,587명)	4.7 % (4,055명)	1.7 % (1,476명)	100 % (85,869명)	1.53점
공공기관 (주민센터, 경찰서 등)	78.6 % (64,512명)	17.5 % (14,389명)	2.3 % (1,888명)	1.5 % (1,244명)	100 % (82,033명)	1.27점
직장 일터	33.1 % (24,605명)	51.3 % (38,169명)	10.9 % (8,086명)	4.8 % (3,576명)	100 % (74,437명)	1.87점
자녀의 학교나 보육시설	69.7 % (32,154명)	25.6 % (11,807명)	3.5 % (1,593명)	1.2 % (547명)	100 % (46,101명)	1.36점
집 (가족관계, 친척 등에게서)	80.9 % (69,970명)	15.5 % (13,418명)	2.1 % (1,826명)	1.5 % (1,273명)	100 % (86,487명)	1.24점

주: 전혀 차별 받지 않음=1점, 가끔 차별 받음=2점, 자주 차별 받음=3점, 매우 자주 차별 받음=4점
출처: 여성가족부(2018). 다문화가족실태조사.

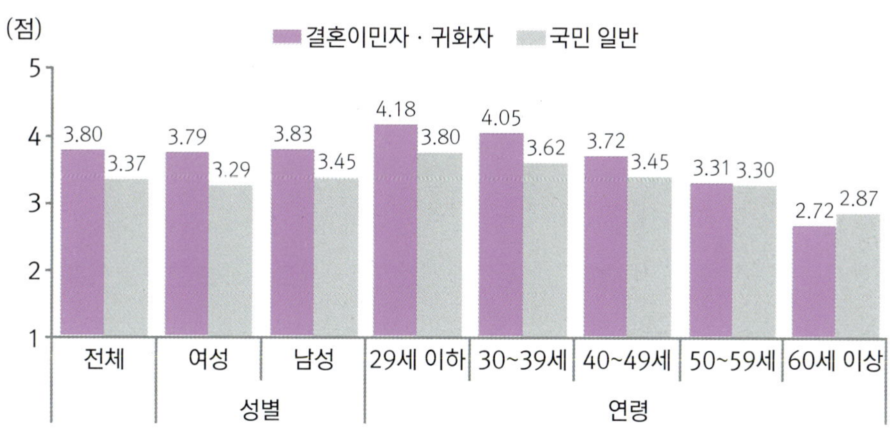

주: 평균 – 1점 매우 나쁘다 ~ 5점 매우 좋다

그림 7-6 결혼이민자–귀화자와 18세 이상 국민의 주관적 건강상태 비교

출처: 여성가족부(2018). 다문화가족실태조사.

기하고 이는 신체의 면역력과 내분비계 기능을 저하시켜 건강이 악화될 수 있다고 한다.

세계적으로 차별이 건강에 미치는 영향을 관심을 갖게 된 것은 2000년 이후에 증가되었으며, 차별경험으로 인해 감정적 반응이 일어나고 이는 스트레스 원인으로 작용하여 신체의 생물학적 반응과 함께 식습관과 신체활동과 같은 행동변화를 일으킨다고 하였다. 행동변화로는 스트레스를 받아 흡연, 음주의 빈도가 증가하는 경우가 생길 수 있고, 두 가지가 함께 작용하여 신체적·병리적 변화가 발생하면 결과적으로 건강유지에 영향을 주어 질병발생으로 이어진다. 또한 인체에서 이러한 반응이 지속되거나 반복되면 비만, 심장병, 고혈압 등 다양한 질병이 발생할 수 있다고 한다. 이에 차별과 같은 스트레스가 건강에 직접적으로 유해한 영향을 미친다고 보고하여 결혼이민자의 건강위험요인을 조기에 발견하고 관리하는 지역 보건서비스 지원 확대가 이루어져야 할 것이다.

② 사회자본과 주관적 건강상태

다문화가구 수가 늘어나는 만큼 사회통합과 결혼이민자 · 귀화자의 건강한 한국 생활 정착을 지지하는 측면에서 그들의 사회적 고립 해소에 주목할 필요가 있다. 결혼이민자들은 이주 이후 새로운 정착지에서 사회적 관계를 재구성해야 하는 상황에 처하지만, 기존, 혹은 새로운 관계망으로 통합되는 것에 어려움을 겪고 있으며, 관계망 형성의 어려움은 이민자의 사회적 고립으로 이어지기 쉽다. 더불어 이민자의 사회적 고립은 신체적 · 정신적 · 사회적 건강뿐만 아니라 산전관리 의료이용 저하 등의 건강관련 행동과도 관련이 있다. 사회자본이 건강에 미치는 메커니즘은 정보(information), 사회적 규범(social norm), 사회적 지지(social support)의 3개의 차원에서 설명될 수 있다.

첫째, 사회자본은 어떻게 질병을 예방하고 관리해야 하는지, 어느 병원에 가서 치료를 받는 것이 좋을지 등의 건강과 관련된 유용한 정보를 제공하여 보건의료서비스의 접근성을 향상시키고 건강증진의 효과를 기대할 수 있다.

둘째, 사회자본은 건강행동을 위한 규범으로 작동할 수 있다. 음주, 흡연, 백신접종 등 건강 행동과 관련된 규범들은 연결망에 속한 구성원들의 건강 행동에 직접적으로 영향을 미칠 수 있다.

셋째, 사회자본을 통해 얻게 되는 사회적 지지, 다른 사람과의 관계나 공동체로부터 얻을 수 있는 도움은 스트레스 대처 능력을 높여 스트레스가 건강에 미치는 부정적인 영향을 낮추고, 자아존중감 · 자기조절능력 향상시켜 건강에 직접적인 영향을 미치거나, 사회적 갈등을 감소시키는 방법으로 건강을 증진할 수 있다.

결혼이민자의 사회자본이 건강에 미치는 영향을 보면, 연령이 높을수록, 교육수준과 수입이 낮을수록, 미취업상태에 있거나 별거, 이혼, 사별 중인 결혼이민자들의 경우 건강수준이 더 낮은 것으로 나타났다. 그리고 결혼이민여성들의 산전관리 수진율을 보면, 우리나라 평균 여성보다 낮으며, 모든 임산부에게 산전관리 바우처가 제공됨에도 결혼이민여성들이 비싼 의료비로 인해 산전관리를 받지 않는다고 응답한 비율이 높은 것으로 나타나 이들이 보건의료서비스 정보를 접하기 어려운 근본적인 장애요인이 해결되어야 할 것이다. 그리고 가구소득과 교육수준이 높을수록 한국어 말하기 수준에 대하여 스스로 좋게 평가할수록 사회적 관계 및 모임참여비율이 높은 것으로 나타났다. 출신 국가별로는 미국 · 유럽 출신의 이민자가 87.7%로 가장 높고, 참여 모임이 있다고 응답한 비율은 동남 · 남아시아 출신의 이민자가 70.8%로 가장 높게 나타났다. 그리고 한국 체류기간은 3년 미만인 이민자보다 그 이상 체류하고 있는 이민자의 사회적 관계 및 모임 참여 비율이 높은 것으로 나타났다. 또한, 다문화가족지원센터를 알고 있으면서 이용한 경우, 알고 있으나 이용하지 않은 경우, 모르는 경우 순으로 사회적 관계 및 모임 참여 비율이 높은 것으로 나타났다.

결혼이민자의 건강에 영향을 미치는 요인은 교육수준이 높을수록 건강에 대한 지식과 정보의 접근기회가 높고, 이주 후 취업과 경제수준이 건강에 긍정적 영향을 준다고 하였다. 결혼이민자의 사회적 위치는 새롭게 이주한 사회에 대한 정보를 얻고, 사회구성원으로서의 정체성을 형성하며 사회적 지지를 획득하면서 사회적 관계형성 및 모임 참여의 필요성이 커지게 된다. 반면에 결혼이민자들의 주관적 사회적 지위가 낮을수록 심리적 스트레스는 물론 신체적 건강까지 위협받을 수 있기 때문에 이들의 경제적 불평등을 줄이고, 한국 사회에서의 상대적 박탈감을 해소할 수 있도록 사회참여 등 다양한 삶의 영역에서 평등한 기회제공을 도모하는 서비스들이 제공되어야 한다.

다문화가족 주요구성원인 결혼이민자들은 한국에 뿌리를 내리고 한 시민으로서 살아가며 한국사회에 통합될 수 있도록 적극적인 제도적 지원을 받고 있다. 그리고 사회적 지지는 이들이 결혼생활 적응 및 만족뿐만 아니라 우울, 스트레스를 포함한 정신건강, 신체건강, 개인의 안녕과 밀접한 관계가 있는 것으로 나타났다. 즉 사회적 지지는 사회적 상호작용을 통해서 개인이 타인으로부터 얻을 수 있는 긍정적 자원을 의미한다. 이에 이민자의 제한적인 사회자본이 건강 취약성 문제로 이어지지 않도록 이민자의 사회자본 형성을 위한 전략이 필요하다.

2018년 전국 다문화가족실태조사의 결혼이민자 · 귀화자의 사회적 관계 현황을 보면, 30~40% 가량이 가족을 제외하면 의논하거나 도움을 요청할 상대가 한국에 '없다'고 응답한 것으로 사회적 관계가 발달하지 못해 필요할 때 적절한 사회적 자원을 동원하기 어려울 가능성이 있다. 그 밖에 모국인, 한국인, 기타 외국인 중에 두 개 이상 집단에서 사회적 관계를 가지고 있는 사람은 10~15% 수준인 것으로 나타났다[표 7-5], [그림 7-7].

표 7-5 결혼이민자 · 귀화자의 사회적 관계

(단위: %, 명)

	있다				없다	합계
	한 집단만			두 집단 이상		
	모국인	한국인	기타 외국인			
자신이나 집안 어려움 의논하는 사람	31.7	19.6	1.4	14.6	32.7	100.0
일자리 관련 의논하는 사람	28.4	25.8	1.1	15.8	29.0	100.0
자녀교육 관련 의논하는 사람	25.0	27.1	1.2	12.8	33.9	100.0
여가 취미생활 같이 할 사람	27.5	18.3	1.4	12.2	40.7	100.0
몸 아플 때 도움 요청할 사람	27.6	21.5	0.9	11.6	38.5	100.0

주: 본 조사에서 사회적 관계는 국내 거주자에 한정한 것임

출처: 여성가족부(2018). 다문화가족실태조사.

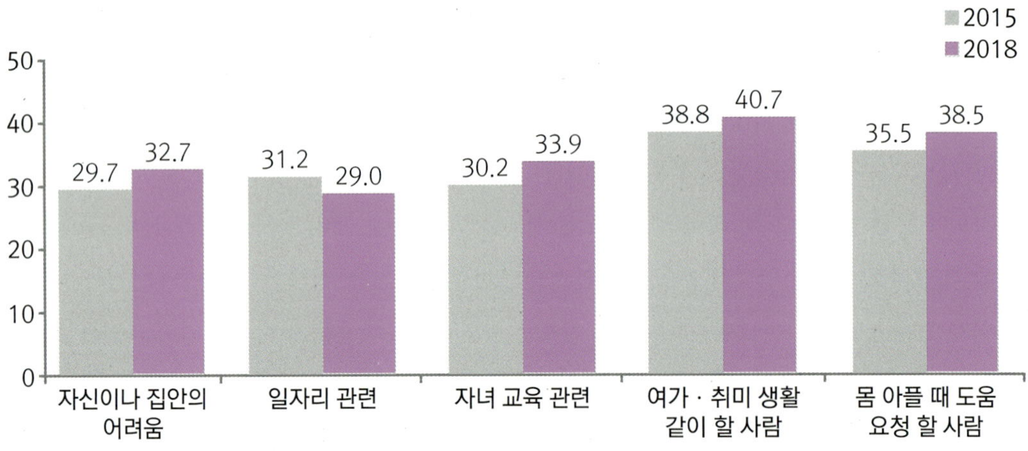

그림 7-7 결혼이민자 · 귀화자의 사회적 관계 '없음' 비율(2015, 2018)

출처: 여성가족부(2018). 다문화가족실태조사

③ 우울감

결혼이민자들은 해외이주라는 새로운 변화로 인해 나타난 스트레스와 새로운 환경에 고립되어 느끼는 외로움이 복합적으로 작용하여 우울의 정도가 높아진다. 결혼 이민자 · 귀화자 가운데 지난 1년간 우울감을 느낀 적이 있는 이들은 31.2%로 2015년보다 4.8%p 감소해 심리적 상태는 다소 개선되었지만, 연령대별로 보면 40대 이하 연령층에서는 우울감 경험이 감소한 반면, 50대 이상 특히 60세 이상 연령층에서는 우울감 경험이 2015년보다 오히려 증가하였다[그림 7-8].

결혼이주여성의 우울과 관련된 요인으로는 문화적응 스트레스, 사회적 지지, 부부폭력, 피해경험, 가정생활만족도, 본인의 직업유무, 가족기능 등이 관련 있다고 한다. 하지만 결혼이주여성이 경험하는 우울은 단순히 문화적 차이로 인한 문제로 나타나는 것만은 아니며, 한국 사회 적응과정에서 많은 시간 같이 보내고 있는 가족관련 요인이 중요한 영향을 미칠 수 있다. 가족관계 특성을 보면, 남편과의 사이가 나쁠 경우(58.7%), 남편과의 문화적 차이를 느낄 때(41.9%) 우울이 높게 나타났고, 자신의 엄마 역할 및 남편의 아빠역할에 대한 만족도가 낮을수록 우울이 각 52.3%, 53.6%로 보고되었다. 이는 결혼이주여성들은 다른 일반여성들과 달리 기존의 사회적 관계가 단절된 상태에서 사회활동 참여 기회 부재, 의사소통의 어려움 등을 가지고 타국 문화의 생활에 적응해야 하므로 가장 가까운 배우자의 역할이 중요하다고 볼 수 있다. 즉 배우자는 결혼생활에 갈등을 유발하여 결혼이주여성의 우울에 대해 위험요인이 되기도 하지만, 배우자와의 좋은 관계는 이들의 어려움을 해결

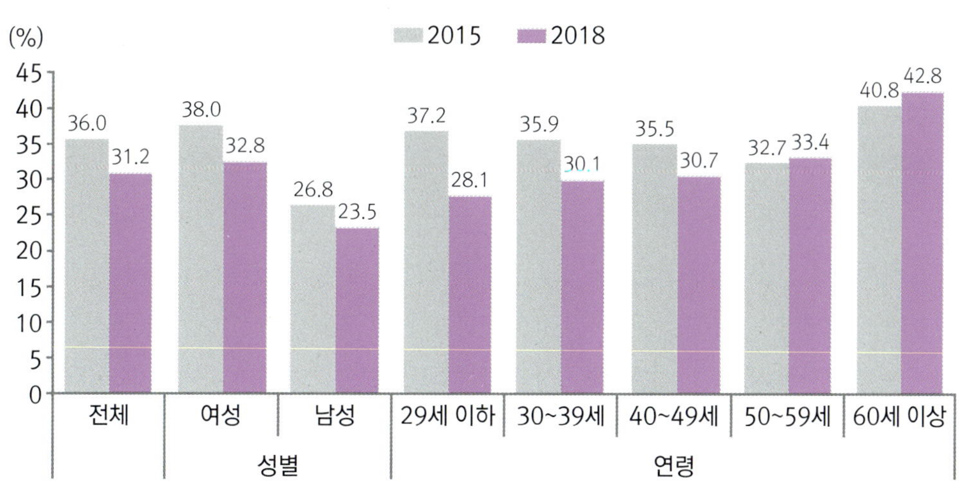

그림 7-8 결혼이민자 · 귀화자 성별, 연령대별 우울감 경험

출처: 여성가족부(2018). 다문화가족실태조사.

할 수 있는 보호적 요인이 될 수 있다.

결혼이주여성의 연령별 우울 분포는 19~24세의 결혼이주여성이 43.8%로 높았고, 국적별로는 동남아 국가(43.7%), 베트남(38.8%)으로 주로 동남아 국가의 여성들에게서 우울이 가장 높게 나타났다. 그리고 주관적 경제수준은 낮을수록 우울을 갖고 있는 비율이 높아 경제수준이 낮다고 느낄 때(45.5%)가 높다고 보고하였다. 한국 사회의 결혼이주여성의 우울수준은 다른 나라 이주민들에 비해 높은 편이고, 결혼이주여성의 우울 유병률(33.5%)이 일반 성인여성의 유병률(26.9%)보다 높은 수준이다.

WHO나 미국정신위생위원회(NCMH)에서는 정신건강을 정신적 질병에 걸려 있지 않은 상태만이 아니라 정신적 상태, 사회적 안녕, 만족스러운 인간관계와 그것을 유지해 나갈 수 있는 능력이라고 정의하였다. 그리고 이민으로 경험하게 되는 정체성의 분열, 친숙한 상황과 사회적 지지의 상실, 정착의 어려움, 가족관계에 대한 압박 등이 정신질환에 대한 취약성을 증가시킬 수 있다고 하였다. 그리고 결혼이민자들은 직장, 공공기관, 상점이나 거리 등 다양한 삶의 영역에서 차별을 경험하고 있다. 이처럼 차별로 한 개인의 차별적인 행동부터 사회 전체에 퍼져 있는 차별적인 제도나 문화에 이르기까지 범위나 대상에 따라 여러 형태를 갖는다. 따라서 차별을 줄이기 위해서는 결혼이민자들의 사회적 활동, 친구등과의 접촉과 참여할 수 있는 기회를 높이고 한국인과 결혼이민자들이 함께 참여하여 관계를 형성할 수 있는 프로그램 확대와 지원이 필요하다. 이는 결혼이민자들의 이주생활로 인한 심리적 · 사회적 스트레스를 개선하고 결과적으로 건강하고 만족한 삶을 살 수 있을 것이다. 이에 이민자들의 신체건강, 스트레스, 삶의 질은 직접적으로 정신건강에 영향을 미치며, 사회적 지지와 언어구사능력도 이들의 정신건강에 함께 고려해야 하는 부분이다.

④ 생식건강

결혼이민자들은 새로운 사회에 적응하기도 전에 임신 · 출산 · 양육의 역할을 동시에 수행해야 하므로 생식건강에 특히 취약할 수밖에 없다. 생식건강이란 생식기계, 생식기능, 생식과정과 관련된 모든 문제들에서 질병이나 쇠약함이 없을 뿐만 아니라 신체적 · 정신적 · 사회적으로 안녕한 상태를 말한다. 그리고 생식건강행위는 생식건강의 위험요인으로 작용하는 위해행위와 생식건강증진을 위한 행위를 포함한다. 특히, 결혼이주여성의 생식건강행위는 기본적인 자기관리의 생식건강유지를 위해 중요할 뿐만 아니라, 임신, 출산과 관련하여 배우자 및 다음 세대의 건강에도 영향을 미치므로 매우 중요하다.

임신과 출산이라는 경험은 여성에게 신체적 · 정신사회적 측면에 많은 변화와 관심이 필요하며 생애의 중요한 과정임에도 불구하고 결혼이주여성의 상당수는 우리나라 여성의 평균 출산연령에 비해 30대 이전이라는 비교적 어린나이에 출산이 이루어지게 된다. 한편, 여성결혼 이민자들은 우리나라 여성에 비해 불확실한 정보와 지식부족으로 생식건강 수준이 낮고, 이행률도 낮은 것으로 나타나 생식건강문제가 발생할 가능성이 높다고 볼 수 있다.

일반적 및 생식건강 관련 특성을 보면, 주관적 한국어능력의 '듣기' 점수가 '상'인 경우가 '하'인 경우보다 생식건강행위 점수도 높았으며, 한국어 실력은 교육수준과 연관되어 있으며 언어능력 수준이 높을수록 건강정보 습득이 용이해 생식건강행위를 좀 더 잘 할 수 있게 되었다고 보고하였다. 생식건강행위에 영향을 미친 한국어 능력은 노출정도와 개인능력, 취업유무, 거주기간 등과 연과되어 있고, 결혼이주여성의 경우 교육수준이 높을수록, 거주기간이 길수록 한국어 능력이 향상되었다. 한국어 능력은 의사소통이라는 장애요인을 줄이고 대인관계기능을 강화시켜 정보획득을 통해 건강행위를 유도할 수 있을 것이다. 이 처럼 결혼이주여성의 언어능력은 생식건강행위 증진에서 필수적인 영역이므로, 초기 정착과정의 결혼이주여성의 생식건강증진을 위해 기본적인 언어교육이 필수적으로 이루어져야 한다.

한국의 국제결혼의 특징을 보면, 첫째로 부성의 노령화로 남성은 30대 후반부터 출산력이 감소되고 40대 초반에 가임력이 감소된다. 부성 연령증가는 자연유산의 위험성이 증가되고 임신 1분기의 유산과도 연관되고, 임신 후반기에는 태아사망, 조산, 저체중아와 연관되며 염색체의 가감과 불임의 원인에도 기여하게 된다고 하였다.

둘째로 결혼이민여성의 임신과 출산에 따른 문제점으로는 결혼이민여성의 신생아가 작았으며, 신생아 합병증으로는 태변흡입, 기형으로 보고되었다. 또한 결혼 이민자 산모 중 전자간증, 임신성 당뇨, 조기양막파수, 조기진통, 전치채반, 양수과소, 양수과다증 등의 임신성 질환을 가진 경우가 19.9%이었다. 그리고 농촌지역 거주 결혼이민여성은 언어표출과 의사소통의 어려움이 커서 문화적응이 어렵고 경제적 문제를 비롯한 가사부담과 자녀양육 및 가족과의 관계에서 더 많은 스트레스를 받는다고 하였다.

결혼이주여성의 산전관리를 보면, 우리나라 기혼여성의 산전관리 수진율보다 낮았고, 초진시기 역시 평균보다 낮고, 특히 시골지역일수록 늦었으며 피임에 대해 잘못된 지식과 신념으로 피임을 하지 않는 경우가 많아 평균피임 실천율은 우리나라 기혼여성보다 낮았다. 결혼이주여성은 대부분 취약계층에 속하며 비용에 대한 부담감, 의료기관의 접근성 장애, 의사소통 어려움, 의료급여 문제, 가족무관심 등으로 기본적인 보건의료서비스조차 제대로 받지 못해 고위험 임신과 그에 따른 체중아 출산, 조산율과 사산율 증가와 같은 출산결과의 악화를 초래하게 뒤다.

다문화 인구가 증가하면서 다문화 가구도 변화하고 있다. 2019년 인구 통계총 조사에 의하면,

다문화 가구(귀화자 또는 결혼이민자로 이루어진 가구)는 35만 가구로 일반가구(2,034만가구)의 1.7%이며, 가구원은 106만 명으로 총 인구(5,178만 명)의 2.1%이었다. 가구 구성별로 보면, 다문화 대상자 중 결혼이민자는 베트남(4만 명, 24.3%)이 가장 많고, 귀화자의 이전국적은 한국계 중국(9만 명, 46.3%)이 가장 많았다**[그림 7-9]**, **[그림 7-10]**.

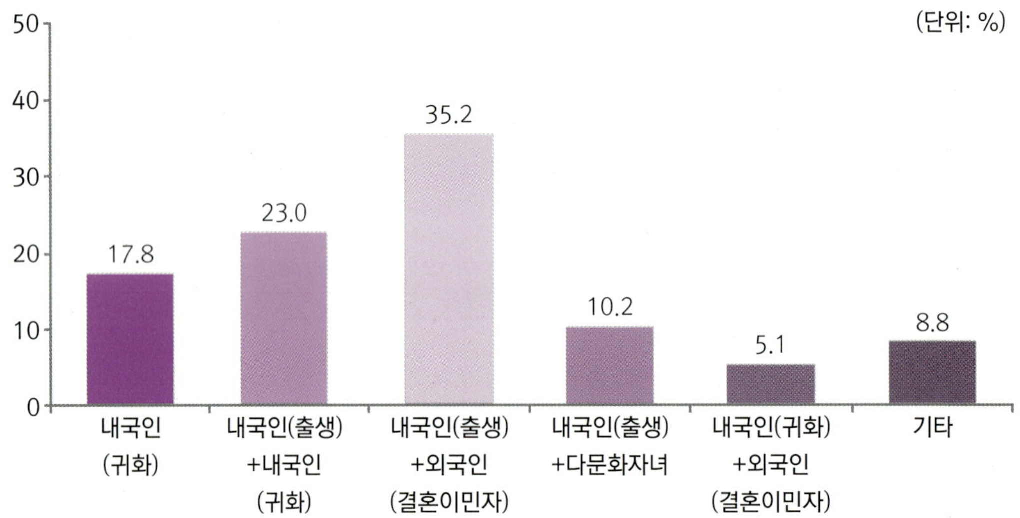

그림 7-9 다문화가구 구성별 비율

출처: 인구통계청 조사(2019).

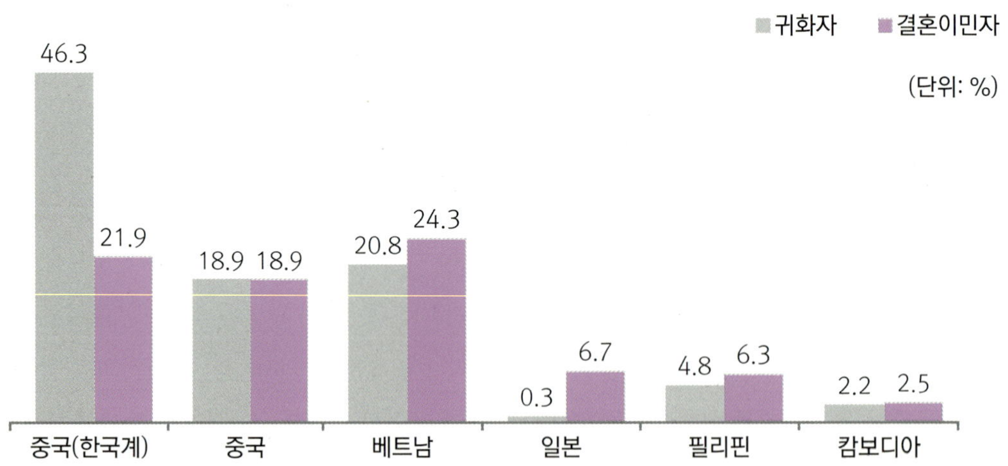

그림 7-10 다문화 대상자 국적별 비율

출처: 인구통계청 조사(2019).

2019년 다문화 출생아는 17,939명으로 전년보다140명(0.8%) 감소하였고, 다문화 유형별 출산에서는 외국인 모가 차지하는 비중이 점차 줄어들고 있지만 64.2%로 가장 많았고, 귀화자(22.3%), 외국인 부(13.4%) 순이었다[표 7-6], [그림 7-11].

다문화 출생에서 모(母)의 평균 출산 연령은 첫째아가 29.6세, 둘째아가 31.4세, 셋째아 이상이 33세였으며, 첫째아, 둘째아, 셋째아 이상 모(母)의 연령이 모두 전년보다 상승되었다[표 7-7], [그림 7-12].

표 7-6 다문화 출생 유형별 규모 및 비중, 2017~2019년

(단위: 명, %)

	2017		2018		2019		전년대비	
		비중		비중		비중	증감	증감률
다문화 출생	18,440	100.0	18,079	100.0	17,939	100.0	-140	-0.8
외국인 모[1]	11,720	63.6	11,357	62.8	11,524	64.2	167	1.5
외국인 부[2]	2,852	15.5	2,763	15.3	2,410	13.4	-353	-12.8
귀화자[3]	3,868	21.0	3,959	21.9	4,005	22.3	46	1.2

1) 외국인 모: 출생기준 한국인 부와 외국인 모로부터의 출생
2) 외국인 부: 외국인 부와 출생기준 한국인 모로부터의 출생
3) 귀화자: 부와 모 중 한쪽이 귀화자 또는 부모 모두 귀화자인 경우
출처: 통계청(2019). 다문화인구동태통계.

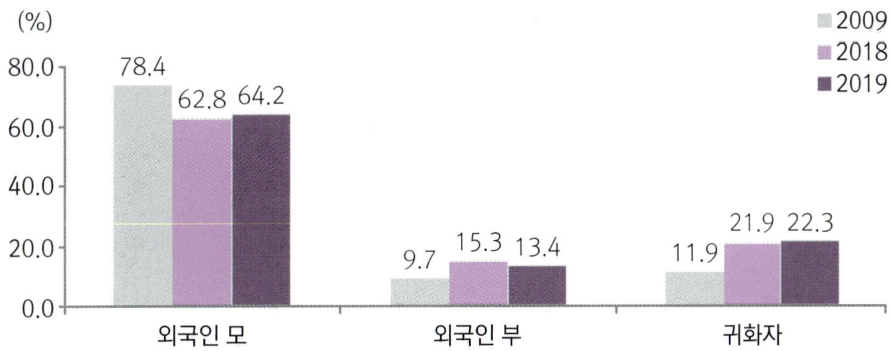

그림 7-11 다문화 출생 유형별 비중, 2009년, 2018년, 2019년

출처: 통계청(2019). 다문화인구동태통계.

표 7-7 모(母)의 평균 출산 연령, 2017~2019년

(단위: 세)

	전체			다문화 부모[1]			외국인 · 귀화자 모[2]			출생기준 한국인 모[3]			출생기준 한국인 부모[4]		
	2017	2018	2019	2017	2018	2019	2017	2018	2019	2017	2018	2019	2017	2018	2019
전체*	32.6	32.8	33.0	30.2	30.4	30.6	29.5	29.8	30.0	33.5	33.9	34.0	32.8	33.0	33.2
첫째아	31.6	31.9	32.2	29.3	29.5	29.6	28.6	28.7	28.9	32.8	33.1	33.4	31.8	32.1	32.4
둘째아	33.4	33.6	33.8	30.9	31.2	31.4	30.2	30.6	30.8	34.2	34.8	34.9	33.5	33.7	33.9
셋째아 이상	35.0	35.3	35.4	32.2	32.6	33.0	31.7	32.2	32.7	35.7	36.3	35.7	35.1	35.4	35.6

* 연령미상 제외
1) 다문화 부모: 부모 중 한 명이 외국인 또는 귀화자인 경우 또는 부모 모두 귀화자인 경우
2) 외국인 · 귀화자 모: 모가 외국인 또는 귀화자인 경우
3) 출생기준 한국인 모: 부는 외국인 또는 귀화자로 다문화 출생에 해당되지만, 모는 출생기준 한국인인 경우
4) 출생기준 한국인 부모: 부모 모두 출생기준 한국인인 경우

출처: 통계청(2019). 다문화인구동태통계.

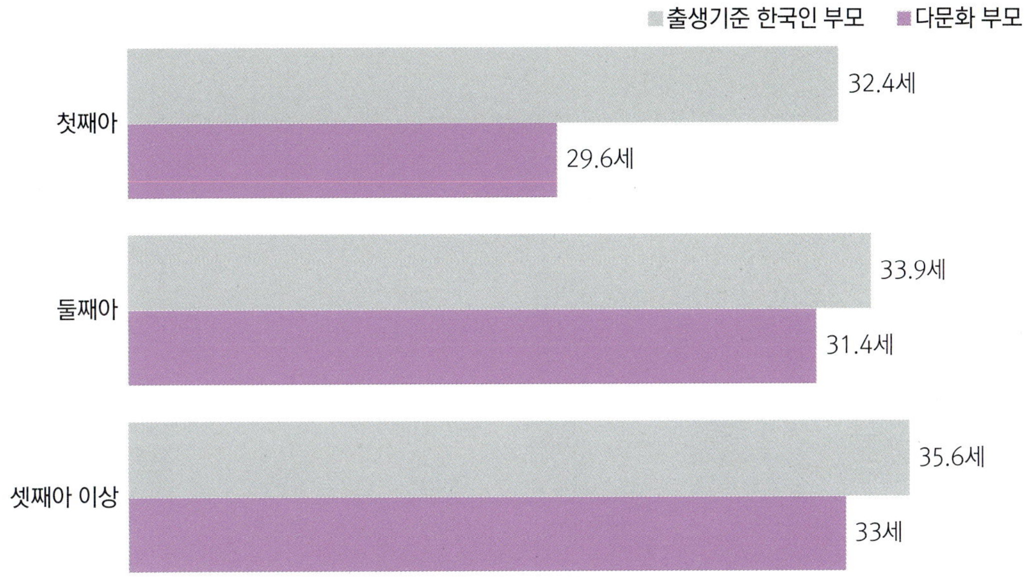

그림 7-12 출산순위별 모(母)의 평균 출산 연령, 2019년

출처: 통계청(2019). 다문화인구동태통계.

대부분의 이주여성이 한국 사회에 안정적으로 적응하지 못한 채 임신과 출산을 경험하게 되고, 다문화 부모의 첫째아 출산까지의 결혼생활 기간은 3.5년으로 전년과 유사하였다. 그리고 부모의 출신 국적별 출생 외국 출신 부(父)의 국적은 중국이 8.0%로 가장 높고, 미국(4.3%), 베트남(3.5%) 순이었고, 외국 출신 모(母)의 국적은 베트남이 38.26%로 가장 높고, 중국(19.9%), 필리핀(6.1%) 순으로 나타났다[그림 7-13].

국제결혼으로 이주한 결혼이주여성들은 한국 사회의 편견과 차별로 인한 스트레스 외에도 문화적응 스트레스로 인하여 우울감이 높고 행복감이 낮으며 부부 갈등의 문제를 경험하고 있으며, 연령이 어리거나 성에 관한 지식의 부족, 의사소통의 어려움 등으로 적절한 보건의료 서비스를 이용하는 데 어려움을 겪을 가능성이 높다. 결혼이주여성은 특히 임신과 분만과정에서 정확한 정보습득이 어려워 심한 스트레스를 받고 있고, 입덧 할 때 모국 음식에 대한 그리움, 도움 줄 지지체계 빈약, 임신건강관리에 대한 정보획득의 어려움, 의사소통의 어려움, 낯선 환경과 스트레스 등이 결혼이주여성의 임신과 출산기의 주된 문제로 나타났다.

결혼이주여성은 임신 중 입덧과 한국 음식이 입맛에 맞지 않아 충분한 음식을 섭취할 수 없어 영양결핍 문제뿐만 아니라 태아 건강에도 영향을 미쳐 조산, 저체중아를 출산하기도 한다. 그리고 이들의 임신, 출산 후 합병증을 보면, 빈혈(19.6%), 출산 전 후 출혈(9.4%), 임신 중 적정체중미달

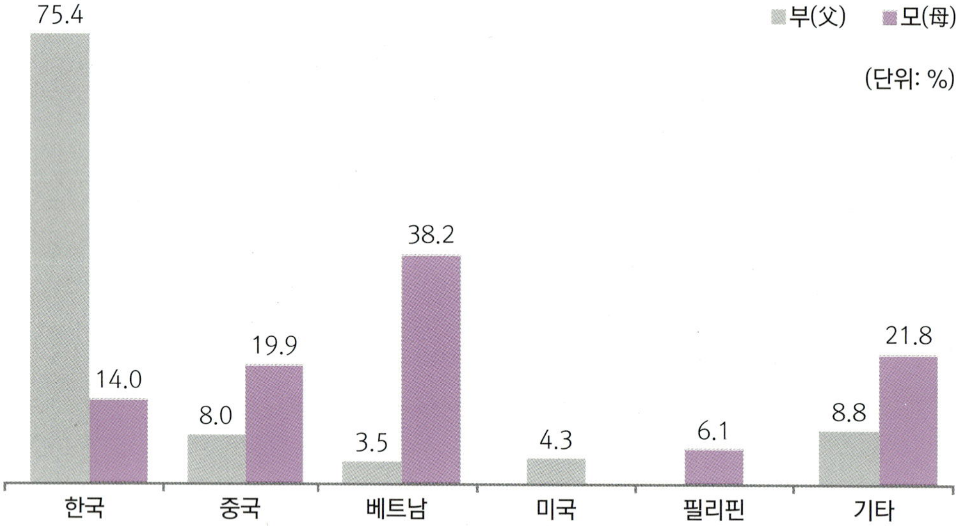

그림 7-13 출생아 부모(父母)의 출신 국적별 비중, 2019년

출처: 통계청(2019). 다문화인구동태통계.

(8.3%)로 임산부의 건강관리와 출산 전후 교육의 필요성이 높은 것으로 나타났고, 출산아는 한국여성의 출산아보다 평균체중이 적고, 태변흡인, 기형과 같은 신생아 합병증이 높은 비율을 보이는 것으로 보고하였다. 또한, 결혼이주여성은 한국언어와 문화에 익숙하지 않고, 임신과 출산을 겪게 되면서 의사소통이 원활하지 않아 가정과 병원에서 체계적인 건강관리를 받을 수 없으며, 응급상황에서도 제대로 응급대처를 할 수 없어 산모와 신생아 모두의 건강까지도 위협받는 상황에 이르게 된다. 그리고 신생아 양육지식에 대한 부족으로 인해 이유식의 적절 시기인 생후 4~6개월보다 다소 늦은 시기에 영 · 유아의 저체중, 영양불균형 등의 문제를 야기할 수 있다고 하여 이들의 임신과 육아에 대한 교육은 예방접종, 아기 건강하게 키우는 법, 아기 성장발달, 건강에 좋은 음식과 건강한 식습관 등 육아와 관련된 내용의 교육이 중요하다.

최근, 보건복지부와 여성가족부 등 행정부처에서는 결혼이주여성의 임신과 출산, 양육에 관련된 생애주기별 가족지원사업을 확대시키고 있다. 그러나 현행법상 결혼이주여성은 한국인 남성과 혼인신고가 이루어져야만 결혼이주 비자를 받아 의료보험을 적용받게 되어 있고, 반면에 한국인 남편이 피부양자 등록을 하지 않거나 중도 해지되는 경우 의료보험에서 제외되어 임신과 출산으로 생식건강관리가 절대적으로 필요한 시기에도 적절한 의료서비스를 제공받지 못한다고 한다. 이에 다문화가족 건강관리 대상자 발굴과 취약계층에 대한 지속적인 관리가 필요하며, 결혼이주여성의 출신국 문화와 한국문화를 반영한 체계적인 임신, 출산, 준비와 관련된 건강서비스 교육이 적극적으로 지원되어야 할 것이다.

3) 다문화가정 청소년의 건강상태

다문화 외국인 가정 증가로 인해 다문화 학생은 최근 5년간 매년 1만 명 이상 증가하여 2020년에는 14만 명을 초과하였다[그림 7-14]. 다문화가정의 자녀는 발달적 · 환경적 · 문화적 변화로 인해 학교 생활 적응의 어려움이 가중될 수 있으며, 다문화가정의 자녀는 외국인 부모를 가진 사실과 외모로 인해 사회적 차별 및 편견에 노출되고, 외국인 어머니가 한국어능력 부족으로 인해 학교생활 지원이 부족할 경우 학교생활적응이 어려울 수 있다.

학교현장에서 다문화가정 청소년의 수는 해마다 증가하고 있으나 다문화가정에 대한 편견, 비 다문화가정의 역차별감 등은 다문화 부모 세대뿐만 아니라 다문화가정 청소년의 학교 적응에 어려움을 갖게 하는 배경이 되고 있다.

다문화가정 청소년의 학교적응에 영향을 미치는 요인 중 하나로는 문화적응 스트레스이다. 다문화가정 청소년은 태어나면서부터 서로 다른 문화를 가진 부모로부터 양육을 받고 성장하면서 이중문화를 경험하고 적응의 어려움을 겪는다. 이러한 과정에서 다문화가정 청소년은 불안정한 지위와 취약한 권력으로의 동화를 요구받게 되고, 부정적 편견, 세대간 문화적응 수준의 차이, 이중 언어 유창성에 대한 우울,

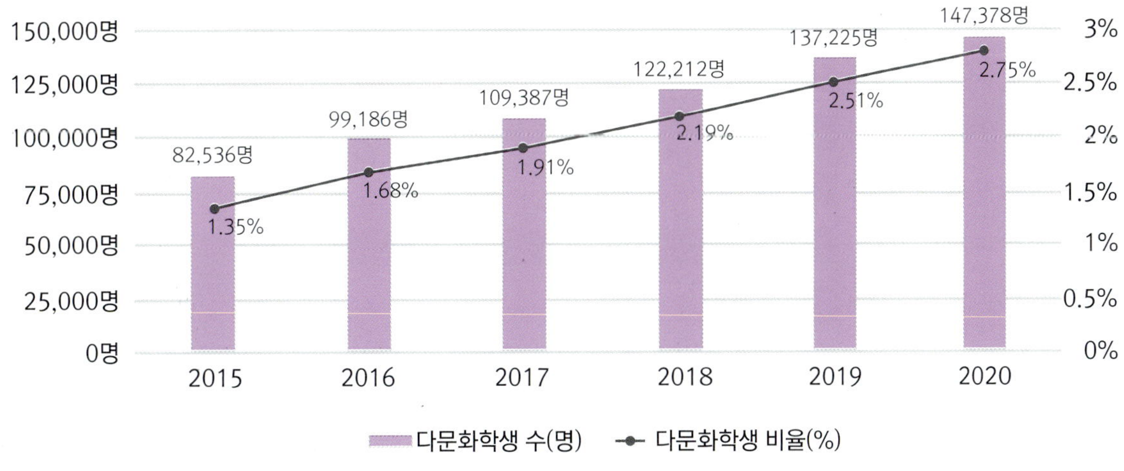

그림 7-14 **교육부 다문화교육지원계획**

출처: 교육부(2021). 다문화교육지원계획.

불안, 차별감, 소외감, 주변화의 느낌을 경험하고 열등감과 불신, 정체성 혼란 같은 심리적 문제를 일으키며, 높은 수준의 문화적응스트레스는 다문화청소년 개인의 대처능력을 감소시켜 학교적응의 문제를 초래한다.

다문화가정 청소년들이 학교에 잘 적응하지 못하는 이유를 보면, 학교공부가 어려워서가 63.6%로 가장 많고, 친구들과 잘 어울리지 못해서(53.5%)가 다음 순으로 나타났다. 이는 다문화가족 자녀의 학교생활 적응에 있어서 학업수행과 교우관계가 가장 중요한 요인임을 보여주는 것이라 할 수 있다[그림 7-15].

다문화가정 청소년들은 이중문화를 경험하면서 자신의 가족에 존재하는 상이한 두 문화 접촉에 따라 해당 문화들이 변화하는 현상을 경험하게 되면서 많은 스트레스를 받게 된다. 다문화가족청소년 성별에 따른 건강행위와 그리고 학교에서 다문화로 인한 놀림, 따돌림, 편견을 경험하고 언어발달 지연에 따른 학업부적응 등 학교적응과정에서 정체성과 가치관 혼란도 경험한다. 이러한 다문화가정 청소년의 어려움은 학업중단으로 이어져 연령이 증가할수록 학교적응이 낮아지는 경향을 보인다. 특히, 다문화 학생의 이주배경을 살펴보면, 해외출국 및 미인정 유학사유로 인한 학업중단이 많았고, 2019학년도 다문화 학생 학업중단율은 전년대비 하락하였고 부적응 관련 학업중단율은 전년과 비슷한 수준을 볼 수 있다[그림 7-16].

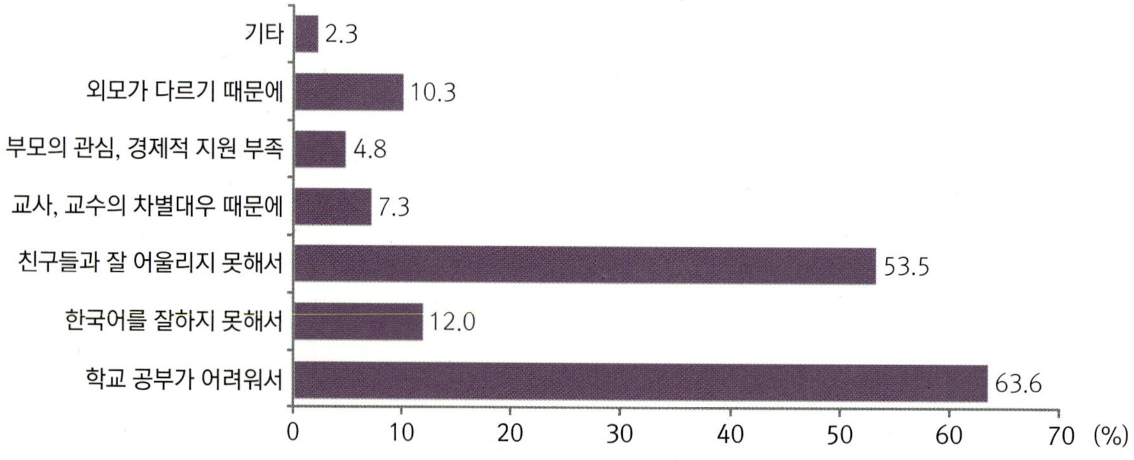

그림 7-15 다문화가족 재학 자녀의 학교 부적응 이유(복수응답), 2018

출처: 여성가족부(2018). 다문화가족실태조사.

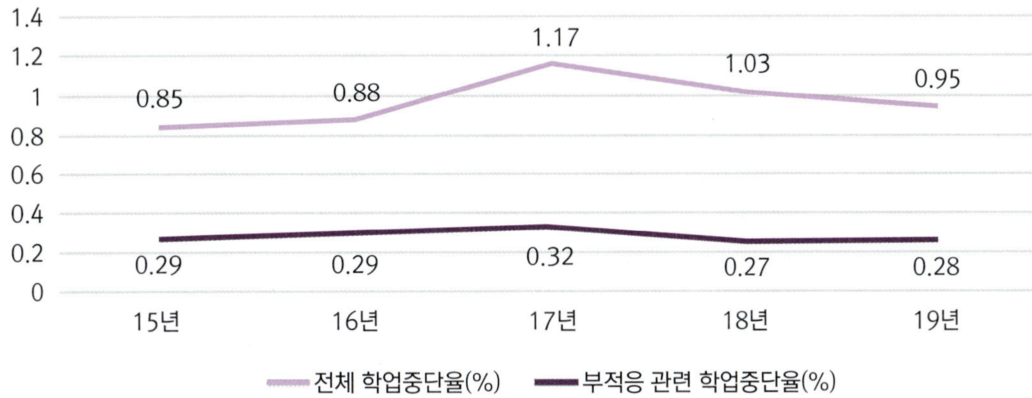

※ 다문화 학생 학업중단율(부적응으로 인한 학업중단률): 0.95% (0.28%)
전체 학생 학업중단율(부적응으로 인한 학업중단률): 0.96% (0.51%)

그림 7-16 교육부 다문화교육지원계획

출처: 교육부(2021). 다문화교육지원계획.

다문화가정 청소년의 학교생활 적응에 있어 가장 많은 관계와 애착을 형성하는 것은 가족관계, 특히 부모와의 관계이며, 이는 자녀의 적응에 있어 중요한 요인이다. 부모와의 애착이 잘 형성된 청소년들의 경우 대인관계를 비롯한 문화적응 스트레스는 감소하며, 문화적응스트레스가 낮을수록 학교적응은 높은 것으로 나타났다.

그리고 외국계 부모나라의 언어에 대한 다문화자녀들의 태도를 보면, [그림 7-17]에서 제시한 3개 항목 모두 2012년에 비해 긍정적 인식이 낮아지는 추세로 이중언어에 대한 부적응적인 문제로 인해 학교 부적응으로 이어질 수 있어 문화적응 프로그램이 진행되어야 할 것이다.

다문화가족 자녀의 개인적 특성을 보면, 여성은 집단따돌림이 46.2%로 남성에 비해 월등히 높고, 남성은 언어폭력(64.9%)과 사이버폭력(15.7%), 신체폭행(10.7%)이 여성에 비해 상대적으로 높았다. 연령별로 보면, 18세 이상에서는 언어폭력(29.2%)은 다른 연령대에 비해 급격히 줄어드는 반면, 집단따돌림은 고등학교 연령기인 15~17세(46.8%)부터 급격히 높아져 18세 이상에 이르면 70.8%가 피해를 당했을 정도로 심각해지고, 사이버 폭력 피해는 중학교 연령기인 12~14세(25.1%)가, 신체폭행 피해는 초등학교 고학년 연령기인 9~11세(10.5%)에서 가장 많이 입은 것으로 나타났다. 성장배경별로는 언어폭력(73.1%)을 비롯해 집단따돌림(57.6%), 사이버폭력(14.2%)은 외국 거주 경험이 있는 자녀들이, 신체폭행(13.0%)은 외국에서 주로 성장한 자녀들이 상대적으로 더 많은 피해를 보고하고 있다[그림 7-18].

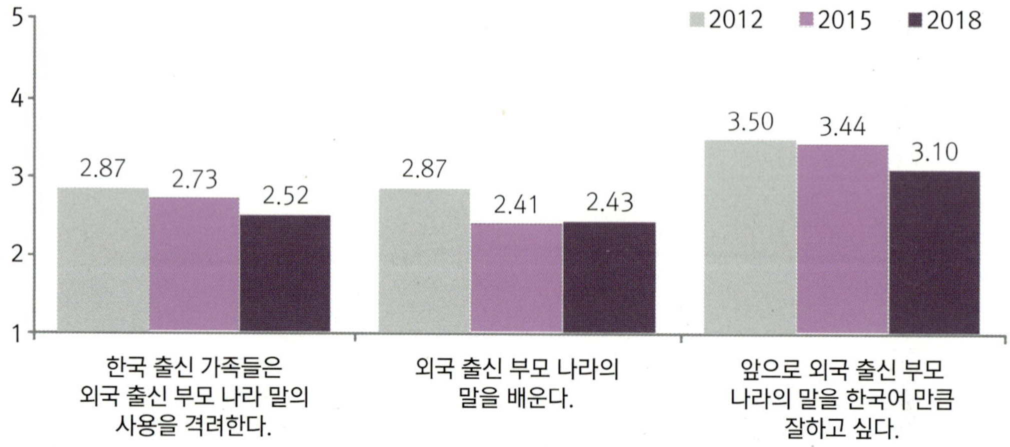

주: 1) 전혀 그렇지 않다=1점, 그렇지 않은 편이다=2점, 보통이다=3점, 대체로 그렇다=4점, 매우 그렇다=5점
2) 2012년, 2015년에는 모든 다문화 자녀를 대상으로 조사한 문항임. 따라서 여기에서는 한국어 사용 능력과 외국 출신 부모 언어 사용 능력의 평균값을 비교한 후 한국어 사용 능력의 평균값이 더 높은 다문화자녀만을 선별하여 2012년, 2015년 외국계 부모 나라의 모어에 대한 태도 평균을 산출함.

그림 7-17 외국계 부모 나라의 모어에 대한 태도(2012, 2015, 2018)

출처: 여성가족부(2018). 다문화가족실태조사.

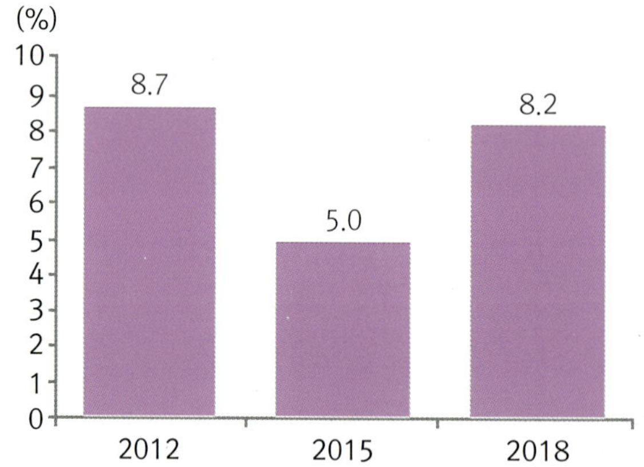

그림 7-18 학교폭력피해 경험(2012, 2015, 2018)

출처: 여성가족부(2018). 다문화가족실태조사.

다문화가족 청소년의 성별에 따른 건강행위를 보면, 남학생의 경우는 흡연, 탄산음료 섭취비율이 높고, 알레르기 비염 유병률이 더 높았으며, 점심식사 후 칫솔질 실천은 낮은 것으로 나타났고, 반면에 여학생의 경우 스트레스, 우울, 체질량지수가 남학생보다 더 높게 나타나 아동발달단계별 건강요구를 반영한 건강관리를 계획하는 것은 매우 중요하다. 그리고 다문화가정 청소년의 경우 한국 가정 청소년과 건강을 비교해 볼 때, 다문화가정의 청소년 우울경험은 학업성적이 높고 경제상태가 좋거나 폭력경험이 적을수록, 특히 한부모 가정보다 일반가정일수록 낮게 나타났다. 또한, 다문화가정의 청소년의 정신건강에 영향을 미치는 폭력경험은 사회적 편견과 인식의 차이, 친구, 가족, 친척 등의 네트워크 약화로 학교 폭력에 노출되기 쉽다고 하였다.

이에 이중문화 환경에서 성장하는 다문화가정 청소년이 다문화에 대한 부정적 · 수혜자적 입장이 아닌 한국 사회의 구성원으로서 부와 모의 애착형성을 통해 관계형성에 긍정적인 영향을 미치고 건강한 성인으로 성장할 수 있도록 우리사회에서의 발달단계에 대한 관심과 건강을 증진시키는 방안을 모색해야 할 것이다.

4) 결혼이민자 및 귀화자의 건강관리

결혼이민자들은 의료진과의 언어소통문제, 진료절차에 대한 이해부족, 의료용어에 대한 이해부족, 의료기관까지의 교통문제, 편견과 차별 등의 어려움으로 의료서비스 이용의 장애요인을 경험하고 있다. 보건의료이용은 건강문제를 예방, 관리하기 위한 목적으로 전문가의 치료를 요청하는 과정과 정기적 의료서비스를 스스로 제공하는 것을 말한다. 「보건의료기본법」에 보면, 보건의료서비스는 국민의 건강권을 보호 증진하기위하여 보건의료인이 행하는 모든 활동을 말하며, 보건기관, 의료기관, 약국 등에서 시행한다고 하였다. 그런데, 결혼이민자의 보건의료 시설 이용을 보면, 결혼이민자 · 귀화자 가운데 지난 1년간 아파서 병원에 가고 싶을 때 가지 못한 경험이 있는 이들은 11.5%로 2015년과 비슷한 수준이다. 남성 중 병원에 가지 못한 경험이 있는 이들은 9.4%로 2015년(11.8%)에 비해 크게 줄었지만 여성은 11.5%에서 12.0%로 0.5%p 늘어났으며 60대 이상 연령층은 병원에 가지 못한 경험이 크게 줄었고, 40대도 약간 줄었지만, 39세 이하 연령층과 50대 연령층은 병원에 가지 못한 경험이 늘었다.

대상자별로 보면, 결혼이민자(11.9%)가 기타귀화자(9.3%)보다 병원에 가지 못한 경험이 많았고, 연령이 높을수록 병원에 가지 못한 경험이 많았으며, 교육수준, 가구소득이 낮을수록 병원에 가지 못한 경험이 많은 것으로 나타났다. 혼인상태별로는 이혼 · 별거(19.5%), 사별(18.8%) 상태에 있는 이들이 병원에 가지 못한 경험이 월등히 많았고 병원에 가지 못하는 이유는 근무 및 육아 등으로 인해 시간이 없어서가 42.0%로 가장 많았으며, 그 다음으로 치료비가 부담스러워서(30.2%), 한국어를 잘하지 못해서(12.0%)

등의 순으로 나타났다[그림 7-19], [표 7-8]. 이에 다문화가족구성원이 지역사회 내에서 구성원으로서 편안한 삶을 영위하도록 지원해야 하며, 문화 적응과 관련하여 경험하는 다양한 가족문제, 신체적, 정신적 건강문제를 파악하여 가족전체를 고려한 통합적 건강서비스 정책 마련이 지원되어야 할 것이다.

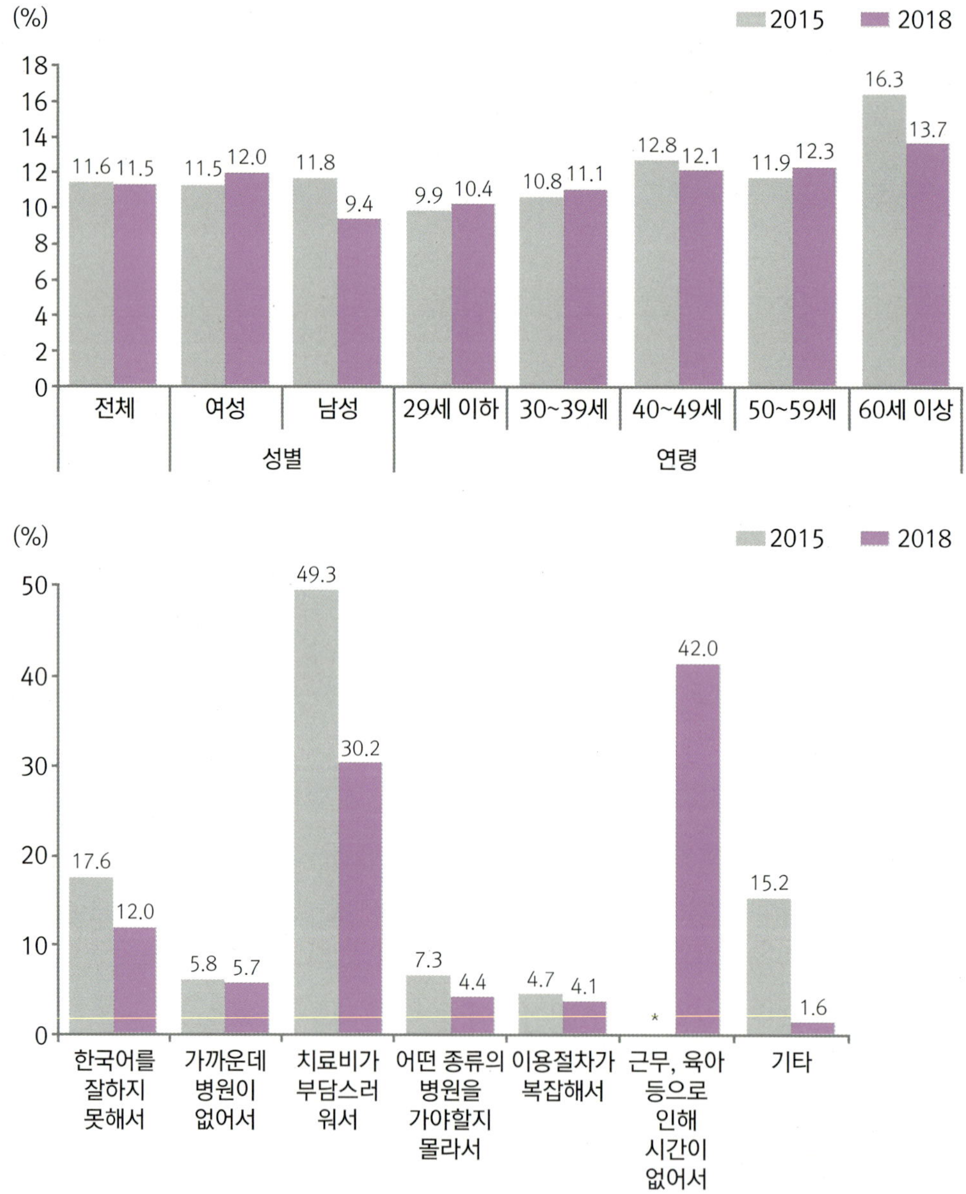

그림 7-19 **결혼이민자 및 귀화자의 병원에 가지 못한 경험(2015, 2018)**

출처: 여성가족부(2018). 다문화가족실태조사.

표 7-8 결혼이민자 및 귀화자의 병원에 가지 못한 경험

(단위: %, 명)

		한국어를 잘하지 못해서	가까운데 병원이 없어서	치료비가 부담스러워서	어떤 종류의 병원을 가야될지 못해서	이용 절차가 복잡해서	근무, 육아 등으로 인해 시간이 없어서	기타	합계
전체(2018)		12.0 (3,877)	5.7 (1,838)	30.2 (9,767)	4.4 (1,419)	4.1 (1,323)	42.0 (13,557)	1.6 (530)	100.0 (32,311)
다문화 가구 유형	결혼이민자	13.4	6.3	28.7	4.5	4.0	41.5	1.7	100.0
	기타귀화자	2.0	1.5	41.3	3.4	5.1	45.5	1.3	100.0
성별	여성	12.9	6.0	29.8	4.8	3.8	41.0	1.8	100.0
	남성	6.4	4.1	33.1	2.0	6.1	47.5	0.9	100.0
연령	29세 이하	24.2	5.6	15.8	6.3	5.0	41.8	1.2	100.0
	30~39세	14.4	7.5	21.6	4.8	3.9	46.8	0.9	100.0
	40~49세	10.2	4.1	33.4	2.5	2.7	44.1	3.0	100.0
	50~59세	1.4	3.3	45.2	3.8	5.8	38.3	2.1	100.0
	60세 이상	1.2	7.9	60.1	5.2	3.8	21.7	0.2	100.0
교육 수준	초등학교 졸업 이하 (무학포함)	17.6	5.1	40.2	4.2	1.1	31.2	0.5	100.0
	중학교 졸업	8.9	4.9	30.8	4.2	5.4	43.9	2.0	100.0
	고등학교 졸업	12.1	6.1	28.3	4.2	4.3	42.8	2.0	100.0
	대학 졸업 이상	12.7	7.2	21.5	5.8	3.9	47.9	1.0	100.0
혼인 상태	미혼	0.0	0.0	25.9	0.0	30.4	34.0	9.7	100.0
	배우자 있음 (사실혼 포함)	16.0	8.2	22.3	5.8	3.6	43.1	1.1	100.0
	배우자 사망	6.2	2.9	46.9	0.7	8.0	35.4	0.0	100.0
	이혼 · 별거	5.2	1.1	43.7	2.5	2.7	41.7	3.0	100.0

-계속

표 7-8 결혼이민자 및 귀화자의 병원에 가지 못한 경험(2018)

(단위: %, 명)

		한국어를 잘하지 못해서	가까운데 병원이 없어서	치료비가 부담스러워서	어떤 종류의 병원을 가야될지 못해서	이용 절차가 복잡해서	근무, 육아 등으로 인해 시간이 없어서	기타	합계
국내 거주 기간	5년 미만	44.8	9.7	14.6	5.7	4.5	19.4	1.1	100.0
	5~10년 미만	21.5	7.1	18.8	4.6	5.0	42.4	0.5	100.0
	10~15년 미만	4.4	4.7	34.4	4.5	3.2	46.8	1.9	100.0
	15년 이상	0.8	4.1	41.7	3.6	4.1	43.2	2.6	100.0
취업 여부	취업	9.3	5.3	27.6	4.0	3.5	48.8	1.4	100.0
	비취업	17.7	6.5	35.9	5.3	5.5	27.0	2.1	100.0
거주 지역	동부	12.3	3.9	32.2	4.7	4.6	40.5	1.8	100.0
	읍면부	10.9	11.4	23.9	3.5	2.7	46.6	1.1	100.0
가구 소득	100만원 미만	9.2	4.1	57.6	2.8	5.1	17.5	3.5	100.0
	100~200만원 미만	8.1	5.0	37.1	2.4	2.9	43.5	1.0	100.0
	200~300만원 미만	13.8	4.4	22.9	6.0	3.0	47.3	2.6	100.0
	300~400만원 미만	12.3	7.0	23.5	6.3	6.0	44.1	0.8	100.0
	400~500만원 미만	21.4	8.3	15.7	4.1	4.5	46.1	0.0	100.0
	500만원 이상	11.2	8.6	9.7	4.5	4.5	60.6	0.9	100.0

출처: 여성가족부(2018). 다문화가족실태조사.

2 외국인근로자

1) 외국인근로자의 정의 및 현황

(1) 외국인근로자의 정의

우리나라는 2003년 「외국인근로자의 고용 등에 관한 법률」을 제정하며 '외국인근로자'라는 표현을 사용하여 '외국인근로자'라는 표현을 공식적으로 사용하게 되었다. '외국인근로자'의 정의는 「외국인근로자의 고용 등에 관한 법률」 제2조에 명시되어 있는데, 이 법에서 '외국인근로자'라 함은 "대한민국의 국적을 가지지 아니한 자로서 국내에 소재하고 있는 사업 또는 사업장에서 임금을 목적으로 근로를 제공하고 있거나 제공하고자 하는 자"를 말한다. 이 정의는 국제연합(United Nations, UN)의 '이주노동자(Migrant Worker)'의 정의와 유사하게 외국인근로자를 국적요건, 노동활동지역, 유급노동활동이라는 3가지 기준에 근거하여 정의하고 있다.

(2) 외국인근로자의 유형

외국인근로자의 도입이 합법화됨에 따라 많은 외국인이 국내로 유입되어 근로를 위한 체류를 하게 되었다. 이에 「출입국관리법 시행령」 제12조에서는 외국인의 체류와 관련한 자격을 부여하고 이 자격에 해당하는 사람과 활동범위를 규정하여 관리하게 되었다. 「출입국관리법 시행령」 제12조에서 규정하는 외국인의 체류자격은 다음과 같다.

① 체류자격에 의한 분류

합법체류 근로자는 「출입국관리법」에 의한 자격으로 입국한 외국인근로자를 말하는 것으로 이는 현재 국내에서 부족한 인력 부분에 대하여 적법한 심사과정을 거친 자에 한해 취업 비자를 발급하는 경우를 말한다. 이러한 경우의 외국인근로자는 전체에 비해서는 비록 적은 편이지만 높은 임금의 조건으로 국내 노동 현장에서 활동하고 있으며, 국내 체류기간도 상대적으로 높은 편이다. 2003년 8월 16일 「외국인근로자의 고용 등에 관한 법률」이 제정되고 이에 따른 고용허가제에 의해 외국인근로자들이 합법적인 절차에 따라 국내사업장에 취업활동을 하게 되었으며, 노동관계법도 국내 근로자와 동일하게 적용받게 되었다. 「출입국관리법 시행령」 제23조(외국인의 취업과 체류자격) 제1항에 의하면 "취업활동을 할 수 있는 체류자격이라 함은 단기취업(C-4), 교수(E-1), 내지 특정활동(E-7), 비전문취업(E-9), 선원취업(E-10) 및 방문취업(H-2)의 체류자격을 말한다"라고 규정하고 있다. 이렇게 볼 때 고용허가제를 통한 합법적인 입국 체류 근로자는 곧 단순기능인력의 대부분인 비전문취업(E-9) 근로자와 방문취업(H-2) 근로자로 구분된다고 할 수 있다[표 7-9], [그림 7-20].

표 7-9 외국인의 장·단기 체류자격

체류자격(기호)	체류자격에 해당하는 사람 또는 활동범위
5. 단기취업† (C-4)	가. 일시 흥행, 광고 · 패션 모델, 강의 · 강연, 연구, 기술지도 등 별표 1의2 중 14. 교수(E-1)부터 20. 특정활동(E-7)까지의 체류자격에 해당하는 분야에 수익을 목적으로 단기간 취업 활동을 하려는 사람 나. 각종 용역계약 등에 의하여 기계류 등의 설치 · 유지 · 보수, 조선 및 산업설비 제작 · 감독 등을 목적으로 국내 공공기관 · 민간단체에 파견되어 단기간 영리활동을 하려는 사람 다. 법무부장관이 관계 중앙행정기관의 장과 협의하여 정하는 농작물 재배 · 수확(재배 · 수확과 연계된 원시가공 분야를 포함한다) 및 수산물 원시가공 분야에서 단기간 취업 활동을 하려는 사람으로서 법무부장관이 인정하는 사람
5. 유학 (D-2)	전문대학 이상의 교육기관 또는 학술연구기관에서 정규과정의 교육을 받거나 특정 연구를 하려는 사람
6. 기술연수 (D-3)	법무부장관이 정하는 연수조건을 갖춘 사람으로서 국내의 산업체에서 연수를 받으려는 사람
7. 일반연수 (D-4)	법무부장관이 정하는 요건을 갖춘 교육기관이나 기업체, 단체 등에서 교육 또는 연수를 받거나 연구활동에 종사하려는 사람[연수기관으로부터 체재비를 초과하는 보수(報酬)를 받거나 유학(D-2) · 기술연수(D-3) 체류자격에 해당하는 사람은 제외한다]
13. 구직 (D-10)	가. 교수(E-1)부터 특정활동(E-7)까지의 체류자격[예술흥행(E-6) 체류자격 중 법무부장관이 정하는 공연업소의 종사자는 제외한다]에 해당하는 분야에 취업하기 위하여 연수나 구직활동 등을 하려는 사람으로서 법무부장관이 인정하는 사람 나. 기업투자(D-8) 다목에 해당하는 법인의 창업 준비 등을 하려는 사람으로서 법무부장관이 인정하는 사람
14. 교수 (E-1)	「고등교육법」 제14조 제1항 · 제2항 또는 제17조에 따른 자격요건을 갖춘 외국인으로서 전문대학 이상의 교육기관이나 이에 준하는 기관에서 전문 분야의 교육 또는 연구 · 지도 활동에 종사하려는 사람
15. 회화지도 (E-2)	법무부장관이 정하는 자격요건을 갖춘 외국인으로서 외국어전문학원, 초등학교 이상의 교육기관 및 부설어학연구소, 방송사 및 기업체 부설 어학연수원, 그 밖에 이에 준하는 기관 또는 단체에서 외국어 회화지도에 종사하려는 사람
16. 연구 (E-3)	대한민국 내 공공기관 · 민간단체으로부터 초청을 받아 각종 연구소에서 자연과학 분야의 연구, 사회과학 · 인문학 · 예체능 분야의 연구 또는 산업상 고도기술의 연구 · 개발에 종사하려는 사람[교수(E-1) 체류자격에 해당하는 사람은 제외한다]
17. 기술지도 (E-4)	자연과학 분야의 전문지식 또는 산업상 특수한 분야에 속하는 기술을 제공하기 위하여 대한민국 내 공공기관 · 민간단체로부터 초청을 받아 종사하려는 사람
18. 전문직업 (E-5)	대한민국 법률에 따라 자격이 인정된 외국의 변호사, 공인회계사, 의사, 그 밖에 국가공인 자격이 있는 사람으로서 대한민국 법률에 따라 할 수 있도록 되어 있는 법률, 회계, 의료 등의 전문업무에 종사하려는 사람[교수(E-1) 체류자격에 해당하는 사람은 제외한다]

-계속

표 7-9 외국인의 장·단기 체류자격

체류자격(기호)	체류자격에 해당하는 사람 또는 활동범위
19. 예술흥행 (E-6)	수익이 따르는 음악, 미술, 문학 등의 예술활동과 수익을 목적으로 하는 연예, 연주, 연극, 운동경기, 광고 · 패션 모델, 그 밖에 이에 준하는 활동을 하려는 사람
20. 특정활동 (E-7)	대한민국 내의 공공기관 · 민간단체 등과의 계약에 따라 법무부장관이 특별히 지정하는 활동에 종사하려는 사람
20의2. 계절근로 (E-8)	법무부장관이 관계 중앙행정기관의 장과 협의하여 정하는 농작물 재배 · 수확(재배 · 수확과 연계된 원시가공 분야를 포함한다) 및 수산물 원시가공 분야에서 취업 활동을 하려는 사람으로서 법무부장관이 인정하는 사람
21. 비전문취업 (E-9)	「외국인근로자의 고용 등에 관한 법률」에 따른 국내 취업요건을 갖춘 사람(일정 자격이나 경력 등이 필요한 전문직종에 종사하려는 사람은 제외한다)
22. 선원취업 (E-10)	다음 각 목에 해당하는 사람과 그 사업체에서 6개월 이상 노무를 제공할 것을 조건으로 선원근로계약을 체결한 외국인으로서 「선원법」 제2조 제6호에 따른 부원(部員)에 해당하는 사람 가. 「해운법」 제3조제1호 · 제2호 · 제5호 또는 제23조 제1호에 따른 사업을 경영하는 사람 나. 「수산업법」 제8조제1항제1호, 제41조제1항 또는 제57조 제1항에 따른 사업을 경영하는 사람 다. 「크루즈산업의 육성 및 지원에 관한 법률」 제2조 제7호에 따른 국적 크루즈사업자로서 같은 조 제4호에 따른 국제순항 크루즈선을 이용하여 사업을 경영하는 사람
23. 방문동거 (F-1)	가. 친척 방문, 가족 동거, 피부양(被扶養), 가사정리, 그 밖에 이와 유사한 목적으로 체류하려는 사람으로서 법무부장관이 인정하는 사람 나. 다음의 어느 하나에 해당하는 사람의 가사보조인 1) 외교(A-1), 공무(A-2) 체류자격에 해당하는 사람 2) 미화 50만 달러 이상을 투자한 외국투자가(법인인 경우 그 임직원을 포함한다)로서 기업투자(D-8), 거주(F-2), 영주(F-5), 결혼이민(F-6) 체류자격에 해당하는 사람 3) 인공지능(AI), 정부기술(IT), 전자상거래 등 기업정보화(e-business), 생물산업(BT), 나노기술(NT) 분야 등 법무부장관이 정하는 첨단 · 정보기술 업체에 투자한 외국투자가(법인인 경우 그 임직원을 포함한다)로서 기업투자(D-8), 거주(F-2), 영주(F-5), 결혼이민(F-6) 체류자격에 해당하는 사람 4) 취재(D-5), 주재(D-7), 무역경영(D-9), 교수(E-1)부터 특정활동(E-7)까지의 체류자격에 해당하거나 그 체류자격에서 거주(F-2) 바목 또는 별표 1의3 영주(F-5) 제1호의 체류자격으로 변경한 전문인력으로서 법무부장관이 인정하는 사람 다. 외교(A-1)부터 협정(A-3)까지의 체류자격에 해당하는 사람의 동일한 세대에 속하지 않는 동거인으로서 그 체류의 필요성을 법무부장관이 인정하는 사람 라. 그 밖에 부득이한 사유로 직업활동에 종사하지 않고 대한민국에 장기간 체류하여야 할 사정이 있다고 인정되는 사람

-계속

표 7-9 외국인의 장·단기 체류자격

체류자격(기호)	체류자격에 해당하는 사람 또는 활동범위
26. 재외동포 (F-4)	「재외동포의 출입국과 법적 지위에 관한 법률」 제2조 제2호에 해당하는 사람(단순 노무행위 등 이 영 제23조 제3항 각 호에서 규정한 취업활동에 종사하려는 사람은 제외한다)
27. 결혼이민 (F-6)	가. 국민의 배우자 나. 국민과 혼인관계(사실상의 혼인관계를 포함한다)에서 출생한 자녀를 양육하고 있는 부 또는 모로서 법무부장관이 인정하는 사람 다. 국민인 배우자와 혼인한 상태로 국내에 체류하던 중 그 배우자의 사망이나 실종, 그 밖에 자신에게 책임이 없는 사유로 정상적인 혼인관계를 유지할 수 없는 사람으로서 법무부장관이 인정하는 사람
28. 관광취업 (H-1)	대한민국과 "관광취업"에 관한 협정이나 양해각서 등을 체결한 국가의 국민으로서 협정 등의 내용에 따라 관광과 취업활동을 하려는 사람(협정 등의 취지에 반하는 업종이나 국내법에 따라 일정한 자격요건을 갖추어야 하는 직종에 취업하려는 사람은 제외한다)
29. 방문취업 (H-2)	가. 체류자격에 해당하는 사람: 「재외동포의 출입국과 법적 지위에 관한 법률」 제2조 제2호에 따른 외국국적동포(이하 "외국국적동포"라 한다)에 해당하고, 다음의 어느 하나에 해당하는 18세 이상인 사람 중에서 나목의 활동범위 내에서 체류하려는 사람으로서 법무부장관이 인정하는 사람[재외동포(F-4) 체류자격에 해당하는 사람은 제외한다] 1) 출생 당시에 대한민국 국민이었던 사람으로서 가족관계등록부, 폐쇄등록부 또는 제적부에 등재되어 있는 사람 및 그 직계비속 2) 국내에 주소를 둔 대한민국 국민 또는 별표 1의3 영주(F-5) 제5호에 해당하는 사람의 8촌 이내의 혈족 또는 4촌 이내의 인척으로부터 초청을 받은 사람 3) 「국가유공자 등 예우 및 지원에 관한 법률」 제4조에 따른 국가유공자와 그 유족 등에 해당하거나 「독립유공자예우에 관한 법률」 제4조에 따른 독립유공자와 그 유족 또는 그 가족에 해당하는 사람 4) 대한민국에 특별한 공로가 있거나 대한민국의 국익 증진에 기여한 사람 5) 유학(D-2) 체류자격으로 1학기 이상 재학 중인 사람의 부모 및 배우자 6) 국내 외국인의 체류질서 유지를 위하여 법무부장관이 정하는 기준 및 절차에 따라 자진하여 출국한 사람 7) 1)부터 6)까지의 규정에 해당하지 않는 사람으로서 법무부장관이 정하여 고시하는 한국어시험, 추첨 등의 절차에 따라 선정된 사람 나. 활동범위 1) 방문, 친척과의 일시 동거, 관광, 요양, 견학, 친선경기, 비영리 문화예술활동, 회의 참석, 학술자료 수집, 시장조사 · 업무연락 · 계약 등 상업적 용무, 그 밖에 이와 유사한 목적의 활동 2) 한국표준산업분류표에 따른 다음의 산업 분야에서의 활동 가) 작물 재배업(011)

-계속

표 7-9 외국인의 장·단기 체류자격

체류자격(기호)	체류자격에 해당하는 사람 또는 활동범위
29. 방문취업 (H-2)	나) 축산업(012) 다) 작물재배 및 축산 관련 서비스업(014) 라) 연근해 어업(03112) 마) 양식 어업(0321) 바) 천일염 생산 및 암염 채취업(07220) 사) 제조업(10~34). 다만, 상시 사용하는 근로자 수가 300명 미만이거나 자본금이 80억원 이하인 경우에만 해당한다. 아) 하수, 폐수 및 분뇨 처리업(37) 자) 폐기물 수집, 운반, 처리 및 원료재생업(38) 차) 건설업(41~42). 다만, 발전소 · 제철소 · 석유화학 건설현장의 건설업체 중 업종이 산업 · 환경설비 공사인 경우는 제외한다. 카) 육지동물 및 애완동물 도매업(46205) 타) 기타 산업용 농산물 도매업(46209) 파) 생활용품 도매업(464) 하) 기계장비 및 관련 물품 도매업(465) 거) 재생용 재료 수집 및 판매업(46791) 너) 기타 생활용품 소매업(475) 더) 기타 상품 전문 소매업(478) 러) 무점포 소매업(479) 머) 육상 여객 운송업(492) 버) 냉장 및 냉동 창고업(52102). 다만, 내륙에 위치한 업체에 한정한다. 서) 호텔업(55101). 다만, 「관광진흥법」에 따른 호텔업은 1등급 · 2등급 및 3등급의 호텔업으로 한정한다. 어) 여관업(55102) 저) 한식 음식점업(5611) 처) 외국인 음식점업(5612) 커) 기타 간이 음식점업(5619) 터) 서적, 잡지 및 기타 인쇄물 출판업(581) 퍼) 음악 및 기타 오디오물 출판업(59201) 허) 사업시설 유지관리 서비스업(741) 고) 건축물 일반 청소업(74211) 노) 산업설비, 운송장비 및 공공장소 청소업(74212)

-계속

표 7-9 외국인의 장·단기 체류자격

체류자격(기호)	체류자격에 해당하는 사람 또는 활동범위
29. 방문취업 (H-2)	도) 여행사 및 기타 여행보조 서비스업(752) 로) 사회복지 서비스업(87) 모) 자동차 종합 수리업(95211) 보) 자동차 전문 수리업(95212) 소) 모터사이클 수리업(9522) 오) 욕탕업(96121) 조) 산업용 세탁업(96911) 초) 개인 간병 및 유사 서비스업(96993) 코) 가구 내 고용활동(97)
30. 기타 (G-1)	별표 1, 이 표 중 외교(A-1)부터 방문취업(H-2)까지 또는 별표 1의3의 체류자격에 해당하지 않는 사람으로서 법무부장관이 인정하는 사람

† 단기체류자격, 그 외 장기체류자격을 말함

출처: 「출입국관리법 시행령」 제12조 일부 발췌(2021)

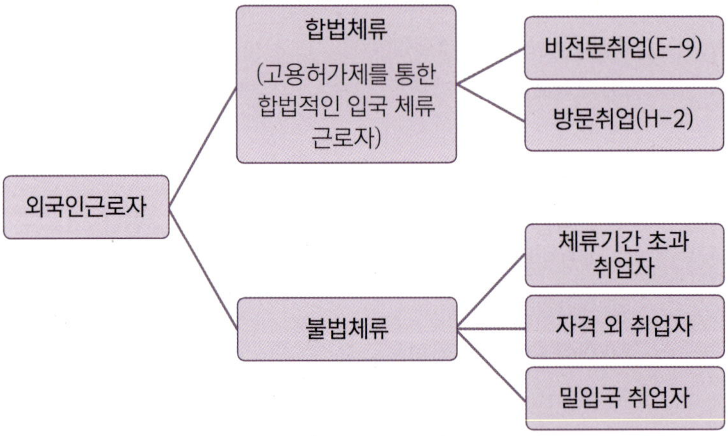

그림 7-20 체류자격에 의한 분류

비전문 취업근로자는 고용허가제 도입에 따라 합법적 취업이 가능해졌다고 할 수 있으며, 이는 곧 국내의 부족한 인력 부분에 한하여 외국인근로자로 대체할 수 있는 계기가 되었다. 방문취업근로자는 2007년 3월부터 시행된 방문 취업제를 근거로 국내체류자격을 득한 중국이나 구소련 지역의 동포들이 해당되나, 이들 중에서도 국내에 호적이나 친인척 등이 있는 경우와 그렇지 못한 무연고 동포로 구분된다.

불법체류 근로자란 「출입국관리법」 제17조에 의한 체류자격 또는 동법 제18조 규정에 의한 취업활동을 할 수 있는 체류자격이 아예 없거나 취득한 자격을 상실한 상태에서 근로하고 있는 외국인의 경우를 말한다. 이 경우 대부분은 「출입국관리법」에 의한 관광이나 방문 및 어학연수 또는 선교활동 등 단기 사증을 발급받은 자로서 다음의 3가지 유형이 해당한다.

- 체류기간 초과 취업자: 대한민국 입국한 후 체류기간을 넘긴 상태로 취업 중인 외국인근로자
- 자격 외 취업자: 체류 자체는 합법이지만 취업 형태는 불법인 외국인근로자
- 밀입국 취업자: 정식 입국 절차 없이 국내에 들어와 취업 중인 외국인근로자

② 채용제도에 의한 분류

일반고용허가제는 대한민국에 입국하기 이전 근로계약을 체결 및 비전문취업사증(E-9)을 대한민국 정부로부터 발급받아 외국인력 정책위원회의 인력 수급 상황 등을 고려하고 심의·의결한 업종(제조업, 건설업, 서비스업, 농축산업어업)에서 근로하는 제도를 말한다.

방문취업사증(H-2)으로 입국하고 소정의 취업교육 이수와 구직 등록 후 고용지원센터를 통하거나 자율구직으로 제조업, 건설업, 서비스업, 농축산업 또는 연근 해역 어업 중 외국인력 정책위원회에서 선정한 업종에 근로하는 경우가 해당된다. 여기서 말하는 '외국국적동포'의 경우는 대한민국의 국적을 보유하였던 자 또는 그 직계 비속으로서 외국국적을 취득한 상태에서 대한민국의 국적을 보유한 적이 있던 자로서 다른 나라의 국적을 취득한 자나 부모의 일방 또는 조부모의 일방이 대한민국 국적을 보유하였던 자로서 외국국적을 취득한 자를 말한다. 이들 외국국적 동포 근로자들의 경우 대부분이 중국 및 구소련에 거주하는 자들로 한국어 사용능력이나 한국문화 적응, 외모 등 여러 측면에서 일반 외국인근로자들보다는 취업에 있어서 훨씬 유리하다고 볼 수 있다.

일반고용허가제와 특례고용허가제의 비교는 [표 7-10]를 참조한다.

표 7-10 채용제도에 따른 비교

구분	일반고용허가제	특례고용허가제
① 체류(취업기간)	· 3년 ※ 비전문취업비자(E-9)로 입국한 날로부터 최장 3년간 취업 〈사업주 요청 시 재고용 가능〉	· 3년 ※ 방문취업비자(H-2)로 입국한 날로부터 3년간 취업
② 대상 요건	· 한국어시험 및 건강검진 등 소정의 절차를 거치고 구직 등록한 자	· 국내 친족이나 호적이 있는 동포(쿼터 무제한) · 국내 연고 없는 동포(쿼터 제한)
③ 취업 허용 업종	· 제조업, 건설업, 서비스업, 농축산업, 어업 등으로서 외국 인력정책위원회에서 지정하는 업종	· 일반고용허가제 허용업종에 일부 서비스업종 추가

출처: 정현석(2018). 외국인근로자의 개인별 성격적 특성·오류요인과 스트레스와의 상관관계, 경기대학교 공학대학원 석사학위논문.

(3) 외국인근로자의 도입배경과 등록외국인 자격별 현황

우리나라는 1980년대 후반부터 이주노동자의 유입이 시작되었는데 특히, 1988년 서울올림픽 이후 세계적으로 국가가 알려지면서 국제 인력 브로커들의 주목을 받게 되었다. 또한 이 시기 한국은 급격한 경제성장과 더불어 임금인상이 급격히 진행되었으며, 1차 산업 중심의 구조에서 2차, 3차 산업 중심의 산업구조로 전환됨에 따라 제조업 부문 노동자들에 대한 처우가 많이 개선되었다. 이와 같이 국내 노동자들의 처우가 개선됨에 따라 내국인들은 임금이 적고 작업환경이 열악한 영세 제조업을 기피하기 시작했다. 따라서 심각한 노동력 부족문제를 겪고 있던 중소기업들은 미등록 이주노동자에 의존할 수밖에 없었으며 이러한 상황에서 정부는 노동력부족현상을 해결하기 위한 방안으로 1993년 '외국인 산업연수생' 제도 도입을 시작으로 2003년 '고용허가제' 등 이주노동자 인력정책의 주요 변화가 있었다[표 7-11].

1992년만 해도 한국체류 외국 인력은 74,000명이었으나, 2003년부터 한국 체류외국인 수는 꾸준히 증가하여, 2007년에는 100만 명을 넘어 10년 뒤인 2017년 200만 명, 2019년 최대치인 2,524,656명이었다. 2020년 6월 현재 한국 체류 외국인은 2,135,689명이며 이중 등록외국인 자격별 현황은 [표 7-12]에서 확인할 수 있다.

표 7-11 국내 이주노동자 인력 정책 주요 변화

시기	인력 정책 주요 변화
1991년 11월	'해외투자기업연수생 제도' 도입
1993년 11월	'산업연수생 제도' 도입(1994년 실시)
2000년 4월	'연수 취업제' 시행
2002년 11월	'연수 취업제' 수정 시행 '취업관리제' 도입
2003년 8월	'외국인근로자의 고용평등에 관한 법률' (일명 고용허가제) 제정
2006년	취업관리제 허용업종 확대
2007년 1월	산업연수제도 고용허가제로 통합, 해외투자연수생제도 유지
2007년 3월	'방문취업제' (H-2 비자) 도입
2009년 5월	'건설업 취업등록제' 시행

출처: 김용규(2010), 하갑래(2011).

표 7-12 등록외국인 자격별 현황

(2020. 06. 30. 현재, 단위: 명)

계	문화예술 (D-1)	유학 (D-2)	일반연수 (D-4)	취재 (D-5)	종교 (D-6)	상사주재 (D-7)	기업투자 (D-8)	무역경영 (D-9)
	28	100,588	51,832	90	1,437	1,184	5,639	1,998
	교수 (E-1)	회화지도 (E-2)	연구 (E-3)	기술지도 (E-4)	전문직업 (E-5)	예술흥행 (E-6)	특정활동 (E-7)	비전문취업 (E-9)
1,220,228	2,130	13,271	2,985	209	564	3,196	20,080	255,433
	선원취업 (E-10)	방문동거 (F-1)	거주 (F-2)	동반 (F-3)	영주 (F-5)	결혼이민 (F-6)	방문취업 (H-2)	기타
	16,553	115,141	43,807	21,275	156,159	131,274	205,569	69,786

출처: 출입국외국인정책본부(2020). 출입국외국인정책 통계월보 6월호.

2) 외국인근로자의 건강상태

체류하는 외국인이 지속적으로 증가하고 있는 현 시점에서 이들의 건강은 개인의 차원을 넘어서 사회 · 국가적 차원에서의 관리가 필요하다. 이주노동자들은 장시간 근무로 인한 과로, 낯설고, 열악한 주거 및 작업환경으로 인해 발생하는 직업병, 언어적 장벽, 지리적 소외, 작업장, 음식, 사회 문화적인 차이 등 신체적 · 정신적 · 심리적 스트레스 등의 여러 가지 건강문제를 겪는다. 무엇보다 의사소통의 어려움, 한국의 의료서비스에 대한 무지, 얕은 지식, 정보 부족, 값비싼 의료비용, 건강보험의 혜택을 받지 못하는 등의 이유로 치료시기를 놓쳐 병을 더 키우거나, 건강을 더 악화시켜 귀국할 때 하나쯤은 질병을 안고 돌아가는 경우가 많다. 그밖에도 작업환경, 근로조건의 부당한 대우, 안전지식이 없음으로 인해 작업 중 사고를 당하고, 장애를 얻거나 결국은 사망에 이르게 되는 경우가 많다. 이주노동자들은 외국인근로자라는 사실 자체만으로도 '건강에 악영향을 미치는 노동환경과 주거조건'에 쉽게 노출된다. 한국에 체류 중인 이주노동자의 상황은 이들의 체류지위, 체류기간, 직업 혹은 직종, 국적 등에 따라 매우 다양하다. 특히 이중 불법체류 신분일 경우 기본적인 권익을 누리지 못한다. 2020년 2,135,689명 체류외국인 중에서 18.7%가 불법체류자이다. 이들에게 현실적인 가장 큰 문제는 의료혜택의 문제로 건강보험, 산재보험 적용받지 못하고 자칫 잡히면 바로 추방될 수 있어서 자유롭게 의료기관 혹은 무료진료소 등의 이용을 꺼려하거나 이용하는 데 어려움이 있다.

(1) 외국인근로자의 건강문제

한국 정부는 1981년에 「산업안전보건법」을 제정하고 근로자에 대한 건강진단을 실시하고, 사업장 보건관리업무와 보건관계자의 지정 및 근로자를 산업재해로부터 보호하기 위한 교육과 보건상의 배치를 하도록 규정하였으나 이주노동자들은 실질적으로 정기적인 건강진단은 물론 질병을 앓아도 쉽게 의료기관을 방문하여 전문가로부터 진단을 받거나 치료를 받지 않거나 못하고 있는 것이 현실이다. 이주노동자가 한국 입국 전에 본국에서 신체적인 건강검진을 받은 후 건강상으로 아무 질병이나 합병증이 없는 건강한 노동인력으로 분류되어 들어온다. 그러나 한국 입국 후부터 사후 건강관리가 제대로 되지 않거나 적절한 건강관리가 미흡하고, 건강보험의 혜택이 있어도 건강보험에 대해 무지하거나 값비싼 진료비 때문에 의료기관을 이용을 꺼려하거나, 제때 치료를 받지 않거나, 건강보험의 혜택이 없는 외국인근로자들의 경우 건강문제를 간과하거나, 의료비용이나 안정상의 문제로 치료를 받지 못해 질병을 키우거나 악화시키기도 한다.

선행연구에서 외국인근로자의 건강상태를 살펴보면 국내에 입국한 후 심하게 아파본 경험이 있는 외국인근로자는 55% 정도라고 하였으며, 외국인근로자들의 질환종류를 살펴보면 소화기계가 80명으로 26.5%, 근골격계(관절염, 디스크 등) 79명으로 26.2%, 순환기계가 70명으로 23.3%, 호흡기계와 치과계통이 각 40명으로 14.3%를 차지하였으며, 만성질환(당뇨, 심장질환 등)이 29명으로 9.6%를 차지하였고, 전염병(결핵, 말라리아, 콜레라 등)이 5명으로 1.7%였으며, 기타가 72명으로 23.9%를 차지하고 있다고 보고하였다(원영희 · 최선희, 2008). 또한 외국인 결핵 신환자수는 2011년 이후 꾸준히 증가하였으나, 외국인 결핵관리정책이 도입된 2016년에 2,123명으로 최고치를 보인 후 2017년 1,632명, 2018년 1,398명으로 2년 연속 감소하고 있다. 2016년에 가장 많은 외국인 결핵환자 수가 집계된 것은 결핵 고위험국가 외국인을 대상으로 국내에서 비자 변경 또는 연장 시 결핵검진을 의무 실시함으로써 검진 활성화로 인해 외국인 결핵환자가 많이 발견된 결과로 볼 수 있다. 이는 외국인뿐만 아니라 한국인도 쉽게 노출될 수 있어서 외국인의 건강관리는 곧 한국인의 건강 혹은 건강안정과도 연관이 있어 더욱 중요하다.

(2) 외국인근로자의 건강영향요인

외국인근로자는 건강에 대해 관심이 높지만 실제로 건강증진 행위를 하기는 어려운 상황에 있으며 일상생활과 직장생활에서 스트레스를 받고 있다. 산업안전보건연구원의 2차 자료를 이용한 외국인근로자의 건강수준을 결정하는 요인은 다음과 같다.

첫째, 외국인근로자의 경우 내국인근로자에 비하여 교육수준이 낮고, 평균 임금이 적었으며, 현 직장에서의 근무경력 또한 짧았다. 외국인근로자의 교육수준이 상대적으로 낮은 것은, 우리나라의 외국인 모집 정책이 주로 단순인력 부족에 시달리는 중소기업 위주로 시행하기 때문으로 볼 수 있다.

둘째, 외국인근로자는 내국인근로자에 비하여 주 평균 근무일 수가 짧았지만, 유해 작업환경 노출은 더 많은 것으로 나타났다. 열악한 작업환경에 노출되는 것은, 외국인근로자를 고용하는 대부분의 사업이 국내 근로자가 기피하는 3D업종 작업장이기 때문이다.

셋째, 외국인근로자의 건강수준과 내국인근로자의 건강수준은 통계적으로 유의한 차이가 없었다. 외국인근로자가 가장 빈번하게 호소하는 건강문제는 상지근육통이었다.

넷째, 외국인근로자와 내국인근로자 사이의 건강수준 결정인자는 큰 차이를 보였다. 즉 외국인근로자의 경우 유해환경 노출, 동료 지지, 상사 지지가 건강수준을 결정하는 유의한 인자였으나, 내국인근로자의 경우 월평균 임금과 비만 여부가 유의한 건강수준 결정인자로 나타났다.

외국인근로자는 건강문제 발생에도 불구하고 언어소통의 어려움, 진료비 부담, 병원 갈 시간 부족 등의 이유로 의료서비스를 적기에 받지 못하는 경우가 있으며, 특히 이들은 소득과 교육수준이 낮은 경우가 많고 자신이 살던 나라에서의 의료이용 행동양식과 차이가 있기 때문에 의료서비스 이용에 있어서 어려움이 있다.

3) 외국인근로자의 건강관리

외국인근로자의 건강과 삶의 질은 개인의 차원을 넘어서 사회 · 국가적 차원에서 관리가 필요하다. 특히 외국인근로자 중 상당수가 불법체류자의 신분으로 치료 시기를 놓쳐 사망에 이르게 되는 경우까지 있어 외국인근로자의 의료서비스에서 대한 우리 사회의 적절한 대책이 강구되어야 할 것이다. 의료서비스 이용은 외국인근로자의 건강을 지킬 수 있는 기본적인 요소로서, 이들이 적절한 의료서비스를 이용하여 스스로 건강을 관리할 수 있도록 도와주는 것과 함께 실현 가능한 개선 방안을 개발하는 것이 필요하다.

외국인근로자의 건강증진과 관련하여 '건강검진'과 '산업안전교육'에 대하여 살펴보고자 한다.

(1) 낮은 건강검진 수검율

건강검진을 받는 외국인근로자의 수가 많지 않은 원인은 건강검진시스템과 관련이 있다.

먼저, 건강보험의 미가입이 가장 큰 요인이다. 건강검진이 건강보험을 소지한 사람을 대상으로 이루어지기 때문에, 외국인근로자의 대다수가 건강보험에 가입하지 않은 상황에서 건강검진 수검율은 낮을 수밖에 없다.

사실상 건강검진이 건강보험과 연계되어 있기 때문에 건강보험에 가입하지 않는 경우 국가가 별도로 무료 건강검진을 시행하지 않는 이상 이들의 건강검진을 통한 질병 관리 및 예방은 매우 어렵다.

둘째, 한국과 다른 의료환경에서 살아왔던 외국인근로자에게 한국의 건강검진 시스템 자체가 매우 낯설고, 또한 그렇기 때문에 2차 건강검진의 필요성에 대해 잘 이해하지 못했을 수 있다. 따라서 외국인근로자의 2차 건강검진 수검율을 높이기 위해선 한국의 건강검진 시스템에 대해 쉽게 접근하고 이해할 수 있도록 다양한 전달 방법이 모색되어야 한다.

셋째, 건강검진이 질병의 관리 및 예방 차원에서 이루어지는 제도임에도 불구하고, 적어도 외국인근로자에게는 건강검진이 이들의 입국 금지나 출국 조치를 위한 차원에서 악용되는 사례가 발생함으로써, 외국인근로자 스스로 건강검진을 회피할 수도 있다. 예를 들어 고용허가제로 들어오는 외국인근로자들은 입국 후 취업교육 기간 내 건강검진을 받고 있지만, 이때 이루어지는 건강검진은 외국인근로자의 건강관리와 보호를 위해서가 아닌 감염병을 가진 외국인근로자의 국내 활동 방지를 위해 이루어지고 있는 것이 현실이다.

넷째, 외국인근로자의 건강검진이 제대로 이루어지지 않음에 따라 최근 무료건강검진을 실시하는 사업이 점차 증가하고 있다. 질병의 관리 및 예방이라는 차원에서 정부가 나서서 국민은 물론이고 외국인에게 무료진료 및 무료검진의 기회를 확대하는 것은 바람직하나, 의료의 문제가 궁극적으로 국민의 세금에서 갹출된다는점을 볼 때 외국인근로자에게 무료의료의 기회를 넓히는 것은 자칫 외국인근로자 본인 스스로도 한국의 의료시스템에 들어갈 필요성을 덜 느끼게 하며, 나아가 국민적 저항을 불러일으킬 소지도 있다. 따라서 무료의료의 기회는 최소화하고 외국인근로자가 한국의 의료시스템에 들어갈 수 있도록 하는 방안을 마련하는 것이 필요하다.

(2) 낮은 산업안전보건교육 참여율

「산업안전보건법」 제31조에 의하면, 근로자가 유해, 위험작업 수행과정에서 당할 수 있는 재해를 사전에 예방하기 위하여, 사업주가 채용 시, 작업내용 변경 시 등 유형별로 근로자에게 산업안전보건교육을 실시하도록 하고 있다.

위의 「산업안전보건법」의 목적에 따라 현재 우리나라에서는 외국인근로자를 채용할 경우 산업안전보건교육을 실시하도록 하고 있다. 이에 따라 고용허가제로 입국하는 외국인근로자의 경우 입국 전 사전교육 기간 중에 그리고 입국 후 취업교육기간 중에 산업안전보건교육을 받게 된다. 또한 방문취업으로 국내에 입국하는 동포들도 취업 시 산업안전보건교육을 받게 되는데, 고용허가제로 입국하는 외국인근로자와 달리 입국 전 사전교육은 없으며 입국 후 취업교육이 전부이다. 방문취업제로 입국하는 동포는 취업을 목적으로 입국한 것이 아니라 친척 방문의 목적으로 들어왔기 때문이며, 따라서 취업을 원하는 동포에 한해서만 취업교육이 실시되기 때문이다. 그리고 이때 이루어지는 취업교육은 고용허가제로 들어오는 외국인근로자와 동일하다.

한편, 산업안전보건교육의 실태조사를 살펴보면 실제 산업안전보건교육 이수율은 2002년에만 하더라도 약 27%에 불과했으나, 2005년에는 약 40%, 2010년에는 약 60%로 2배 이상 증가하였다. 외국인근로자의 산업현장에서의 산업재해율이 해마다 높아짐에 따라 외국인근로자지원단체에서 산업재해예방을 위한 산업안전보건교육을 지속적으로 요구해왔고, 정부에서도 외국인 노동자의 산업재해예방을 위한 교육을 강화해왔기 때문이다.

하지만 이러한 노력에도 불구하고 현장에서의 산업재해율은 오히려 증가하여, 산업안전보건교육 증가와는 반대의 현상이 나타나고 있다. 외국인근로자의 산업재해율은 2005년 전체 외국인 노동자 중 0.34%에서 2009년에는 0.45%로 약 0.11% 증가하였다. 게다가 미등록 외국인근로자의 경우 산업재해 신청율이 낮다는 점을 감안할 때 실제 외국인근로자의 산업재해율은 이것보다 훨씬 높을 것으로 예상된다. 산업안전보건교육은 근로자의 산업재해예방뿐만 아니라 일상적으로 근로자의 건강을 관리할 수 있다는 측면에서 매우 중요하다. 산업안전보건교육 이수율이 증가한 것과 반대로 산업재해율이 증가하는 것은 교육 시간이 짧거나, 교육이 형식적으로 이루어지거나, 외국인근로자가 교육의 내용을 잘 이해하지 못하기 때문이다. 산업안전보건교육에서 가장 소외된 사람들은 고용허가제도 방문취업제도 아니면서 국내에서 취업하는 미등록 노동자들이라고 할 수 있는데, 이들의 대다수는 단기체류 비자를 받고 들어와서 취업을 하는 경우가 많으며, 또한 이들은 정식 취업자격을 가지고 취업을 한 것이 아니기 때문에 취업 전후에도 공식적인 취업교육을 받기 어렵기 때문에 산업안전보건교육의 사각지대라 할 수 있다.

(3) 건강검진수검율과 산업안전교육 참여률 강화 방안

외국인근로자의 건강문제가 생소하고 다양하기 때문에 체류 과정 전반에 걸쳐 건강관리가 체계적으로 이루어져야 할 필요가 있다. 체류 과정에서 외국인근로자가 내국인과 동등한 건강권을 누리고, 체류자격과 상관없이 건강관리가 이루어지기 위해선 외국인근로자를 포함한 국내 거주 이주민에 대한 통합적이고 포괄적인 건강정책이 수립되어야 한다.

- 건강검진의 강화 및 서비스 개선에서는 모든 외국인근로자들이 정기적으로 건강검진을 받을 수 있도록 「산업안전보건법」 제43조에 따라 외국인근로자를 고용한 사업주가 연 1회 주기적으로 건강검진을 받도록 한 규정을 강화할 필요가 있다. 또한 정기건강진단 시 피부질환, 심장질환, 폐질환 등 외국인근로자에 잘 나타나는 질환에 유의하여 관찰할 필요가 있다. 질병치료 여부를 위해 2차 건강검진이 중요함을 재인식시키고 「산업안전보건법」 제43조에 별도의 조항을 마련하여 사업장에서도 2차 검진이 필요한 외국인근로자에 대해서 이를 준수하도록 하는 방안과 건강보험에 가입하지 않은 외국인근로자들도 건강검진을 받을 수 있도록 재원마련을 통해 무료건강검진사업을 안정화할 필요가 있다.
- 출신국, 작업환경, 이해능력을 고려한 산업안전보건교육을 강화해야 한다. 외국인근로자를 대상으로 한 산업안전보건교육은 산업 전반에 대한 이해가 다를 수 있으므로 현재 취업 시 이루어지는 산업안전보건교육은 외국인근로자의 이해 능력을 고려하여 보다 체계적이고, 구체적인 접근이 이루어져야 한다. 특히 산업안전보건교육에 있어서 의사소통의 제한점을 인정하여 해당 국적의 언어로 안전보건교육이 이루어질 필요가 있다. 더불어 산업안전보건교육에 대한 자료는 알기 쉽게 표현하고, 이해를 돕기 위해 시각적 도구 등 다양한 방법을 강구할 필요가 있다.

3 북한이탈주민

1) 북한이탈주민의 정의 및 현황

북한이탈주민이란 북한을 탈출하여 한국으로 넘어 온 사람을 일컫는 용어로 귀순자, 탈북자, 새터민 등의 다양한 호칭이 있었으나, 1997년 「북한이탈주민의 보호 및 정착지원에 관한 법률」이 제정되면서 공식적으로 북한이탈주민으로 불리고 있다.

「북한이탈주민의 보호 및 정착지원에 관한 법률」 상 북한이탈주민은 군사분계선 이북지역에 주소, 직계가족, 배우자, 직장 등을 두고 있는 사람으로서 북한을 벗어난 후 외국 국적을 취득하지 아니한 사람으로 정의된다(법 제2조 제1호).

(1) 입국 현황

① 연도별 입국 현황

북한이탈주민은 2000년대 이후 지속 증가하여 2006~2011년에는 연간 입국 인원이 2,000명 이상으로 지속적으로 증가하였으나, 2012년 이후 입국 인원이 점차 줄어들어 연간 평균 1,300명대로 감소하였고, 2019년도에는 1,047명이 입국하였다. 2020년 9월 기준으로 북한이탈주민 누적 총수는 33,718명이며, 여성이 24,291명으로 76.3%를 차지하고 있다[표 7-13].

② 연령별 입국 현황

2020년 9월 기준 연령별대 입국 현황을 보면 30~39세가 9,665명(28.7%)로 가장 많았으며, 20~29세가 9,567명(28.4%), 40~49세가 5,957명(17.7%), 10~19세가 3,800명(11.2%) 순으로 조사되었다. 이는 입국 당시 연령 기준이며, 최근 입국하여 보호시설 등에 있는 일부 인원은 제외된 수치이다[표 7-14].

③ 재북 직업별 입국 현황

2020년 9월 기준으로 입국 당시 보호시설 등에 수용 중인 일부 인원을 제외한 재북 직업별 입국 현황은 무직부양이 15,138명(44.9%)으로 가장 많았으며, 노동자 13,347명(39.6%), 봉사 분야 1,530명(4.5%), 아동 등 비대상이 1,175명(3.5%) 순으로 나타났다[표 7-15].

표 7-13 북한이탈주민 연도별 입국인원 현황

(단위: 명)

구분	~'98	~'01	'02	'03	'04	'05	'06	'07	'08	'09	'10	'11	'12	'13	'14	'15	'16	'17	'18	'19	'20.9 (잠정)	합계
남 (명)	831	565	510	474	626	424	515	573	608	662	591	795	404	369	305	251	302	188	168	202	64	9,427
여 (명)	116	478	632	811	1,272	960	1,513	1,981	2,195	2,252	1,811	1,911	1,098	1,145	1,092	1,024	1,116	939	969	845	131	24,291
합계 (명)	947	1,043	1,142	1,285	1,898	1,384	2,028	2,544	2,803	2,914	2,402	2,706	1,502	1,514	1,397	1,275	1,418	1,127	1,137	1,047	195	33,718
여성 비율	12.2%	45.8%	55.3%	63.1%	67.0%	69.4%	74.6%	77.6%	78.3%	77.3%	75.4%	70.6%	73.1%	75.6%	78.2%	80.3%	78.7%	83.3%	85.2%	80.7%	72.1%	72.0%

출처: 통일부(2020). 북한이탈주민정책.

표 7-14 연령별 입국 현황

(단위: 명)

구분	0~9세	10~19세	20~29세	30~39세	40~49세	50~59세	60세 이상	계
남	651	1,697	2,615	2,142	1,376	573	342	9,396
여	646	2,103	6,952	7,523	4,581	1,453	994	24,252
합계(명)	1,297	3,800	9,567	9,665	5,957	2,026	1,336	33,648

출처: 통일부(2020). 북한이탈주민정책.

표 7-15 재북 직업별 입국 현황

(단위: 명)

구분	관리직	군인	노동자	무직부양	봉사분야	예술체육	전문직	비대상 (아동 등)	계
남	412	703	4,142	3,210	90	82	224	533	9,396
여	139	156	9,205	11,928	1,440	220	522	642	24,252
합계(명)	551	859	13,347	15,138	1,530	302	746	1,175	33,648

출처: 통일부(2020). 북한이탈주민정책.

④ 재북 학력별 입국 현황

2020년 9월 기준으로 입국 당시 보호시설 등에 수용 중인 일부 인원을 제외하고 학력별 중퇴자는 포함된 재북 학력별 입국 현황은 중 · 고등학교 졸이 23,327명(69.3%)으로 가장 많았으며, 전문대 졸이 3,485명(10.3%), 대학교 졸업 이상이 2,303명(6.8%) 순으로 나타났다[표 7-16].

⑤ 재북 출신지역별 입국 현황

2020년 9월 기준 최근 입국하여 보호시설에 있는 일부 인원을 제외한 재북 출신지역별 입국 현황으로 함경북도가 19,811명(58.8%)으로 가장 많았으며, 양강도가 5,970명(17.7%), 함경남도가 2,871명(8.5%), 평양남도가 1,102명(3.2%) 순으로 나타났으며, 이는 중국과 국경지역 인근 출신자의 북한 이탈이 조금 더 빈번한 것으로 알 수 있다[표 7-17].

표 7-16 재북 학력별 입국 현황

(단위: 명)

구분	취학전 아동	유치원	인민학교 (소학교)	중학교 (고등중)	전문대	대학 이상	무학(북)	기타 (불상 등)	계
남	418	137	801	5,695	837	1,099	359	50	9,396
여	404	212	1,495	17,632	2,648	1,204	513	144	24,252
합계(명)	822	349	2,296	23,327	3,485	2,030	872	194	33,648

통일부(2020). 북한이탈주민정책.

(2) 지역별 거주현황

2020년 9월 기준 사망, 말소, 이민, 거주불명, 보호시설에 있는 인원을 제외한 31,512명의 지역별 거주 현황은 [표 7-18]과 같다. 경기도에 거주하는 인원은 10,601명(33.6%)으로 가장 많았으며, 서울 7,044명(22.3%), 인천 2,969명(9.4%), 충남 · 세종 1,707명(5.4%), 경북 1,100명(3.4%)의 순이었으며 서울, 경기, 인천 등 수도권에 65.4%가 거주하고 있다[표 7-18].

(3) 경제활동 현황

2019년 12월 기준 북한이탈주민의 경제활동 참가율은 61.2%이었으며, 고용률은 58.2%, 실업률은 6.3%이었다[표 7-19].

2) 북한이탈주민의 건강상태

북한이탈주민이 북한을 떠나오는 이유는 대개 2000년 이전에는 개인 신상과 북한의 경제난 등의 생존에 관련된 것이었다. 그러나 그 후의 탈북이유로는 외부세계의 정보를 알게 되고 국경지대 군 기강의 해이와 조선족과 민간단체의 지원 등으로 구분된다.

북한이탈주민의 국내 정착과정은 정부기관인 통일부의 관리 아래 이루어진다. 북한이탈주민의 성비는 2020년 9월 기준 여성이 76.3%를 차지하고 있는데, 이는 여성이 남성보다 탈북 이후 취업과 동거, 체류 환경 적응, 탈북 용이성 등이 상대적으로 수월하기 때문으로 볼 수 있다.

탈북 후 체류지를 거쳐 우리나라에 입국하여 공식적 보호가 결정된 북한이탈주민은 하나원에서 12주간의 사회적응교육을 받는다. 하나원은 1999년 7월에 경기도 안성시에 본원이 문을 열었고, 2012년에

표 7-17 재북 출신지역별 입국 현황

(단위: 명)

구분	강원	남포	양강	자강	평남	평북	평양	함남	함북	황남	황북	개성	기타 (재외 등)	계
남	220	72	1,545	75	452	374	445	774	4,844	269	184	46	96	9,396
여	374	88	4,425	163	650	503	334	2,097	14,967	203	284	33	131	24,252
합계(명)	594	160	5,970	238	1,102	877	779	2,871	19,811	472	468	79	227	33,648

출처: 통일누. 북한이탈주민정책. 2020.9

표 7-18 지역별 거주 현황

(단위: 명)

지역	서울	경기	인천	부산	경북	경남	대구	충북	충남 · 세종	광주	강원	대전	전남	전북	울산	제주	계
남	2,195	2,678	771	262	223	243	139	252	349	135	219	134	156	116	129	69	8,070
여	4,849	7,923	2,198	742	877	832	523	1,061	1,358	453	638	479	482	412	368	247	23.442
합계	7,044	10,601	2,969	1,004	1,100	1,075	662	1,313	1,707	588	857	613	638	528	497	316	31,512

출처: 통일부. 북한이탈주민정책. 2020.9

표 7-19 북한이탈주민 경제활동 현황

(단위: %)

구분	'08	'09	'10	'11	'12	'13	'14	'15	'16	'17	'18	'19
경제활동 참가율	49.6	48.6	42.6	56.5	54.1	56.9	56.6	59.4	57.9	61.2	64.8	62.1
고용률	44.9	41.9	38.7	49.7	50	51.4	53.1	54.6	55	56.9	60.4	58.2
실업률	9.5	13.7	9.2	12.1	7.5	9.7	6.2	4.8	5.1	7.0	6.9	6.3

출처: 남북하나재단. '19년 북한이탈주민 실태조사

강원도 화천군에서 분소가 설립되었다. 사회적응 기본교육의 주요 내용은 정서 안정 및 건강 증진, 우리 사회 이해 증진, 진로지도 · 직업탐색, 초기 정착지원제도 안내 과정 등이다. 그밖에 북한이탈주민의 특성을 반영한 진로상담 프로그램과 인생설계, 대인관계 기술, 취업의 걸림돌을 극복할 수 있게 돕는 취업희망찾기 프로그램 그리고 성별에 따라 취업을 위한 훈련프로그램도 운영하고 있다. 탈북아동 청소년을 위한 교육으로는 하나원 내에 '하나둘학교'를 두어 연령과 학력을 고려한 수준별 교육을 실시하며, 이들을 위한 건강관리는 일차적으로 하나원 내에 하나의원에서 입국 초기 건강관리를 하며, 특히 입 · 퇴소 시에 결핵검진을 실시하여 건강한 정착을 돕고 있다. 그밖에 심리상담실을 운영하여 필요한 상담과 교육을 실시하며, 하나원 분소에서는 재북 경력활용이나 자격증 취득 등의 지원을 통해 의사 직업전화, 탈북학생 전담 코디네이터, 요양보호사, 직업상담사, 탈북민 공무원 과정의 심화교육과정도 운영하고 있다. 하나원에서의 사회적응교육 이후 가족관계 등록과 주거 알선 등의 정착 준비를 마친 뒤 거주지로 이동한다. 거주지로 이동한 후 생계, 의료급여, 취업 지원, 교육지원, 보호담당관제 증의 정착 및 보호를 받는다. 또한 지역적응센터인 하나 센터를 통하여 다양한 서비스와 민간자원과의 연계를 통하여 정착 및 적응의 도움을 받고 있다**[그림 7-21]**.

그럼에도 불구하고 북한이탈주민은 여전히 남한에서 어려움을 겪고 있다. 한국 사회에서는 직업선택이 어렵고 북한사투리 사용으로 의사소통상의 문제, 컴퓨터나 영어사용의 불편하고 익숙치 못한 점 그리고 북한이탈주민을 보는 남한 사람의 시각 차이에서 오는 어려움들을 겪는다. 이에 대한 해법으로 '하나원'을 각 지방광역권별로 분산시켜야 한다거나 하나원 교육 후에 각 지자체에서 북한이탈주민을 관리하는 보호담당관의 역할에 개선해야 한다는 의견이 있다. 하나원 퇴소 후에는 민간 직업훈련 프로그램에 위탁하여 일정한 기술이나 자격을 획득할 때까지 지지해 주며 문화, 체육 행사 등에 참여시키는 등의 상호이해교육을 활성화시켜야 한다.

북한이탈주민 정착실태조사(2019) 결과에 따르면 북한이탈주민의 현재 거주 주택의 소유 형태는 '하나원에서 배정 받은 집 또는 임대아파트에 거주'하는 경우가 62.0%로 가장 높고, '타인 소유의 집'이 18.4%, '본인 소유의 집'(15.6%) 순이었다.

남한생활에의 만족도는 74.2%가 '만족한다'로 응답하였고, 이는 2018년 대비 1.7% 높아진 수치이다. 남한생활에 만족하는 주된 이유는 '자유로운 삶을 살 수 있어서'가 30.5%로 가장 높고, 다음으로 '내가 일한 만큼 소득을 얻을 수 있어서'(25.2%), '북한보다 경제적 여유가 있어서'(21.9%)의 순이 었다. 남한생활에 불만족하는 주된 이유는 '가족과 떨어져 살아야 해서' 27.6%로 가장 높고, '경쟁이 너무 치열해서'(19.0%), '북한이탈주민에 대한 남한 사회에 차별 · 편견 때문에'(15.4%)의 순이었다. 2018년 대비 '북한이탈주민에 대한 남한 사회에 차별 · 편견 때문에'는 2.9% 낮아진 것으로 조사되었다.

단계	내용
보호요청 및 국내이송	• 보호요청 시 외교부, 관계부처에 상황보고 및 전파 • 해외공관 또는 주재국 임시보호시설 수용 • 신원확인 후 주재국과 입국교섭 및 국내입국 지원

[국내입국]

단계	내용
조사 및 임시보호 조치	• 입국 후 국정원이 보호결정 여부를 위한 조사 및 긴급한 치료 등 임시보호조치 실시 • 조사종료 후 사회적응교육시설인 하나원으로 신병 이관
보호결정	•『북한이탈주민대책협의회』심의를 거쳐 보호 여부 결정 • 보호결정 세대단위 결정
하나원의 정착준비	• 사회적응교육(12주, 400시간) 심리안정, 우리 사회 이해 증진, 진로지도 상담, 기초직업 훈련 • 초기정착지원: 가족관계 창설, 주거알선, 정착금 · 장려금 지원 등

[거주지 전입]

단계	내용
거주지 보호(5년)	• 사회적 안전망 편입(생계 · 의료급여) • 취업지원: 고용지원금, 무료 직업훈련, 자격인정 등 • 교육지원: 특례 편입학 및 등록금 지원 • 보호담당관: 거주지 · 취업 · 신변보호 담당관 제도 운영
민간 참여	• 북한이탈주민지원재단을 통한 종합 서비스 제공 • 지역적응센터(전국25곳) 지정 운영 • 정착도우미제: 민간자원봉사자 연계 • 북한이탈주민 전문상담사(82명) 종합상담 및 애로사항 해결 등 찾아가는 상담서비스 제공

그림 7-21 북한이탈주민 입국 및 정착과정[흐름도]

출처: 통일부. 입국 및 정착과정.

그리고 더 나은 남한생활을 위해 필요한 지원으로 취업 · 창업 지원이 27.8%, 의료지원 17.4%, 교육지원 13.7%, 소득지원 11.8%, 주택문제 관련 지원 10.2%가 필요하다고 응답하였다.

조인수 외(2020)는 북한이탈주민이 탈북 후 우리나라에 입국하여 정착하는 과정에서 북한에서 축적된 진로자본을 남한에서의 직업시장 진입 시 활용하지 못하고 있으며, 의사소통의 어려움, 편견이나 직업정보 부재 등의 애로점이 있다고 하였다. 또한 북한이탈주민의 직업문화충돌에 대한 주요 문제는 이질적 문화에 대한 적응력 부족, 스트레스, 경제력의 소진 등이며, 이를 대처하는 방법은 배타성, 문화학습의 통합과정을 거치는 것으로 나타났으며, 북한이탈주민은 직업적응 과정에서 잦은 이직과 부적응을 보였고, 직업문화충돌을 개인별 특성에 따라 극복하고 적응하려고 하였고, 북한이탈주민의 취업에 대한 체계적인 지원이 필요하다고 하였다.

건강 측면에서도 마찬가지로 상당수 북한이탈주민의 기본적 건강상태는 저하되어 있고, 만성질환 이환율과 질병수가 남한 주민에 비해 월등히 높은 수준이다. 이는 북한 거주 시 식량의 공급부족, 노동집약적인 근로생활환경, 의료체계 붕괴 등의 원인과 탈북과정에서의 육체적 · 정신적 어려움, 새로운 사회에 정착하는 과정에서의 적응 스트레스 등 다양한 원인이 복합적으로 작용한 결과라고 볼 수 있다. 이런 건강상태는 취업은 물론 정상적인 사회경제적 생활을 영위하기도 어렵게 만든다.

이수형 외(2018)의 연구에 따르면 2018년 하나원에 입소한 교육생 31,949명의 진료 현황을 기준으로 국내 입국 직후 북한이탈주민의 건강수준을 살펴보면, 1차 상시 진료를 담당하는 하나원 원내 진료건수는 총 348,360건으로 이 중 내과 진료건수는 157,252건, 치과진료건수는 75,337건(자원봉사 진료 포함), 정신과 진료건수는 63,078건, 한방과 진료건수는 25,486건, 산부인과 진료건수는 23,381건, 소아 · 청소년과 진료건수는 348,360건으로 내과 치료 외 치과진료와 정신과진료에 대한 요구가 많음을 알 수 있다[표 7-20].

표 7-20 하나원 내부 진료 현황

(단위: 건, '18.10.1 기준)

구분	원내진료								외부 진료	합계
	내과	한방과	정신과	치과		산부인과	소아 청소년과	소계		
				원내	자원봉사					
진료건수	157,252	25,486	63,078	44,321	31,016	23,381	3,826	348,360	26,585	374,945

출처: 이수형 외(2018). 북한이탈주민의 건강증진을 위한 통합적 지원 체계화 방안.

하나원 외부진료 건수는 총 26,585건으로 외부병원 진료를 받은 진료과목별 순위는 내과 진료가 가장 많았고, 다음 순으로는 산부인과와 정형외과 순이었다. 또한 외부병원에서 입원치료를 받은 교육생 3,110명 중 수술환자 1,783명이 받은 수술 중 가장 많은 비중을 차지하는 수술은 산부인과 수술이며, 그 다음으로 일반외과, 정형외과, 이비인후과, 안과 순이었다[표 7-21].

이상의 결과를 종합해 보면 국내 입국 직후 북한이탈주민의 건강수준은 전반적으로 취약한 상태임을 알 수 있으며, 특히 북한이탈주민에서 내과질환 외 구강질환, 산부인과질환, 정신과질환, 정형외과질환 등이 많음을 알 수 있다.

북한이탈주민의 전체 사망자 대비 자살률을 보면 2017년 8.7%에서 2018년 14.9%로 크게 증가했으며, 2019년에는 10.1%로 다소 줄어들었지만 여전히 높은 수치이다.

2019년 북한이탈주민의 사망 원인별로 보면, 병사가 42명(53.2%)으로 가장 많았고, 고령사 14명(17.7%), 원인미상 10명(12.7%), 자살 8명(10.1%), 사고사 5명(6.3%) 순이었다(김영주, 2019). 북한이탈주민 사회통합조사(2019)에 따르면 자살 충동을 경험한 북한이탈주민에게 이유를 물은 결과 신체적 · 정신적 질환 및 장애 (31.8%)가 가장 큰 비중을 차지했으며, 이어 경제적 어려움 23.5%, 가정불화 16.7%, 외로움, 고독 때문에 14.5%, 이성 문제 3.1% 등의 순으로 나타났다.

북한이탈주민의 경우 신체적 · 정신적 건강은 매우 취약한 실정이며, 북한 내 감시와 통제생활은 물론 탈북과정에서 경험한 정신적 스트레스로 인해 의심, 불안, 우울, 신체화 등의 정신증상 사례도 많이 나타나고 있다. 이는 신체적 건강의 증진은 물론 정서적 · 심리적 안정을 위한 다양한 정책지원이 요구됨을 의미하며, 북한이탈주민의 안정적 정착을 위한 지원 시 그들의 신체적 · 정신적 특성에 맞는 지원방안을 마련하는 것이 필요하다.

표 7-21 하나원 외부 진료 현황

(단위: 명, '18.10.1 기준)

구분	'99~'00	'01	'02	'03	'04	'05	'06	'07	'08	'09	'10	'11	'12	'13	'14	'15	'16	'17	'18	계
입원	32	24	45	47	124	138	216	184	259	196	277	315	279	251	243	127	163	149	41	3,110
수술	44	24	27	25	61	60	76	114	187	116	155	161	170	170	121	71	88	80	33	1,783

출처: 이수형 외(2018). 북한이탈주민의 건강증진을 위한 통합적 지원 체계화 방안.

북한이탈주민들은 남한에서의 생계유지와 정착이 우선이기 때문에 건강행동에는 미처 관심을 갖지 못하며 이들은 북한에서의 만성적인 위생불량, 영양불량 등으로 건강상태가 열악하고, 힘든 탈북과정으로 인해 주관적 건강상태 및 신체건강이 불안정하다. 이들의 건강이 불안정할수록 남한 사회에서의 정착생활은 어려우며, 취업 및 생계유지가 힘들어 늘어가는 북한이탈주민의 지원 역시 정부가 감당하기 어려워질 것이다. 이들의 건강행동에 대해서는 예방의학적 관점으로 공공 보건의료기관인 보건소가 적극적으로 다가가 북한이탈주민 특성에 맞는 보건소의 건강증진 프로그램 및 보건 교육이 구체적으로 실행되어야 한다.

3) 북한이탈주민의 건강관리

우리나라는 북한이탈주민들이 우리 사회 일원으로 자립 · 자활 의지를 갖고 안정적으로 정착하도록 「북한이탈주민의 보호 및 정착지원에 관한 법률」(1997.1.14제정)에 따라 다양한 정책적 지원을 시행하고 있다.

2012년에는 북한이탈주민정착지원사무소(제2하나원) 시설을 확충하고, 교육프로그램으로 여성특화교육을 강화하고 심리안정 및 건강회복 지원을 강화하고자 노력하였으며, 북한이탈주민의 조속한 자립 · 자활을 지원하기 위해 북한이탈주민이 가장 큰 애로를 호소하는 취업문제 해결을 위해 노동부 · 기업 등과 유기적 협력관계를 구축하고 '북한이탈주민 일자리 창출 사업'을 진행하였다.

현재 우리나라에서 북한이탈주민에게 지원되는 정책은 [표 7-22]와 같다.

(1) 초기정착금 지급제도

정착금 지급은 북한이탈주민이 사회생활 초기에 기초적인 생계를 해결할 수 있도록 북한이탈주민 모두에게 일정금액을 지급하는 제도이다. 그러나 이 제도는 북한이탈주민의 자립과 자활을 촉진하기 위해, 기본금을 축소하고 장려금 제도를 폭넓게 도입하는 방향으로 변화하고 있으며, 정착금 내역은 정착기본금 이외에 북한이탈주민 개개인의 자립자활 노력 및 사정에 따라 정착장려금과 정착가산금으로 구분하여 지급토록 세분화하였다.

(2) 취업지원제도

정부는 북한이탈주민 취업을 지원하기 위하여 직업훈련 기회를 제공하고, 사업장을 알선하며, 지역별 취업사업을 실시하고, 북한이탈주민을 고용하는 사업주에게 고용지원금을 지급하고 있다. 특히 고

표 7-22 북한이탈주민 정착지원제도

구분	항목	내용
장학금	기본금	1인 세대 기준 800만원 지급
	장려금	직업훈련, 자격증 취득, 취업장려금 등 최대 2,510만원
	가산금	노령, 장애, 장기치료, 한부모, 제3국출생자녀양육 등 최대 1,540만원
주거	주택알선	임대 아파트 알선
	주거지원금	1인 세대 기준 1,600만원
취업	직업훈련	훈련기간 중 훈련수당 지급(노동부)
	고용지원금 (채용기업주에 지급)	급여의 1/2(50만원 한도)을 최대 4년간 지원 '14년 11월 29일 이전 입국자
	취업보호담당관	전국 65개 고용지원센터에 지정, 취업상담 · 알선
	기타	취업보호(우선구매), 영농정착지원, 특별임용 등
사회복지	생계급여	국민기초생활보장 수급권자
	의료보호	의료급여 1종 수급권자로서 본인 부담 없이 의료 혜택
	연금특례	보호 결정 당시 50세 이상~60세 미만은 국민연금 가입특례
교육	특례 편 · 입학	대학진학 희망자의 경우 특례로 대학 입학
	학비 지원	중 · 고 및 국립대 등록금 면제, 사립대 50% 보조
정착도우미	-	1세대당 1~2명의 정착도우미를 지정, 초기 정착지원
보호담당관	-	거주지보호담당관(약 244명), 취업보호담당관(65명), 신변보호담당관(약 900명)

출처: 통일부(2020). 북한이탈주민정책, 정착지원제도.

용노동부와 통일부는 2006년부터 북한이탈주민이 직업훈련과정을 쉽게 따라갈 수 있도록 예비반 성격의 '기초직업적응훈련' 과정을 하나원에 도입하여 운영하고 있으며, 하나원은 사회에 진출하는 북한이탈주민의 자립 · 자활을 지원하기 위해서 2008년에 고용노동부 · 직업훈련기관 · 기업체가 협력하여 '맞춤형 직업훈련–취업연계 프로그램'을 추진하고 있다. 또한 고용노동부 산하 전국 60개 종합고용지원센터에 60명의 전문적인 취업상담 공무원이 북한이탈주민 취업보호담당관으로 지정하고 있는데 이들은 진로지도를 지원하고 직업훈련기관을 알선하는 한편, 이들을 고용할 의사가 있는 사업장을 연결하는 업무를 담당하고 있다. 또한 북한이탈주민(2014.11.29. 이전 입국자만 해당)을 고용하는 사업주에게 임금의 2분의 1에 해당하는 금액을 지원해 주는 고용지원금 제도도 시행하고 있다.

(3) 교육지원제도

교육부는 2008년 2월 「초중등교육법 시행령」을 개정하여 북한이탈주민을 위한 학력심의위원회의 근거규정을 마련하였고, 이에 따라 북한이탈주민이 고등중학교 이하 학력을 인정받고자 하는 경우 시 · 도 교육청 산하 학력심의위원회의 심의를 거쳐야 하고, 전문학교 이상은 교육부장관의 인정을 받으면 학력을 인정받아 교육관계 법령이 정하는 바에 따라 대학에 진학하거나 사회활동을 할 수 있다.

학력인정 절차가 이원화된 것은 초 · 중등교육 업무의 지방이양이라는 큰 흐름 속에서 북한에서의 수학기간만이 아니라 연령 · 수학능력을 종합적으로 고려하여 학력을 인정하기 위한 것이다. 산업대학과 전문대학, 기술대학, 사이버대학, 기능대학 및 그 이외에 「평생교육법」에 의한 평생교육시설의 경우 입학하는 경우 연령과 관계없이 고등학교 졸업 이상의 학력을 인정받은 날로부터 5년 이내에 입학(편입학)하는 경우 학비지원이 가능하다.

탈북 청소년의 숫자도 지속적으로 증가하여 총 입국 인원 중 10대 청소년은 12% 정도를 차지하고 있는데 이들 중 일부는 남북한 간 이질화된 문화 및 탈북과정에서의 학업중단 등으로 학교생활에 적응하는 데 적잖은 어려움을 겪고 있다.

북한이탈 청소년들의 사회적응, 일반학교 편입 지원을 위해 디딤돌학교 성격의 탈북청소년 특성화학교인 한겨레 중고등학교를 운영 지원하고 있으며, 그 밖에도 민간단체에서 운영하는 탈북청소년 보호시설 및 대안학교도 다수 운영 지원하고 있다. 통일부가 지원하는 인가된 대안학교는 여명학교, 하늘꿈학교, 드림학교가 있다.

(4) 사회보장지원제도

북한이탈주민을 위한 사회보장제도에는 「국민기초생활보장법」에 따라 생계급여와 의료급여가 지급된다.

생계급여의 경우, 근로능력이 있는 북한이탈주민이 하나원을 수료하고 사회에 나온 뒤 6개월까지는 조건부과를 면제하여 시행하며 6개월이 경과한 이후에는 조건부 수급권자로 편성하고 자활사업에 참여하는 것을 조건으로 급여를 지급하고 있다.

또한 생활이 어려운 북한이탈주민과 그 가족은 「의료급여법」이 정하는 소득인정액 기준에 따라 1종 의료급여 수급권자로 지정되어 진찰과 치료를 비롯한 의료혜택을 부여하고 있다.

그리고 연금특례제도로 보호결정 당시 만 50세 이상 60세 미만인 자는 10년을 채우지 않더라도, 60세 이후 가입기간이 5년이면 노령연금 수급이 가능하다.

(5) 거주지보호제도

거주지에 주택을 배정받아 전입한 북한이탈주민은 정착도우미와 보호담당관 및 북한이탈주민지원재단과 각 지역협의회, 지역 민간단체로부터 다양한 유형의 지원을 받게 된다.

또한 지역적응교육이 실시되는데 거주지에 전입하는 북한이탈주민에 대해 초기집중교육(50시간)과 '지역적응지원'을 통해 신속한 지역사회적응과 자립 · 자활기반 조성을 지원하고 있다.

지역적응센터는 2009년 6개소를 시범 · 운영하였는데 2019년 현재 25개소가 지정 · 운영되고 있다.

거주지에 전입한 이후 초창기에 일상생활과 주변 환경에 적응하는 데 어려움을 겪는다는 점을 감안하여 민간 자원봉사자를 활용하여 지역사회의 정착을 지원하는 정착도우미 제도가 2005년 1월부터 시행되었고 정착도우미는 최초거주지에 전입한 북한이탈주민에게 지역사회를 안내하고 상담자 역할을 수행한다.

보호담당관은 거주지보호담당관 외에 취업보호담당관과 신변보호담당관이 있으며 거주지보호담당관은 각 지자체별로 지정되어 북한이탈주민의 국민기초생활보장, 의료급여 지원 등 사회보장제도의 편입과 증명서 발급과 같은 각종 행정지원 업무를 담당하고 있으며, 전국 약 244개 지자체에 거주지보호담당관이 지정되어 활동하고 있다.

신변보호담당관은 북한이탈주민의 거주지 관할 경찰서에서 지정하여 전국 약 900명의 경찰관이 신변보호담당관으로 지정되어 활동하고 있으며 이들은 북한이탈주민에 대한 신변보호, 북한이탈주민의 범죄예방 및 범죄피해자를 보호 · 지원하고 있다.

(6) 주거지원제도

하나원 퇴소 후 거주지 전입한 북한이탈주민에 대해 임대주택 알선한다. 거주지역 결정 시 우선적으로 본인의 의사를 최대한 반영하되, 주택 물량이 부족할 경우, 차순위 지역으로 배정하고 2년간 통일부장관의 허가없이 알선된 주택의 소유권, 전세권 또는 임차권을 변경할 수 없도록 하여 주거분실을 방지하고 있다.

또한 주거안정을 위해 임대보증금 지급을 위한 주거지원금을 1인 세대 기준 주거지원금 1,600만원을 지원하고 있으며, 임대보증금으로 지급되고 남은 잔여금은 거주지보호기간(5년)이 지난 후 지급된다.

(7) 민간지원

① 북한이탈주민지원재단

- 북한이탈주민후원회가 확대 개편되어 2010년 9월 27일 북한이탈주민지원재단으로 출범
- 하나원 이후 민간차원의 정착지원 서비스를 총괄
  - 북한이탈주민 생활안정 및 사회적응 지원사업
  - 민간 차원의 취업지원사업
  - 직업훈련에 필요한 사업
  - 장학 사업
  - 전문상담사업
  - 민간단체 협력사업
  - 정책개발 지원 및 조사 · 연구사업
  - 실태조사 및 통계구축사업 등 다양한 정착지원 사업 실시

② 북한이탈주민 전문상담사제도 운영

- 북한이탈주민의 심층적 이해를 바탕으로 종합적 상담서비스를 제공하는 북한이탈주민 전문상담사 육성 · 배치
- 24시간 콜센터(1577-6635) 운영

북한이탈주민에게 기존의 보호 및 정착지원에 초점을 둔 사회적응지원은 한계가 있을 것이다. 동화주의나 일방주의적 수준을 넘어 인간의 존엄성과 보편적 가치를 공통성의 기반으로 다름을 인정하고 열린 소통을 추구하는 통합주의적 접근이 필요하다. 즉 사회적 정의, 인권, 보편적 가치, 시민행위자 등과 같은 규범적 준거에 기반하는 사회통합을 위한 통합주의적 접근이 필요하다. 북한이탈주민을 일방적 시혜의 대상이 아닌 사회의 주체적 구성원으로 상호관계성을 증대시키는 노력이 필요하다. 한편 이들은 이등국민, 북한에서도 적응하지 못한 사람, 귀순용사, 식량난민, 외국인근로자보다 못한 취급, 영세민, 감시대상 등으로 부각되면서 우리 사회의 소수집단, 취약집단에 해당되어 별도의 관리가 필요한 집단으로 분류되고 있다. 보건의료영역에서도 이들의 독특성과 적응과정을 이해하여 대처방안이 준비되어야 할 것이다.

요약정리

1. **결혼이민자의 건강상태**
   1) 차별경험과 주관적 건강상태
   2) 사회자본과 주관적 건강상태
   3) 우울감
   4) 생식건강: 생식기계, 생식기능, 생식과정과 관련된 모든 문제들에서 질병이나 쇠약함이 없을 뿐만 아니라 신체적 · 정신적 · 사회적으로 안녕한 상태를 말한다.
   5) 건강문제를 예방, 관리하기 위해 보건의료서비스 이용

2. **다문화가정 청소년의 학교적응문제**
   1) 발달적 · 환경적 · 문화적 변화로 인해 학교생활 적응의 어려움
   2) 문화적응 스트레스: 태어나면서부터 서로 다른 문화를 가진 부모로부터 양육을 받고 성장하면서 이중문화를 경험함
   3) 학업수행과 교우관계의 어려움

3. **결혼이민자들의 보건의료이용의 장애요인**
   1) 의료진과의 언어소통문제
   2) 진료철차에 대한 이해부족
   3) 의료용어에 대한 이해부족
   4) 의료기관까지의 교통문제, 편견과 차별 등의 어려움

4. **국내 이주노동자 인력 정책 주요 변화:** 산업연수생 제도 도입(1993년) → 고용허가제 제정(2003년) → 산업연수제도를 고용허가제로 통합(2007년)

5. **외국인근로자의 건강증진 전략:** 건강검진 수검율 및 산업안전보건교육 참여율 확대

6. **북한이탈주민의 개념:** 북한이탈주민은 군사분계선 이북지역에 주소, 직계가족, 배우자, 직장 등을 두고 있는 사람으로서 북한을 벗어난 후 외국 국적을 취득하지 아니한 사람

7. **북한이탈주민의 문화적응**
   1) 국내 정책과정은 정부기관인 통일부의 관리 아래 이루어짐
   2) 탈북 후 공식적 보호가 결정된 북한이탈주민은 하나원에서 12주간 사회적응교육을 받음
   3) 탈북아동 청소년을 위한 교육은 하나원 내 하나둘학교에서 학년을 고려한 수준별 교육 실시
   4) 가족관계 등록과 주거 알선 등 정착 준비 후 거주지로 이동
   5) 생계, 의료급여, 취업지원, 교육지원, 보호담당관제 등의 정착 및 보호를 받음
   6) 지역적응센터 및 다양한 민간자원과 연계를 통해 정착 및 적응의 도움을 받음

요약정리

7. 북한이탈주민의 건강문제

1) 북한이탈주민의 기본적 건강상태는 저하되어 있고, 만성질환 이환율과 질병수가 남한 주민에 비해 월등히 높은 수준임
2) 탈북과정에서의 육체적·정신적 어려움, 새로운 사회에 정착하는 과정에서의 적응 스트레스 등 다양한 원인이 복합적으로 작용한 결과임
3) 이들의 건강이 불안정할수록 남한 사회에서의 정착생활은 어려우며, 취업 및 생계유지가 힘들어 건강관리에 대한 지원이 필요함

8. 북한이탈주민 지원정책 및 프로그램

1) 초기정착금 지급제도
2) 취업지원제도
3) 교육지원제도
4) 사회보장지원제도
5) 거주지보호제도
6) 주거지원제도
7) 민간지원 등

생각해 보기

1. 한국 사회 결혼이민자의 건강상태 관련요인에 대해 생각해 보자.
2. 다문화가정 청소년의 문화적응과 건강상태 관련요인에 대해 생각해 보자.
3. 결혼이민자의 건강관련 법과 제도에 대해 생각해 보자.
4. 한국 사회 결혼이민자의 보건의료 이용 동향에 대해 분석하고 생각해 보자.
5. 외국인근로자의 건강관리가 개인의 차원을 넘어서 사회 · 국가적 차원에서의 관리가 필요한 이유를 생각해 보자.
6. 불법체류로 인한 현실적인 건강문제는 무엇이며 사회에 미치는 영향이 무엇인지 생각해 보자.
7. 불법체류자 발생을 방지하기 위한 방안을 생각해 보자.
8. 외국인근로자의 건강영향요인은 무엇인지 생각해 보자.
9. 외국인근로자의 건강증진 전략으로 건강검진수검율과 산업안전교육 참여 향상 방안을 포함하여 추가적으로 포함되어야 할 요소는 무엇인지 생각해 보자.
10. 한국 사회 내 북한이탈주민에 대한 인식을 생각해 보자.
11. 북한이탈주민의 한국 적응과정에 대해 생각해 보자.
12. 북한이탈주민의 주요 건강문제와 그 원인에 대해 생각해 보자.
13. 북한이탈주민이 한국 사회에 잘 적응하기 위해 필요한 정책에 대해 생각해 보자.

8

의료관광과 글로벌 헬스케어

학습 목표

1. 의료관광의 개념을 설명할 수 있다.
2. 의료관광의 성장 배경을 설명할 수 있다.
3. 국내 의료관광 정책을 설명할 수 있다.
4. 국외 의료관광 정책 동향을 설명할 수 있다.
5. 글로벌 헬스케어의 개념을 설명할 수 있다.
6. 글로벌 헬스케어 시장 전망을 설명할 수 있다.
7. 국내 글로벌 헬스케어 정책을 설명할 수 있다.
8. 국외 글로벌 헬스케어 정책을 설명할 수 있다.

용어 정의

- **의료관광**: 개인이 자신의 거주지를 벗어나 다른 지방이나 외국으로 이동하여 현지의 의료기관이나 요양기관, 휴양기관 등을 통해 본인의 질병을 치료하거나 건강의 유지, 회복, 증진 등의 활동을 하는 것으로, 본인의 건강상태에 따라 현지에서의 요양, 관광, 쇼핑, 문화체험 등의 활동을 겸하는 것
- **글로벌 헬스케어**: 국제진료, 즉 지역적으로 한 국가에 제한되지 않고 국제적으로 행해지는 의료

1 의료관광

1) 의료관광의 개념

의료관광은 개인이 자신의 거주지를 벗어나 다른 지방이나 외국으로 이동하여 현지의 의료기관이나 요양기관, 휴양기관 등을 통해 본인의 질병을 치료하거나 건강의 유지, 회복, 증진 등의 활동을 하는 것으로 본인의 건강상태에 따라 현지에서의 요양, 관광, 쇼핑, 문화체험 등의 활동을 겸하는 것을 의미한다[그림 8-1]. 문화체육관광부 산하 기관인 한국문화관광정책연구원 보고서(2006년)는 '의료관광(medical tourism)'이라는 용어를 쓰면서 그 개념을 '미용 · 성형 · 건강검진이나 간단한 수술 등을 위해 방문하는 환자가 관광을 연계하여 머물면서 의료서비스와 휴양 · 레저 · 문화활동 등의 관광활동을 결합한 새로운 관광형태'라고 정의하고 있다.

의료관광은 의료서비스와 관광서비스가 결합된 일종의 특화관광상품(special interest tourism, SIT)으로 수익성과 고용창출효과가 큰 블루오션 서비스산업이라는 점에서 세계적으로 주목받고 있다. 의료관광을 위해 한국을 방문한 외국인 환자 현황을 보면 2009년 60,201명에서 2019년에는 497,464명으로 10년 사이 8배 이상 증가된 것으로 나타났고[그림 8-2], 유치국가도 139개국에서 190개국으로 늘어났으며, 향후에도 외국인 환자의 국내유입은 지속될 것으로 생각된다.

그림 8-1 의료관광

출처: 덴탈아리랑(http://www.dentalarirang.com/news/articleView.html?idxno=23943)

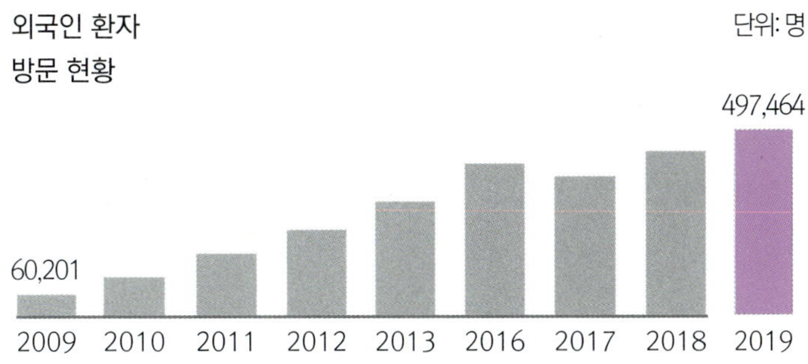

그림 8-2 외국인환자방문 현황

출처: 한국관광공사(https://kto.visitkorea.or.kr/kor/biz/marketing/medical.kto)

또한, 코로나바이러스감염증-19 (이하 코로나19)의 범유행 현상으로 2020년 상반기 국내 외국인 환자 유치기관들이 환자 유치에 어려움을 겪고 있어 외국인 환자의 증가가 주춤할 것으로 예상되기는 하나, 세계적인 대재앙을 맞아 우리나라가 보여준 방역대책과 우수한 의료수준 및 시스템의 재조명은 향후 외국인 환자 유치에 청신호가 될 것으로 전망된다. 인천의 예를 들면, 세계 최고 수준의 인천국제공항과 인천항, 비교우위의 의료기술을 보유한 지역 병원들, 역사 · 문화, 섬 등의 관광자원을 가진 인천은 코로나19 상황을 기회로 만들기 위한 '포스트코로나 시대 추진 전략'을 세우고 대응 준비에 돌입하며, 러시아·베트남·카자흐스탄 등 전략시장 6개소에 마케팅 거점을 구축해 의료관광 유치, 현지 네트워크 강화, 뷰티 아카데미 교육생 발굴 등을 적극 추진하고 있다.

2) 의료관광의 성장 배경

의료관광의 급격한 성장 배경을 몇 가지 살펴보면 자국의 의료서비스에 대한 불만족, 자국에서의 높은 비용의 의료서비스, 높은 의료기술 수준, 통신의 발달, 정부의 역할 등이 있다.

첫째, 자국의 의료수준에 대한 불만족, 긴 대기시간 등의 의료서비스에 대한 불만족을 해소하기 위해 의료관광을 선택하게 된다. 경제수준 격차가 심한 동남아 부유층이 인근 싱가포르나 태국의 의료서비스를 이용하기 시작한 것이 의료관광이 등장한 배경이 되었다.

둘째, 자국에서 높은 비용으로 의료서비스를 받던 소비자들이 같은 금액으로 다양한 서비스를 받을 수 있는 타국의 병원을 선호하면서 의료관광을 이용하는 이용자가 늘어나게 되며 의료관광의 활성화를 가져왔다. 지속적인 한국 의료관광산업 성장세의 가장 큰 요인은 상대적으로 저렴한 비용에 최상의 의료서비스를 받을 수 있는 점이다. 첨단의료기술 및 의료전문인력을 양성하는 데 소요되는 사회적 비용을 고려하면, 타국에 비해 저렴한 의료비가 장점인데 이를 가능하게 한 것이 바로 한국의 의료법 및 보험제도이다.

셋째, 높은 의료기술 수준이다. 자국의 의료기술 수준보다 높은 의료기술을 이용하기 위해 의료관광을 가게 된다. 카자흐스탄인은 자국에서 치료를 받는 것보다 높은 의료기술과 서비스를 가지고 있는 해외를 선호하는 것으로 알려졌으며, 2017년 한국관광공사가 실시한 설문조사에 따르면 우수한 의료기술(83.0%), 의료기관 신뢰도(59.7%), 최첨단 의료장비(47.2%)가 한국을 선택하는 주된 이유로 밝혀졌다.

넷째, 미디어 및 정보통신의 발달이다. 소비자들이 인터넷 등을 통해 해외 의료서비스 정보를 획득할 수 있는 환경이 조성됨에 따라 의료관광 선도국가들은 미디어 및 인터넷을 적극적으로 활용하여 초기 의료관광 이미지를 형성하기 시작하였다. 싱가포르의 샴 쌍둥이 분리수술사례, 태국의 선진국 대비 월등히 낮은 의료비용의 홍보 등이 이에 해당한다고 볼 수 있다.

다섯째, 미래성장동력 확보를 위한 정부의 역할 강화를 들 수 있다. 의료관광이 산업의 형태를 띠고 성장하게 된 것은 기존 주력 산업의 성장이 한계에 다다르며, 부가가치를 달성하기 위한 정부의 정책적 노력이 뒷받침되었기에 가능할 수 있었다. 싱가포르는 2000년 이후 중국의 부상으로 주력 산업이던 물류, 금융, 관광산업의 경쟁력이 지속적으로 하락함에 따라 차세대 성장동력으로 정부가 주도적으로 의료 및 바이오산업을 육성하는 정책을 실시하였고, 태국의 경우 1997년 금융위기 당시 대부분의 병원 경영이 악화됨에 따라 이를 개선하기 위한 목적에서 정부가 주도하여 의료산업 육성을 위해 의료 시장을 완전 개방하는 제도 개혁과 함께 태국의 풍부한 관광자원을 활용한 태국형 의료관광 서비스의 개발로 재기에 성공하였다.

3) 국내 의료관광 정책

2009년 「의료법」 개정으로 '외국인 환자 유치 등록제도'가 운영되었다. 외국인 환자 유치사업 등록제도란 국제적인 경쟁력을 지닌 우리나라의 우수한 의료기술로 글로벌 헬스케어 시장을 선도하고, 이를 차세대 국가 발전의 원동력으로 삼기 위해 정부가 선정한 17대 신성장 동력산업의 하나이다. 이에 외국인 환자 유치기관 등록제도를 실시하여 외국인 환자를 유치하려는 의료기관 및 유치업자에게 일정한 요건을 갖춰 등록하게 함으로써 무분별한 외국인 환자 유치행위로 인한 국내 의료시장질서 혼탁화를 방지하고, 외국인환자 유치 과다경쟁으로 인한 공공 의료서비스의 질적 저하를 막기 위한 제도적 장치도 마련되었다. 이러한 의료법의 개정은 공식적으로 한국의 의료관광시장을 본격적으로 참여하였다는 것 이외에 대내외적으로 한국의 의료서비스가 세계적 수준임을 선언함과 동시에 차세대 국가 발전의 동력임을 표방하는 것이었다고 볼 수 있다. 이후 지속적으로 전문가 육성 및 고용창출을 통해 의료관광사업은 지속적으로 성장해왔고, 현재 창조경제를 활성화시킬 수 있는 주요 산업으로 평가받고 있다.

또한 2009년 보건복지부와 법무부는 해외환자 유치 및 알선행위 허용에 이어 해외 환자들을 위한 '메디컬 비자'를 신설했다. 메디컬 비자는 기존의 단기종합(C3 · 90일), 일반(G1 · 1년) 비자에 치료 목적의 입국을 의미하는 메디컬(M) 표기를 더해 C3(M), G1(M)으로 표기하였다. 성형을 비롯한 미용치료 등 간단한 진료에는 단기, 뇌졸중 등 장기 치료와 재활을 요하는 경우라면 1년짜리 비자를 발급 받으면 된다. 이러한 메디컬 비자가 도입되면서, 외국인 환자 수가 늘어남에 따라 정부는 '메디컬 코리아(Medical Korea)'라는 명칭을 선두로 하여 법적으로 의료관광산업을 구체화하기 시작하였다[그림 8-3], [그림 8-4].

나아가 「국민건강보험법」에서 규율하고 있는 의료보험제도는 세계에서도 유례없는 우수한 사회 보험제도라는 평가를 받을 만큼 비용과 치료수준에서 큰 강점을 갖는다. 특히 외국인에게까지 보장범위를 확대하고 있어 의료관광산업의 발전에 기여하고 있다. 이전에는 외국인 환자들도 3개월만 의료보험비를 내면 의료보험 혜택을 받을 수 있었지만, 외국인의 의료보험 부정수급 문제와 국세납입에 있어 국민들의 부담을 고려하여 정부가 외국인의 의료보험가입 자격요건 및 보험료를 강화한 바 있다. 보험료에 있어서도 과거 외국인 지역가입자는 국내에 소득과 재산이 없어 상대적으로 적은 보험료를 냈지만, 올해부터 시행되는 개정안에 따라 전년도 지역가입자 평균보험료가 아닌 전년도 가입자 전체 평균보험료를 기준으로 하여 국민과 비슷한 정도의 건강보험료를 납입하도록 바뀌었다. 외국인의 보험제도가 강화되었음에도 불구하고, 실질적으로 다른 국가와 비교해 보았을 때 여전히 한국의 보험제도는 외국인에게 여전히 좋은 조건을 갖추고 있다. 미국의 인공관절 치료를 한 예로 살펴보면, 미국에서는 인공관절 치료비가 평균적으로 2,000만 원이 필요하지만 한국 의료보험을 적용하면 수술비 · 입원비 · 재활치료비를 모두 포함하여 평균적으로 600만 원이 소요된다.

그림 8-3 서울시 강남구청 메디컬 비자(의료관광 비자)

출처: https://m.blog.naver.com/starland88/221323725386

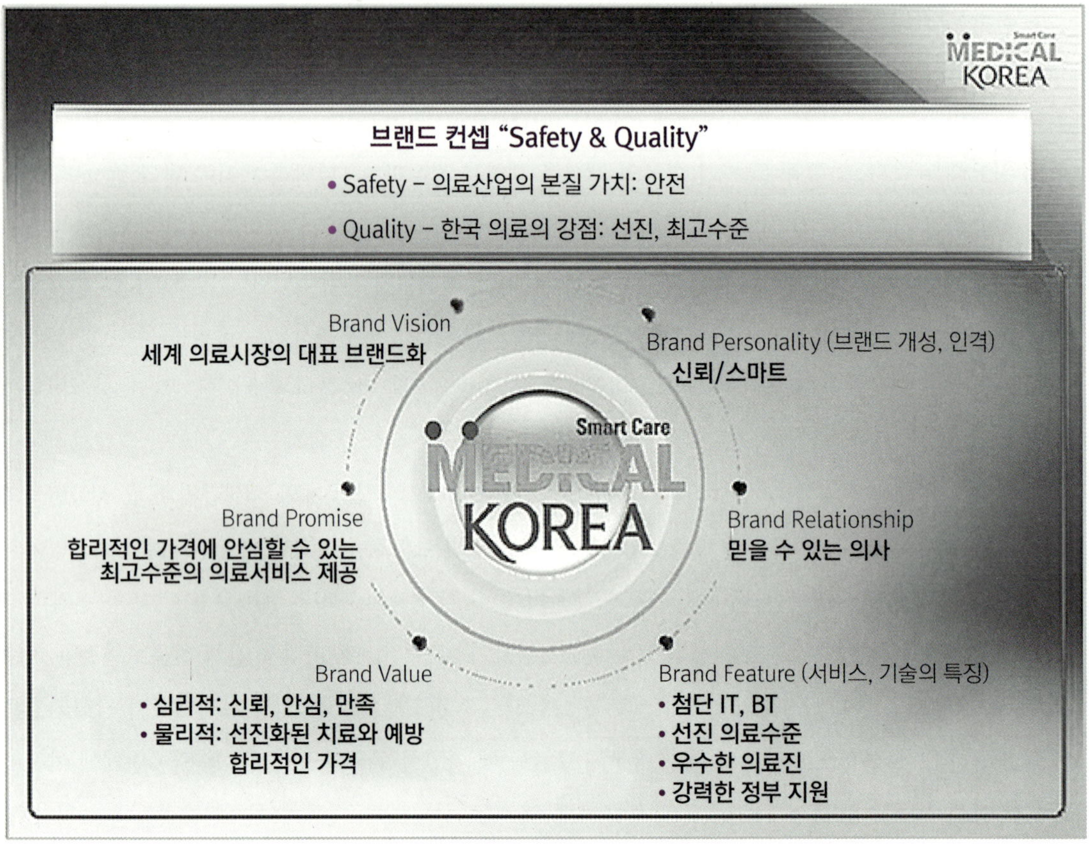

그림 8-4 메디컬 코리아 국가브랜드

출처: https://medicalkorea.khidi.or.kr/l/l_01.aspx

4) 국외 의료관광 정책 동향

의료관광에 대한 각 정부의 인식이 높아지고 있는 가운데, 해당 부문의 활성화를 위해 다음과 같은 관련 규제 및 인증제도, 비자 정책 수립, 표적화된 마케팅 전략 개발 등이 필요하다.

(1) 멕시코 보험업체, 미국 의료관광객 대상의 신규 자동차보험 상품 출시

의료관광 정보업체 '국경을 넘는 환자들(Patients Beyond Borders)'에 따르면, 2020년 약 30만 명의 미국인들이 멕시코의 저렴한 의료 서비스를 받기 위해 차량으로 이동한 것으로 추산된다. 이에 따라 '멕스프로(Mexpro)'를 비롯한 멕시코의 보험 업체들은 미국 의료관광객에 특화된 신규 자동차 보험 상품을 출시하기 시작하였고, 멕스프로의 '멕스비지트(MexVisit)' 플랜의 경우, 운전자에게 책임보험 및 종합보험을 제공해 주고 있는데, '의료 후송(Medical evacuation)' 항목도 보장범위에 포함되어 있으며, 즉 차량 운행 중 응급 상황 발생 시 원하는 병원에서 치료받을 수 있도록 최대 50만 달러를 제공해 주는 보험이다.

(2) 원격의료·클라우드 등 디지털 기술, 의료관광 부문의 지형 변화를 예고

'국경을 넘는 환자들(PBB)'에 따르면 글로벌 의료관광 시장은 65~87억5천만 달러 규모로 연평균 15~20% 성장하고 있으며, 특히 멕시코·서남아시아의 의료관광이 성장을 견인하고 있다. 이 같은 추세 속에서 크로아티아의 관광 부서는 자국 방문객의 약 10%를 차지하는 의료관광객에 더욱 역점을 두고 있으며, 의료관광을 여름 휴가철 전후의 핵심 수익 상품으로 간주하고 환자 유치를 위해 노력을 하고 있다.

디지털 기술은 통신·데이터 공유·보안 등에 발전을 가져와, 관광 경험을 다각도로 합리화하는 데 원격의료를 통해 해외 의료인과 의료관광 잠재고객 간 사전 소통 방식이 상담전화, 이메일 기반에서 '화상진료'로 전환 중이며, 일례로 인도 코임바토레(Coimbatore)에 소재한 '스리 라마크리쉬나 병원(Sri Ramakrishna Hospital)'은 원격진단 및 원격방사선과 프로그램을 구축해 외국 의료진과 환자 간 가상 진단 및 소견 요청이 가능하도록 하고, 해외에서의 치료를 모색하는 고객에게 리스크 및 비용 절감을 유도하고 있다.

(3) 태국, 외국인 의료관광객에게 입국 우선권 부여 예정

태국 관광당국은 2020년 7월부터 최우선적으로 입국할 수 있는 외국인들은 자국 내 병원에서 진료를 받을 환자들이 될 것이라고 발표하였고, 당초 정부기관들은 최우선 대상은 태국의 배우자와 결혼하거나 가족의 재정적 책임을 지고 있는 해외에 고립된 영주권자와 외국인으로 제안하였다. 한편 태국관광위원회(Tourism Council of Thailand)는 이르면 9월부터 태국과 중국 간의 제한된 지역에서의 여행을 협의 중이며, 호텔에서 코로나 바이러스 검사와 함께 머무는 동안 개인들을 감시하는 추적 앱을 고려 중이다.

(4) 중국, '하이안 보아오르청 국제의료관광 시범지구 조례' 승인

중국 하이난성 인민대표 상임위원회는 2020년 6월 16일 제20차 회의에서 '하이난 자유무역항 보아오르청 국제의료관광 시범지구 조례'를 승인하여, 향후 세계 최고 수준의 국제의료 투어 목적지 및 의료기술 혁신 플랫폼 건설을 추진하고 있다. 높은 수준의 의료서비스 기관 및 과학연구기관의 발전을 위해 다음과 같은 규정을 제정하여 공립병원 브랜드, 상표, 특허, 기술, 서비스 관리 등을 지원하고 공립병원의 시범지구 입주를 장려하고 있다. 또한 시범 지역에 국제 선진 건강관리 기관, 의료관광 및 건강관리 센터 입주와 육성을 지원하고, 시범 지역에 첨단기술 임상연구소, 주요 실험실 등 의학연구기관 설립을 지원하고 세계 유명 의과대학과 연계해 의과대학을 설립할 계획이다.

2 글로벌 헬스케어

1) 글로벌 헬스케어의 개념

글로벌 헬스케어는 국제진료, 즉 지역적으로 한 국가에 제한되지 않고 '국제적으로 행해지는 의료'를 의미한다. 미래기획위원회가 국가 신성장동력산업 아이템을 선정할 때에 의료관광의 개념이 그 의미가 협소하고 우리의 실정과 맞지 않기 때문에 좀 더 광의로 사용하기 위해 '해외환자유치'와 여기에 '병원산업의 해외진출'의 의미를 포함시키게 되었다. 의료서비스 분야에서 환자가 국경을 넘어 이동하고, 병원이 자국의 법적 · 제도적 틀을 벗어나 새로운 시장으로 이전하여 서비스를 제공하는 것도 의료서비스의 글로벌화로 볼 수 있다.

글로벌 헬스케어는 의료관광(medical tourism)에서 시작되어 그 범위가 확산되었는데 의료관광은 의료서비스와 휴양, 레저와 같은 두 가지 이상에 목적을 연계시켜 치료 목적을 위해 관광을 이용하는 것이라면 글로벌 헬스케어는 기존 의료산업과 관광산업이 별개의 산업형태에서 관광과 의료가 복합된 상품이 글로벌 헬스케어라는 새로운 산업영역을 창출해 낸 것으로 볼 수 있다. 글로벌 헬스케어를 이해하기 위해서 서비스 무역에 대한 일반협정 규정에 나타난 서비스 공급형태를 이용할 수 있다[표 8-1].

첫 번째 유형은 국경 간 공급으로 의료진의 이동 없이 원거리로 제공되는 보건의료서비스인 원격의료서비스와 같은 형태로 나타난다. 두 번째 유형은 해외소비로 해외에서 최고의 서비스를 받으러 개발도상국의 소비자가 선진국의 의사에게 진료를 받으러 가는 등의 형태를 말한다. 이는 의료관광 또는 외국인 환자유치로 볼 수 있다. 세 번째 유형은 상업적 주재로 해외법인의 국내 의료기관의 인수, 국내의료시설, 복지시설에 대한 직접적인 외국인의 투자 등이 이에 해당한다. 즉 외국인투자를 통한 영리병원 설립 또는 의료기관의 해외진출의 형태라고 볼 수 있다. 마지막 유형은 자연인으로 의료 인력이 국경을 넘어 이동하면서 의료서비스를 제공하는 것으로 의료인의 해외진출 형태이며, 국제협력의사가 해당된다. 요약하면 원격진료, 외국인 환자유치, 의료기관 해외진출, 의료인의 해외진출이 글로벌 헬스케어에 해당된다

표 8-1 보건의료 서비스의 공급형태

유형	서비스 공급 형태	정의	사례
유형 1	국경 간 공급 (Cross-Border Supply)	인력자본의 이동이 없이 서비스 자체 국경 이동	원격진료
유형 2	해외 소비 (Consumption Abroad)	서비스 소비자의 본국 외에서 소비행위가 완성되는경우	외국인 환자유치 (의료관광)
유형 3	상업적 주재 (Commercial Presence)	서비스 수입국 내에 서비스 공급체 설립	의료기관 해외진출 (영리병원 설립)
유형 4	자연인의 주재 (Presence of Natural Persons)	서비스 수입국 내에 서비스 공급인력이 주재하는 경우	의료인의 해외진출 국제협력의사 등

는 것이다.

기존의 의료관광(medical tourism)에서 글로벌 헬스케어(global healthcare)로의 전환이 이루어지고 있음을 주목할 필요가 있는데, 이는 기존의 의료관광이 선진국에서 저개발 국가로 혹은 저개발 국가에서 선진국으로 치료를 받기 위해 이동하는 현상이었다면, 이제는 치료 이외에 관광 목적까지 결합되어 이동하는 해외 환자들이 증가되고 있다는 것이다. 특히, 세계 인구고령화로 인한 글로벌 헬스케어 시장 규모의 급성장과 더불어 세계 의료관광 시장규모의 급성장세가 지속됨에 따라 가격경쟁력, 관광친화적 환경 등이 강점인 아시아·태평양지역(인도·태국· 한국·싱가폴 등)의 성장이 두드러지고 있으며, 특히 우리나라는 우수한 의료인력, 기술, 의료시스템을 기반으로 글로벌 헬스케어 시장에서 신뢰도와 위상이 새롭게 인식되고 있다.

2) 글로벌 헬스케어 산업 전망

2016년 「의료 진출 및 외국인환자 유치 지원에 관한 법률」이 국회 본 회의를 거쳐 공포되어 외국인 환자 유치와 해외진출을 지원하여 글로벌 헬스케어 산업을 발전을 위한 법적인 장치가 마련되었다. 글로벌 헬스케어 산업은 고부가가치 수출산업으로서 IT (정보기술), BT (바이오기술), NT (나노기술), RT (로봇기술)와 의료서비스가 복합된 융 · 복합 신산업으로서 내수활성화 및 국제경쟁력을 강화하기 위하여 주력할 만한 새로운 분야로서 타 산업대비 시장규모가 크고, 융·복합 의료기술의 출현으로 지속적인 시장 확대가 기대된다[그림 8-5]. 2020년 글로벌 헬스케어 시장은 약 1조 9,526억 달러(약 2,120조 원)~2조 12달러(약 2,172조 원) 규모로, 전년 대비 성장률은 0.6~3.1%로 전망되고 있다.

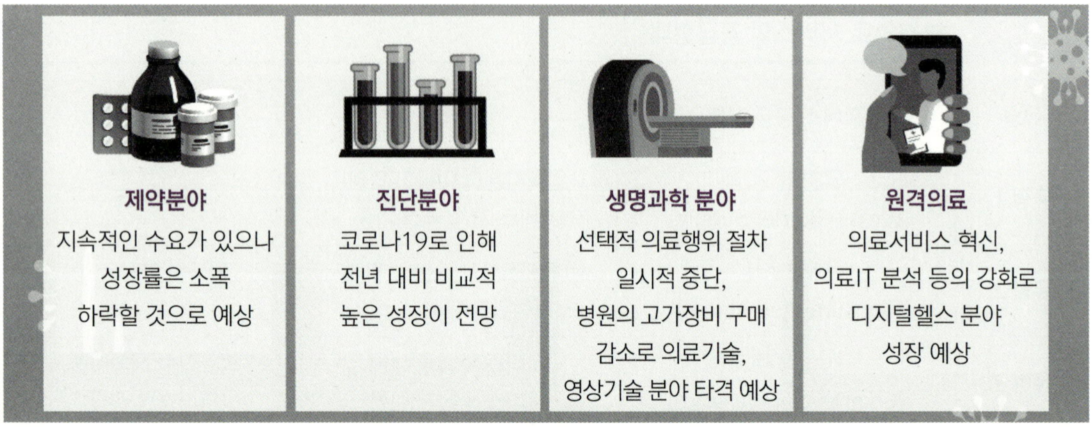

그림 8-5 글로벌 헬스케어 시장 전망

출처: 생명공학정책연구센터, 2020년 포스트 팬데믹 글로벌 헬스케어 시장현황 및 전망.

2020년 산업별로 현황을 살펴보면, 제약/바이오 분야는 만성질환과 코로나19 치료제에 의한 수요로 인해 전년대비 소폭의 성장률을 보였고, 체외진단 분야는 코로나19 대유행기간뿐만 아니라 종식 이후에도 대규모 진단검사에 수요가 상승할 것으로 예상된다. 원격의료 분야는 임상 헬스케어 IT (56.2%)가 가장 큰 비중을 차지하며, 감염병 대응도구로서도 활용될 수 있을 것이다.

3) 국내 글로벌 헬스케어 전략

우리나라는 제1차 의료해외진출 및 외국인 환자 유치지원종합계획을 수립하고 '의료 한류를 창조하는 글로벌 헬스케어 리더'라는 비전을 제시하였다[그림 8-6]. 목표로는 한국 의료 글로벌 진출 확산과 외국인 환자 유치 활성화로 선정하였으며, 의료기관 해외진출은 2019년 19건에서 2022년에는 33건으로 늘릴 예정이며, 외국인 환자는 2022년까지 60만 명을 유치할 계획하에 있다. 이와 같은 목표 달성을 위해 한국의료패키지 진출 확산, 의료관광 IT 융합을 통한 외국인 환자 유치 활성화, 지역 특화전략, 글로벌 역량 강화, 한국의료 브랜드 글로벌 위상 제고 등 5개의 중점전략을 채택하였다. 중점전략에 대한 주요 과제와 단위과제는 [표 8-2]와 같다.

비전

'의료한류'를 창조하는 글로벌 헬스케어 리더

목표

▶ 한국 의료 글로벌 진출 확산

*의료기관 해외진출: ('19) 19건 → ('20) **26건** → ('21) 27건 → ('22) 33건

▶ 외국인 환자 유치 활성화

*외국인 환자 수: ('19) 40만 명 → ('20) **46만 명** → ('21) 52만 명 → ('22) 60만 명

중점 전략

1. 한국의료 패키지 진출 확산

① 한국의료 연관산업 동반 패키지 수출
② 진출 단계별 지원을 통한 민간역량 강화
③ 금융 · 세제 · 정보 지원
④ 한의약 세계화 지원

2. 의료 관광 IT 융합을 통한 외국인 환자 유치 활성화

① 의료 · 관광 융합 의료상품 확대
② 외국인 환자 유치기관 지원 강화
③ 맞춤 서비스를 통한 외국인 환자 편의성 강화
④ 외국인 환자의 권익 · 안전 보호를 통한 신뢰도 제고

글로벌 헬스케어 인프라 강화

3. 지역 특화 전략

① 중국 · 아시아
② 중동 · 아프리카
③ 러시아 · CIS · 몽골
④ 중남미

4. 글로벌 역량강화

① 국내 글로벌 헬스케어 인재 양성 지원
② 외국 의료인 국내 연수 확대
③ 지방 의료기관 글로벌 역량 강화

5. 한국의료 브랜드 글로벌 위상 제고

① 한국의료 브랜드 포지셔닝
② 한국의료 해외인지도 제고를 위한 홍보강화
③ 인류사회에 기여하는 한국의료

그림 8-6 의료 해외진출 및 외국인환자 유치 지원 목표 및 추진 전략

출처: 관계부처 합동(2020). 의료 해외진출 및 외국인환자 유치 지원 2020년 시행계획(안).

표 8-2 의료 해외진출 및 외국인환자 유치 중점전략 및 과제

중점전략 (5개)	주요과제(18개)	단위과제(50개)
1. 한국의료 패키지 진출 확대	(1) 한국의료 연관산업 동반 패키지 수출	① 패키지형 진출모델 발굴 및 지원
		② ICT 기반 헬스케어 해외 성공사례 창출
		③ 제약 · 의료기기 · 화장품 등 보건의료 산업 수출 지원
	(2) 진출 단계별 지원을 통한 민간역량 강화	④ 진출 준비단계: 체계적 정보제공 및 비즈모델 개발
		⑤ 진출 본격화 단계: G2G, G2B 협력 및 컨설팅, 프로젝트 지원
		⑥ 현지 정착 단계: 안정화 및 원활한 정착지원
	(3) 금융 · 세제 · 정보지원	⑦ 금융 · 세제지원 환경 조성
		⑧ 국내외 정보 네트워크 구축
	(4) 한의약의 세계화 지원	⑨ 한의약 해외진출 지원
		⑩ 한의학 환자유치 기반 조성
		⑪ 한의약 해외인지도 제고
2. 의료 · 관광 · IT 융합을 통한 외국인 환자 유치 활성화	(5) 의료 · 관광 · 융합 의료상품 확대	⑫ 방한 외국인 대상 융 · 복합 의료상품 개발 확대
		⑬ 해외기업과 한국의료 연계 통한 방한경로 다양화
	(6) 외국인 환자 유치 기관 지원 강화	⑭ 외국인 환자 유치 의료기관 지원
		⑮ 외국인환자 유치업자 역량강화 지원
	(7) 맞춤 서비스를 통한 외국인 환자 편의성 강화	⑯ 맞춤형 비의료서비스 제공
		⑰ 통합정보 제공체계 구축 통한 한국의료 접근성 강화
		⑱ 외국인 환자 대상 사전사후관리 서비스 제공
	(8) 외국인 환자의 권익 · 안전 보호를 통한 신뢰도 제고	⑲ 외국인 환자 권리 강화
		⑳ 외국인 환자 의료분쟁 예방 및 해결 지원
		㉑ 유치기관의 외국인 환자안전성 관리 강화
3. 글로벌 진출을 위한 지역 특화 전략	(9) 중국 · 아시아 전략	㉒ 의료특구 등 전략지역 대상 한국의료 패키지 진출 추진
		㉓ 진출 의료기관 현지 정착 지원
		㉔ 한류 등 활용한 외국인 환자 유치 확대
	(10) 중동 · 아프리카 전략	㉕ 의료+IT 모델로 한국형 병원건설 프로젝트 참여

–계속

표 8-2 의료 해외진출 및 외국인환자 유치 중점전략 및 과제

중점전략(5개)	주요과제(18개)	단위과제(50개)
3. 글로벌 진출을 위한 지역 특화 전략	(10) 중동 · 아프리카 전략	㉖ 국비환자 송출 및 민간 의료관광 시장 확대
		㉗ 아프리카 지역 신시장 개척
	(11) 러시아 · CIS · 몽골 전략	㉘ 정부간 협력체계 구축으로 진출 확대
		㉙ 공공병원 현대화 프로젝트 참여 및 수요 발굴
		㉚ 환자유치 채널 확대를 위한 시스템 구축
	(12) 중남미 전략	㉛ 한국형 원격협진 시스템 구축으로 중남미 의료 IT 시장 진출
		㉜ 정부간 협력으로 제약 · 의료기기 시장 진입 확산
		㉝ 보건의료분야 공공조달 시장 적극 참여
4. 글로벌 역량 강화	(13) 국내 글로벌 헬스케어 인재 양성	㉞ 글로벌 헬스케어 전문인력 수요분석
		㉟ 현장 수요에 근거한 글로벌 역량 구축
		㊱ 인력양성 지원체계 및 인프라 구축
	(14) 외국 의료인 국내 연수 확대	㊲ 연수 활성화 제도적 기반 조성
		㊳ 국제의료연수센터 등 인프라 구축
		㊴ 연수생의 체계적 관리 및 네트워크 구축
	(15) 지방 의료기관 글로벌 역량 강화	㊵ 국내-해외 지역 간 협력 기반 지원
		㊶ 지자체 환자유치 역량 강화
		㊷ 지방 의료기관 진출 지원
5. 한국의료 브랜드 글로벌 위상 제고	(16) 한국의료의 브랜드 포지셔닝	㊸ 한국의료 브렌드 분석 및 홍보전략 수립
		㊹ 체계적 홍보전략 수립
	(17) 한국의료 해외인지도 제고를 위한 홍보강화	㊺ 한국의료 우수성에 대한 학술적 근거조사 및 축적
		㊻ 홍보사례 발굴 및 스토리텔링 통한 컨텐츠 제작
		㊼ 해외 홍보 인프라 강화
	(18) 인류사회에 기여하는 한국의료	㊽ 나눔의료 확대
		㊾ ODA, EDCF 등 국제원조 사업과의 협력
		㊿ 국내외 기업의 사회책임활동과 연계 지원

요약정리

1. **의료관광의 개념:** 개인이 자신의 거주지를 벗어나 다른 지방이나 외국으로 이동하여 현지의 의료기관이나 요양기관, 휴양기관 등을 통해 본인의 질병을 치료하거나 건강의 유지, 회복, 증진 등의 활동을 하는 것으로 본인의 건강상태에 따라 현지에서의 요양, 관광, 쇼핑, 문화체험 등의 활동을 겸하는 것

2. **의료관광 성장 배경:** 자국의 의료서비스에 대한 불만족, 자국에서의 높은 비용의 의료서비스, 높은 의료기술 수준, 통신의 발달, 정부의 역할 등

3. **국내 의료관광 정책**
   1) 2009년 「의료법」 개정으로 '외국인 환자 유치 등록제도'가 운영
   2) 2009년 '메디컬 비자' 신설
   3) 외국인에게도 유리하게 적용되는 국민건강보험

4. **국외 의료관광 정책**
   1) 멕시코 보험업체, 미국 의료관광객 대상의 신규 자동차보험 상품 출시
   2) 원격의료·클라우드 등 디지털 기술, 의료관광 부문의 지형 변화를 예고
   3) 태국, 외국인 의료관광객에게 입국 우선권 부여 예정
   4) 중국, '하이안 보아오르청 국제의료관광 시범지구 조례' 승인

생각해 보기

1. 우리나라에서의 의료관광의 비전을 생각해 보자.

2. 우리나라의 의료관광 발전을 위해 변화시켜야 할 정책이나 법을 생각해 보자.

3. 우리나라에서의 글로벌 헬스케어의 비전에 대하여 생각해 보자.

4. 우리나라의 글로벌 헬스케어 발전을 위해 변화시켜야 할 정책을 생각해 보자.

참고문헌

1장 문화와 다문화

- 강혜영(2020). 다문화와 건강. 현문사.
- 김나연(2011). 다문화가족의 사회통합정책에 관한 연구. 동아대학교 석사학위논문.
- 김성혁 외(2019). 다문화의 이해와 건강(2판). 학지사메디컬.
- 김영희 외(2019). 다문화 간호 근거중심 사정과 중재. 메디컬사이언스.
- 노기옥 외2019). 문화다양성 사회와 건강. 수문사.
- 노인숙 외(2018). 학습성과 기반 다문화 사회의 이해와 건강. 현문사.
- 손수경 외(2019). 간호와 다문화 역량. 수문사.
- 이은희 외(2012). 간호에서의 다문화개념. 수문사.
- 전우홍(2009). 한국의 다문화교육 정책. 숙명여대 다문화통합연구소. 다문화사회연구, 2:125-156.
- 최숙희 외(2018). 다문화 이해와 건강. 대한나래출판사.

- Andrews, M., & Boyle, J.(2008). Transcultural concepts in nursing care(5th ed.). Philadelphia: Lippincott Williams & Wilkins.
- Brink, P. I.(2001). Transcultural nursing: a book of reading, Long Grove. IL:Waveland Press. Geissler, E. M.(1991). Transcultural nursing and nursing diagnosis. Nursing and Health Care, 12(4), 190-203.
- Giger, J., Davidhizar, R., & Wieczorek, S.(1993). Culture and ethnicity. In I. Bobak & M. Jensen(Eds.), Maternity and gynecological care(5th ed., pp.43-67). St. Louis: Mosby.
- Leininger M.(2002). Culture care theory: a major contribution to advance transcultural nursing knowledge and practices, J Transcult Nurs. 2002 Jul;13(3), 89-92.
- Stokes, G.(1991). A transcultural nurse is about. Senior Nurse, 11(1), 40-42.

2장 다문화 이론

- 강혜영(2020). 다문화와 건강-문화다양성과 문화역량-. 현문사.
- 김성혁 외(2019). 다문화의 이해와 건강(2판). 학지사메디컬.
- 김영희 외(2019). 다문화 간호 근거중심 사정과 중재. 메디컬사이언스.
- 노기옥 외(2019). 문화다양성 사회와 건강. 수문사.
- 노인숙 외(2018). 학습성과 기반 다문화 사회의 이해와 건강. 현문사.

- 손수경 외(2019). 간호와 다문화 역량. 수문사.
- 최숙희 외(2018). 다문화 이해와 건강. 대한나래출판사.

- Gustafson DL.(2005). Transcultural nursing theory from a critical cultural perspective. ANS Adv Nurs Sci. Jan-Mar;28(1), 2-16.
- Lancellotti K.(2008). Culture care theory: a framework for expanding awareness of diversity and racism in nursing education. J Prof Nurs. May-Jun;24(3), 79-83.
- Lowe J, Archibald C.(2009). Cultural diversity: the intention of nursing. Nurs Forum. Jan- Mar;44(1), 11-8.
- Maier-Lorentz MM.(2008). Transcultural nursing: its importance in nursing practice. J Cult Divers. Spring;15(1), 37-43.
- Sagar PL, Sagar DY.(2018). Current State of Transcultural Nursing Theories, Models, and Approaches. Annu Rev Nurs Res. Dec;37(1), 25-41.
- Torri MC.(2012). Multicultural social policy and community participation in health: new opportunities and challenges for indigenous people. Int J Health Plann Manage. Jan-Mar;27(1), 18-40.
- Ward C, Kim I, Karl JA, Epstein S, Park HJ.(2020). How normative multiculturalism relates to immigrant well-being. Cultur Divers Ethnic Minor Psychol. Oct;26(4), 581-591.

3장 다문화사회의 이해

- 교육부(2017). 보도자료. 그들을 받아들이는 것이 다문화가 아니라, 우리가 변화하는 것이 다문화이다.
- 교육부(2018). 보도자료. 다문화학생 맞춤형 한국어 교육으로 의사소통 능력 키워요.
- 교육부(2018). 보도자료. 두 개의 언어로 말하고, 두 배로 꿈을 키우는 다문화학생.
- 교육부(2018). 보도자료. 한뼘씩 자라나는 우리 아이들의 다문화 감수성.
- 권은혜(2020). 다문화주의와 미국적 정체성: 1990년대 미국 역사가들의 다문화주의 논쟁을 중심으로. 미국사연구, 51, 103-142.
- 권형진(2012). 통일전독일연방공화국의외국인정책. 중앙시론 제36집, 363-416.
- 권형진(2014). 통일 이후독일 이민정책의 변화. 통일인문학 제57집, 125-160.
- 김성배(2017). 미국 이민법체계와 이민법제의 발전과정에서의 시사점. 토지공법연구 제79집, 711-735.
- 김성혁 외(2015). 다문화의 이해과 건강(제2판). 정담미디어.
- 김진영(2015). 프랑스 국적법 개정을 통해 본 프랑스 공화주의 이념의 적용. 이주사학회 12, 47-74.

- 노인숙 외(2018). 학습성과기반 다문화사회의 이해와 건강. 현문사.
- 문영석(2005). 캐나다 이민정책에 대한 분석과 전망. 국제 지역연구 14권 1, 79-108.
- 문화체육관광부(2020). 보도자료. 국내 210만여 명 외국인을 위한 한국어와 한국문화 교재 출판.
- 보건복지부(2018). 감사보고서. 다문화가족정책 추진실태.
- 보건복지부(2020). 2020 외국인근로자 등 의료지원 사업안내.
- 서종남 외(2009). 우리는 이제 모두 다문화인이다. 서울: 미래를 소유한 사람들.
- 신용민(2018). 독일은 이민국가인가-전후 외국인 수용과 정책 변화를 중심으로. 독일어문, 통권 82호 26(3), 88-108.
- 안옥희 외(2014). 다문화와 간호. 정담미디어.
- 여성가족부(2019). 2018년 전국다문화가족실태조사 연구.
- 여성가족부(2020). 2020년 가족사업안내.
- 여성가족부(2020). 다문화가족 관련 통계 현황.
- 여성가족부(2020). 제3차 다문화가족정책 기본계획.
- 이민경(2007). 프랑스 다문화 교육의 배경과 쟁점. 한국교육과정평가원, 10(2), 53-76.
- 이민경(2018). 다문화사회통합을 위한 프랑스의 언어·문화교육 정책-한국사회에의 시사점을 중심으로. 현대사회와 다문화, 8(1), 88-116.
- 이선주 외(2009). 다민족·다문화사회로의 이행을 위한 정책패러다임 구축(III): 다문화사회의 사회통합과 다각적 협력체계 증진방안(총괄보고서). 서울: 한국여성정책연구원.
- 이성순(2011). 한국과 독일의 사회통합정책 연구. 한국지역사회복지학, 39, 179-208.
- 이유진(2009). 캐나다의 이민자 통합정책 레짐에 대한 연구-온타리오주를 중심으로. 다문화사회연구, 2(1), 5-31.
- 이종열 외(2013). 한국 다문화사회의 이슈와 정책. 조명문화사.
- 임정빈(2019). 경제활성화를 위한 캐나다 이민자 고용정책의 변화연구. 2019년 한국이민정책학회 한국행정연구원 하계공동학술대회 발표논문집, 121-149.
- 임정빈(2019). 캐나다 외국인 우수인재 유치정책 연구. 다문화와 평화, 13(3), 64-85.
- 임형백(2012). 미국 이민정책 연구: 시기 구분과 특징. 한국정책연구 제12권 제2호, 273-290.
- 장선희(2014). 독일의 이민정책의 변화와 사회통합 관련법제에 관한 연구-독일이 민법을 중심으로. 법학연구 55(4), 31-58.
- 통계청(2020). 시군구별 외국인주민 현황.
- 통계청(2020). 한국국적 미취득자의 체류기간 현황.
- 한국여성정책연구원(2018). 2018년 국민 다문화수용성 조사.
- 행정안전부(2020). 보도자료. 다문화가족·외국인 정착지원 서비스 한 곳에서.
- 행정안전부(2020). 보도자료. 민원실 방문 외국인주민 위한 통역서비스 확대한다.
- 행정안전부(2020). 보도자료. 한국에 거주하는 외국인주민 수 222만 명, 총 인구대비 4.3%.

4장 다문화 관련 법과 정책

- 교육부(2017). 보도자료. 그들을 받아들이는 것이 다문화가 아니라, 우리가 변화하는 것이 다문화이다.
- 교육부(2018). 보도자료. 다문화학생 맞춤형 한국어 교육으로 의사소통 능력 키워요.
- 교육부(2018). 보도자료. 두 개의 언어로 말하고, 두 배로 꿈을 키우는 다문화학생.
- 교육부(2018). 보도자료. 한뼘씩 자라나는 우리 아이들의 다문화 감수성.
- 국가법령정보센터(2021). 결혼중개업의 관리에 관한 법률.
- 국가법령정보센터(2021). 국적법.
- 국가법령정보센터(2021). 난민법.
- 국가법령정보센터(2021). 다문화가족지원법.
- 국가법령정보센터(2021). 북한이탈주민의 보호 및 정착지원에 관한 법.
- 국가법령정보센터(2021). 외국인 보호규칙.
- 국가법령정보센터(2021). 외국인근로자의 고용 등에 관한 법률, 시행령, 시행규칙
- 국가법령정보센터(2021). 재한외국인 처우 기본법.
- 국가법령정보센터(2021). 출입국관리법.
- 문화체육관광부(2020). 보도자료. 국내 210만여 명 외국인을 위한 한국어와 한국문화 교재 출판.
- 법무부(2020). 사회통합정보망.
- 법무부(2020). 출입국 통계.
- 보건복지부(2018). 감사보고서. 다문화가족정책 추진실태.
- 보건복지부(2020). 2020 외국인근로자 등 의료지원 사업안내.
- 여성가족부(2019). 2018년 전국다문화가족실태조사 연구.
- 여성가족부(2020). 다문화가족 관련 통계 현황.
- 여성가족부(2020). 제3차 다문화가족정책 기본계획.
- 여성가족부(2021). 2021년 가족사업안내.
- 여성가족부(2021). 2021년 다문화가족정책 시행계획.
- 통계청(2021). 시군구별 외국인주민 현황.
- 통계청(2021). 한국국적 미취득자의 체류기간 현황.
- 한국여성정책연구원(2018). 2018년 국민 다문화수용성 조사.
- 행정안전부(2020). 보도자료. 다문화가족·외국인 정착지원 서비스, 한 곳에서.
- 행정안전부(2020). 보도자료. 민원실 방문 외국인주민 위한 통역서비스 확대한다.
- 행정안전부(2020). 보도자료. 한국에 거주하는 외국인주민 수 222만 명, 총 인구대비 4.3%.

5장 이민자 나라별 문화의 이해

- 강혜영(2020). 다문화와 건강. 현문사.
- 김나연(2011). 다문화가족의 사회통합정책에 관한 연구. 동아대학교 석사학위논문.
- 김성혁 외(2019). 다문화의 이해와 건강(2판). 학지사메디컬.
- 김영희 외(2019). 다문화 간호 근거중심 사정과 중재. 메디컬사이언스.
- 노기옥 외2019). 문화다양성 사회와 건강. 수문사.
- 노인숙 외(2018). 학습성과 기반 다문화 사회의 이해와 건강. 현문사.
- 손수경 외(2019). 간호와 다문화 역량. 수문사.
- 이은희 외(2012). 간호에서의 다문화개념. 수문사.
- 전우홍(2009). 한국의 다문화교육 정책. 숙명여대 다문화통합연구소. 다문화사회연구, 2:125-156.
- 최숙희 외(2018). 다문화 이해와 건강. 대한나래출판사.

6장 문화적 역량과 의사소통

- 노인숙 외(2012). 다문화 사회와 건강간호, 현문사.
- 손수경 외(2019). 간호와 다문화 역량, 수문사.
- 안옥희 외(2014). 다문화와 간호, 정담미디어.
- 안정원(2015). 외국인 환자 간호에 대한 간호사의 문화역량 구조모형, 서울대학교 박사학위논문.
- 최숙희 외(2018). 다문화이해와 건강, 대한나래출판사.

7장 다문화사회 구성원의 건강관리

- 강동완(2018). 북한이탈주민의 사회 적응과 정착 지원 방안-보건·의료 분야 실태와 과제를 중심으로. 정치정보연구 제21권 제2호. 185-205.
- 강혜정(2017). 다문화와 건강-문화다양성과 문화역량. 현문사.
- 교육부(2019). 한국교육개발원.
- 교육부(2020). 출발선 평등을 위한 2020년 다문화교육 지원계획.

- 김동현 외(2019). 서울시 거주 외국인의 사회적 자본이 생활만족도에 미치는 영향: 방문취업자와 결혼이민자 간 비교를 중심으로. 한국행정연구, 28(2), 123-159.
- 김미선(2020). 취약계층 이주민 의료보장을 위한 국가와 사회의 의무. (사)한국이주민건강협회.
- 김은경 외(2016). 다문화가정 청소년의 문화적응 스트레스와 심리사회적 적응의 관계: 자아정체감의 매개효과와 지각된 사회적 지지의 조절효과. 다문화교육연구, 9(4), 21-43.
- 김은경 외(2018). 다문화 가족 청소년의 성별에 따른 건강행위와 건강상태의 비교. 한국학교보건학회지 제31(1)호.
- 김은정(2017). 결혼이주민의 안정적 체류보장을 위한 실태조사. [NHRC] 국가인권위원회 발간자료.
- 김이선 외(2019). 이주여성의 다양성과 정책 재구성 방향. 한국여성정책연구원.
- 김정민 외(2015). 다문화 가정과 한국 가정 청소년의 정신 건강 비교. 소아청소년정신의학, 26(4), 279-287.
- 김현식 외(2015). 외국인 노동자 건강정책의 쟁점과 정책 제언. 사회복지정책, 42(4), 203-229.
- 나장함 외(2017). 결혼이민자의 차별경험이 주관적 건강에 미치는 영향과 사회적 지지와 주관적 사회적 지위의 조절효과. 디지털융복합연구, 15(11), 485-496.
- 남북하나재단(2019). 북한이탈주민 사회통합조사.
- 남북하나재단(2019). 북한이탈주민 정착실태조사.
- 노기옥 외(2019). 문화다양성 사회와 건강. 수문사.
- 바트어용(2017). 이주노동자의 건강실태와 의료서비스 이용실태조사-몽골인 중심으로, 동덕여자대학교 석사학위논문.
- 박세영(2019). 국내 이주노동자의 건강정보 습득 및 활용 경험에 관한 탐색적 연구, 이화여자대학교 석사학위논문.
- 박세희 외(2019). 이민자의 사회자본이 주관적 건강상태에 미치는 영향. 보건사회연구, 39(1), 166-199.
- 박희훈 외(2019). 다문화가정 중학생의 가정 내 사회적 자본과 학교생활적응간의 관계에서 다문화정체성 인식의 매개효과. 교육문화연구, 25(1), 725-743.
- 배정이 외(2010). 캐나다 이민자의 정신건강 실태. 스트레스硏究, 18(3), 191-199.
- 성정희 외(2010). 국제결혼 이주여성의 우울증에 대한 서사적 이해와 문학치료 방안. 통일인문학, 49, 149-174.
- 손수경 외(2019). 간호와 다문화 역량. 수문사.
- 안나원 외(2018). 결혼이주여성의 생식건강행위 영향요인: 계획된 행위이론의 적용. 한국보건간호학회지, 32(3), 468-481.
- 안옥희 외(2018). 다문화사회와 건강. 정담미디어.
- 여오숙(2014). 외국인근로자의 의료신뢰도와 정신건강에 관한 연구: 건강상태와 환경요인의 영향을 중심으로. 동국대학교 박사학위논문.
- 오성배(2005). 코시안(Kosian) 아동의 성장과 환경에 관한 사례 연구. [KEDI] 한국교육.
- 외교부(2020). 출입국 외국인정책본부, 5월

- 원영희 외(2011). 의료서비스 지원이 외국인 근로자의 한국사회 적응에 미치는 영향. 한국지역사회복지학, 38, 29-50.
- 이규용 외(2015). 이민정책의 국제비교. 한국노동연구원.
- 이복임(2014). 외국인 근로자와 내국인 근로자의 건강수준 및 결정요인 비교. 한국직업건강간호학회지, 23(3), 80-188.
- 이성순 외(2013). 여성결혼이민자의 정신보건정책 현황과 개선방안: 대전지역의 사례를 중심으로. 다문화콘텐츠연구, 14, 79-113.
- 이수형 외(2018). 북한이탈주민의 건강증진을 위한 통합적 지원 체계화 방안. 한국보건사회연구원.
- 이영안(2018). 수원시 결혼이민여성의 생활실태 및 사회적응 지원방안, 수원시정연구원.
- 이영주(2007). 국제 결혼한 여성의 자녀에 대한 심리사회적 적응에 영향을 미치는 보호요인에 관한 연구. 한국심리학회지: 여성, 12(2), 83-105.
- 이은주 외(2014). 이주노동자의 의료서비스 이용실태 및 삶의 질. 한국산학기술학회, 15(7), 4370-4379.
- 이지영(2016). 다문화가정 아동의 문화변용스트레스가 학교적응에 미치는 영향. 상담심리교육복지, 3, 33-39.
- 전경숙(2017). 결혼이주여성의 우울 관련요인. Journal of Korean Academy of Psychiatric and Mental Health Nursing, 26 (4), 402-411.
- 정현석(2018). 외국인 근로자의 개인별 성격적 특성·오류요인과스트레스와의 상관관계. 경기대학교 공학대학원 석사학위논문
- 조병희 외(2018). 아픈 사회를 넘어. 21세기북스.
- 조선주 외(2020). 여성결혼이민자의 사회적 차별경험이 세가지 만족도에 미치는 영향.
- 조영달(2006). 다문화가정의 자녀교육 실태조사, 교육인적자원부 정책연구과제.
- 조인수 외(2020). 북한이탈주민의 직업문화충돌과 직업적응에 관한 연구. 한국산학기술학회논문지, 21(1), 354-372.
- 조주은 외(2014). 결혼이민여성의 건강에 영향을 미치는 요인의 변화에 대한 탐색: 다문화가족 실태조사(2009년, 2012년)를 중심으로. 다문화사회연구, 7(2), 5-28.
- 질병관리본부(2018). 2018년 외국인 결핵 현황 및 잠복결핵감염검진 시범사업 결과 분석, 주간 건강과 질병, 제12권 제17호.
- 최경란 외(2018). 다문화가정 청소년의 부모애착과 학교적응의 관계에서 문화적응스트레스의 매개효과. 한국청소년연구, 29(1), 347-374.
- 출입국외국인정책본부(2020). 출입국·외국인정책 통계월보 2020년 6월호.
- 통계청(2018). 다문화 인구동태 통계 2018.
- 통계청(2019). 2019년 혼인, 이혼 통계.
- 통계청(2020). 인구동태통계연보 2020년 3월.
- 통일부(2020). 북한이탈주민정책, 정착지원제도.
- 통일부(2020). 북한이탈주민정책. 2020.9.

- 한수연 외(2017). 결혼이주여성의 사회적 지지, 문화적응스트레스, 자녀의 학교생활적응간의 관계. 교육방법연구, 29(1), 1-23.

- Berkman, L. F., Glass, T., Brissette I., & Seeman T. E. (2000). From social integration to health: Durkheim in the new millennium. Social Science & Medicine, 51, 834-857.
- Berry, J. W. (1997). Immigration, acculturation, and adaptation. Applied psychology, 46(1), 5-34.
- Berry, J. W. (1997). Immigration, acculturation, and adaptation. Applied Psychology: An international review, 46(1), 5-68.
- Byun, S. W. (2013). Difficulties of health behavior of the migrant inter-marriage women. Journal of Digital Convergence, 11(12), 631-637. http://dx.doi.org/10.14400/JDPM.2013.11.12.631.
- Cho, J. E., & Cho, G. J. (2014). A study on changes of the effect of factors to married immigrant women's health: multicultural families survey (2009, 2012). J Migr Soc, 7(2), 5-28.
- Cho, Y. A. (2011). The effect of perceived discrimination on psychological distress among North Korean refugees. Korean Journal of Counseling, 12(1), 1-19.
- Cohen, S., Underwood, L. G., & Gottlieb, B. H. (2000). Social Support Measurement and Intervention: A Guide for Health and Social Scientists. New York: Oxford University Press Chrispin, M. C. (1999). Resilient adaptation of church-affiliated young Haitian immigrants: A search for protective resources.(academic resilience, emotional resilience) (Doctoral dissertation, ProQuest Information & Learning).
- H.Kim (2016),"Exploringthehealthoffemalespouses from multicultural families: Examining the differences by their country of origin".Journal of the Korea Academia-Industrial Cooperation Society, 17(3), 252-261.
- Han, E. J., An, J., & Yang, S. J. (2016). Socio-demographic factors related to health information seeking behavior among asian immigrant women in Korea. Health & Nursing, 28(1), 27-38.
- Hwang, M. C. (2016). The study of predictors influencing Korean language proficiency among immigrant wives in South Korea. Journal of Multi-Cultural Contents Studies, 21, 43-81. http://dx.doi.org/10.15400/mccs.2016.04.21.43.
- Jeon, S. J., & Yoon, H. (2013). Effects of neglect, acculturative stress, and self-esteem on school adjustment of adolescents of multi-cultural family. Journal of School Social Work, 24, 153-179.
- Joo, K. S. (2015). The Development and Effects of a Tailored Maternal Health Management Program for Maternal Adaptation of Immigrant Pregnant Women. The Graduate School of Korea University, Seoul. ee, S. S., & Lee, J. B. (2013). The status and problem of mental health policy for immigrant wives: Focusing on case in Daejeon region. Journal of Multi-cultural Contents Studies, 14, 79-113.
- Kim GS, Moon SS.(2011) Perceived health status, health behavior and marital satisfaction in married immigrant women. Journal of Korean Public Health Nursing. 25(2), 174-186.

- Kim, H. J., Shim, M. S., & Oh, H. S. (2012). The knowledge of menstruation, attitude for menstruation, and knowledge of contraception for immigrant women in international marriages. Journal of Digital Convergence, 10(5), 307-314.
- Kim, H. R. (2009, September). Maternal health and nutritional status of marriage-based women immigrants in Korea and policy directions. In Health Welf Policy Forum 155, 50-64.
- Kim, H. R., Yeo, J. Y., Jung, J. J., & Baek, S. H. (2012). Health status of marriage immigrant women and children from multicultural families and health policy recommendations. Seoul: Korea Institute for Health and Social Affairs, 276.
- Kim, M. J. (2011). A comparative study on birth outcomes between Korean women and immigrant women. Korean Journal of Women Health Nursing, 17(4), 407-414.
- Kim, M. J., Kim, T. I., & Kwon, Y. J. (2008). A study on health promotion behavior and contraception in married immigrant women. Korean Journal of Women Health Nursing, 14(4), 323-332. https://dx.doi.org/10.4069/kjwhn.2008.14.4.323.
- Kim, O. N. (2006). A study on the factors affecting marital conflicts of immigrant women. Family and culture, 18(3), 63-106.
- Kim, Y. H., & Son, H. M. (2010). Affecting factors on reproductive health behavior of Female college students. Journal of The Korean Data Analysis Society, 12(4), 1935 -1950.
- Kim, Y. J. (2010). Childbirth and childcare policies for marriage migrant women and their characteristics. Korea Journal of Population Studies, 33(1), 51-73.
- Kim, Y., Son, I., & Kim, S. S. (2015). Association between discrimination and self-rated health among marriage migrants in South Korea: focusing on region of origin and gender differences. Health Soc Welf Rev, 35(3), 421-452.
- Lee, E. J., & Jun, M. K. (2013). A meta-analysis of the variables related with social support for female marriage immigrants. Journal of Korean Home Management Association, 31(5), 125-141.
- Lee, J. H., Jin, S. J., Ju, H. J., & Cho, Y. S. (2013). The impact of marriage migrant women's Korean language ability, self-esteem, and acculturative stress on their family health: Focused on mediating effects of marital adjustment. Journal of Korean Academy of Community Health Nursing, 24(1), 87-98.
- Lee, S. S., & Lee, J. B. (2013). The status and problem of mental health policy for immigrant wives: Focusing on case in Daejeon region. Journal of Multi-cultural Contents Studies, 14, 79-113.
- Lee, W. S. (2013). Development of Mobile Application on Pregnancy· Childbearing· Infant Care for Female Marriage Immigrants. Graduate school of Hanyang University, Seoul.
- Lee, Y. O., & Chang, D. H. (2015). Access to health related information of married immigrant women in Korea. Journal of Korean Library and Information Science Society, 46(3), 171-199.
- Lim, H. S. (2014). The experience of health care in pregnancy and childbirth among married immigrant women in Korea. Journal of Qualitative Research, 15(2), 117-129.

- Lim, J. R., & Jung, M. S. (2014). Factors affecting health status and health behaviors of immigrant women in urban and rural areas. Journal of the Korea Academia -Industrial cooperation Society, 15(4), 2244 -2255.
- Malhotra, R. S., Misra, J., and Leal, D.F.(2016). Gender and Reproductive Labor Migration in Asia, 1960-2000. International Journal of Sociology, 46(2), 114-140.
- Molina, K. M., Alegr┌a, M., & Mahalingam, R. (2013). A multiple-group path analysis of the role of everyday discrimination on self-rated physical health among Latina/os in the USA. Annals of Behavioral Medicine, 45(1), 33-44.
- Padilla, A. M., Wagatsuma, Y., & Lindholm, K. J. (1985). Acculturation and personality as predictors of stress in Japanese and Japanese-Americans. The Journal of social psychology, 125(3), 295-305.
- Park, M. N., & Choi, S. Y. (2014). Development of reproductive health program and identification of effect for married women immigrants. Journal of Korean Academy of Nursing, 44(3), 248-258. http://dx.doi.org/10.4040/jkan.2014. 44.3.248.
- Paukert, A. L., Pettit, J. W., Perez, M., & Walker, R. L. (2006). Affective and attributional features of acculturative stress among ethnic minority college students. The Journal of Psychology, 140(5), 405-419.
- Rocco, L. & Suhrcke, M. (2012). Is social capital good for health a european perspective. Copenhagen: WHO Regional Office for Europe.
- Scheppers, E., Van Dongen, E., Dekker, J., Geertzen, J., & Dekker, J. (2006). Potential barriers to the use of health services among ethnic minorities: a review. Family practice, 23(3), 325-348.
- Seo IJ, Park JS (2013). Health promoting behaviors, health problems and self-rated health status in female marriage immigrant in Korea. Journal of Digital Convergence. 11(4), 369-382.
- Sirin, S. R., Ryce, P., Gupta, T., & Rogers-Sirin, L. (2013). The role of acculturative stress on mental health symptoms for immigrant adolescents: A longitudinal investigation. Developmental Psychology, 49(4), 736. 15(4), 2244-2255.

8장 의료관광과 글로벌 헬스케어

- 관계부처 합동(2020). 의료 해외진출 및 외국인환자 유치 지원 2020년 시행계획(안).
- 덴탈아리랑, http://www.dentalarirang.com/news/articleView.html?idxno=23943.
- 메디컬 코리아 국가브랜드, https://medicalkorea.khidi.or.kr/l/l_01.aspx.
- 메디파나 뉴스 기사(2021). http://m.medipana.com/index_sub.asp?NewsNum=256326.
- 생명공학정책연구센터(2020). 2020년 포스트 팬데믹 글로벌 헬스케어 시장현황 및 전망.

- 외국인환자유치단(2020). 외국인환자 유치를 위한 격주 리포트, 1호.
- 위키백과사전. https://ko.wikipedia.org/wiki/%EC%9D%98%EB%A3%8C%EA%B4%80%EA%B4%91.
- 유지윤(2006). 관광산업 융 · 복합화 촉진방안-의료관광을 중심으로, 한국문화관광정책연구원 정책보고서.
- 의료기기산업종합정보시스템(2018). 카자흐스탄 바이어에게 듣는다(4)- 의료관광편, http://news.kotra.or.kr/
- 이경숙(2016). 글로벌헬스케어 참여 영향요인과 성과에 관한 연구. 경희대학교 박사학위논문.
- 임영이(2020). 한국의 의료관광 발전과정, 현황과 정책. 대한내과학회지, 95(2), 62-66.
- 정기택(2009), '외국인환자유치 병원서비스 수출 경쟁력 충분합니다', 비전코리아 인터뷰 자료, 중앙일보, 2009, 9.14.

사이트

- 건강가정지원센터. https://www.familynet.or.kr
- 고용노동부. http://www.moel.go.kr
- 교육부. https://www.moe.go.kr
- 국가법령정보센터. https://www.law.go.kr
- 다문화가족지원포털 다누리. https://www.liveinkorea.kr
- 로앤비. https://www.lawnb.com
- 문화체육관광부. https://www.mcst.go.kr
- 법무부. https://www.moj.go.kr
- 법무부 사회통합정보망. Soci-Net. https://www.socinet.go.kr
- 보건복지부. http://www.mohw.go.kr
- 여성가족부. http://www.mogef.go.kr
- 통계청. http://kostat.go.kr
- 한국관광공사. http://www.visitkorea.or.kr
- 한양사이버대학교. https://www.hycu.ac.kr
- 행정안전부. https://www.mois.go.kr

찾아보기

ㄱ

ㄴ

ㄷ

ㄹ

ㅁ

ㅂ

ㅅ

ㅇ

ㅋ

ㅌ

ㅍ

ㅎ

A

C

D

E

G

I

M

N

O

P

R

S

T